KB110406

진실에 대해 묻다

월성1호기 조기폐쇄 타당성 보고서

오름출판

진실에 대해 묻다
월성1호기 조기폐쇄 타당성 보고서

초판 1쇄 인쇄일 2020년 12월 14일
초판 1쇄 발행일 2020년 12월 30일

엮은이 오름출판 **편집부**
펴낸이 **백유창**

펴낸곳 **오름출판**
주소 **서울시 마포구 양화로 73 체리스빌딩 6층**
전화 070-8862-5683 팩스 6442-0423
E-mail feelmoum@naver.com
가격 16,000원
ISBN 979-11-958438-6-2 03340

* 값은 뒤표지에 있습니다.
* 잘못된 책은 바꿔드립니다.

● 일러두기
1. 「월성1호기 조기폐쇄 타당성 보고서」는 2020년 감사원 공공기관감사국 제1과에서 진행한 〈월성1호기 조기폐쇄 결정의 타당섬 점검〉에 따른 결과 보고서 전문입니다.
2. 「월성1호기 조기폐쇄 타당성 보고서」 원본파일은 감사원 홈페이지 감사결과사이트 (https://www.bai.go.kr/bai/cop/bbs/listBoardArticles.do)에서 누구나 열람하실 수 있습니다.
3. 보고서의 전문을 그대로 기록했으며 편집부에서 오탈자 수정이외 다른 어떠한 견해도 첨부하지 않았음을 알려드립니다.

월성1호기 조기폐쇄 타당성 보고서

진실에 대해 묻다

오름출판 편집부

오름출판

목 차

특정감사

감사보고서

월성1호기 조기폐쇄 결정의 타당성 점검

(국회감사요구)

2020. 10.

제8차 전력수급기본계획(2017-2031)

□ 산업통상자원부(장관 : 백운규)는 '17년부터 '31년까지 향후 15년간의 전력수급전망 및 전력설비 계획 등을 담은 '제8차 전력수급기본계획'을 확정 하였음

ㅇ 그간 산업부는 8차 수급계획과 관련하여 12.14(목) 국회 산업위 통상·에너지 소위 보고, 12.27(수) 국회 산업위 보고, 12.28(목) 공청회를 거쳐 각계각층의 다양한 의견을 수렴한 결과,

ㅇ 구체적인 재생에너지 프로젝트 포함, 수요관리 이행력 제고, 사후보완조치 강화 등을 중심으로 내용을 보완하여 최종적으로 12.29(금) 전력정책심의회 심의를 거쳐 수급계획을 확정 공고함

□ 수급안정과 경제성 위주로 수립된 기존 수급계획에 반해, 금번 8차 수급계획은 최근 전기사업법 개정 취지를 감안하여 환경성 · 안전성을 대폭 보강하여 수립한 것이 두드러진 특징임

* 전기사업법 제3조 개정('17.3월) : "전력수급기본계획 수립시, 전기설비의 경제성, 환경 및 국민안전에 미치는 영향 등을 종합적으로 고려하여야 한다."

① 설비믹스와 관련하여, 원전 · 석탄은 단계적으로 줄여나가고, 신재생에너지를 중심으로 친환경에너지를 대폭 확대함

ㅇ 원전에 대해서는 신규 6기 건설 백지화, 노후 10기의 수명연장 중단, 월성 1호기의 공급제외 등을 반영하였고,

ㅇ 노후석탄발전소 10기를 '22년까지 폐지하고, 당진에코파워 등 석탄 6기는 LNG로 연료 전환하는 석탄발전 감축계획도 마련

ㅇ 한편, 신재생에너지는 태양광 · 풍력을 중심으로 47.2GW의 신규 설비를 확충하여

'30년 58.5GW까지 확대해 나가겠다는 목표를 설정

② 설비운영과 관련하여, 경제급전과 환경급전의 조화를 통해 석탄 발전량을 줄이고 LNG 발전량을 늘리는 방안을 제시함

- o 이를 위해 정부는 급전순위 결정시 온실가스 배출권 거래비용 등 환경비용을 반영하여 석탄과 LNG발전의 비용 격차를 줄이고, 유연탄 개별소비세 인상 및 세율의 추가적인 조정을 추진한다는 방침

  * '18.4월부터 석탄 개별소비세 6원/kg 인상 시행 예정 ('17.12.1 개소세법 통과)

- o 30년 이상된 석탄발전기의 봄철 가동중단, 미세먼지 경보시 지역내 석탄발전의 추가 제약(대기환경보전법) 등도 제도적으로 구체화해 나간다는 계획임

③ 이를 통해 신재생과 LNG의 설비용량과 발전량을 점진적으로 확대하면서, 안정적인 전력수급과 환경개선 효과를 달성할 수 있을 것으로 기대됨

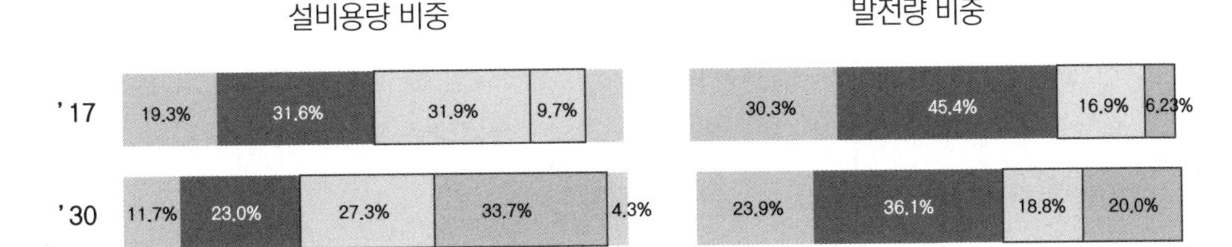

- o 수요대비 충분한 설비와 단계적인 원전 감축으로 안정적인 전력수급에는 문제가 없음

  * '26년까지는 설비예비율이 22%이상을 유지하며, '27년이후 신규설비 약 5GW 건설(LNG 3.2GW, 양수 2GW)을 통해 22% 설비예비율 달성 가능

- o 미세먼지는 '22년 44%, '30년 62%씩 대폭 감축하고, '30년 온실가스 배출량도 BAU 대비 26.4%를 감축한 2억 3,700만톤 수준으로 전망됨

  * 미세먼지 배출(만톤) : ('17) 3.4 → ('22) 1.9 → ('30) 1.3 ('17년대비 62% 감축)

  * 온실가스 배출('30년, 억톤) : (BAU 전망) 3.22 → (기존 목표) 2.58 → (8차 목표) 2.37

□ 국회 산업위(12.27) 및 통상·에너지 소위(12.14) 보고에서는 1) 신재생 확대 계획의 실현가능성, 2) 수요관리 활성화 방안, 3) 원전 건설 백지화의 근거 및 후속대책, 4) 전기요금 전망의 타당성 등과 함께,

o 5) 4차 산업혁명 영향 등 반영을 위한 수요전망모형 개선, 6) LNG 발전량 확대 필요성, 7) 전기요금체계 개편을 통한 에너지효율 제고 방안 등이 제기되었음

□ 공청회(12.28, 한전 남서울본부 대강당)는 원전관련단체, 지역주민, 환경단체, 전력관련기업 등 약 300명이 참석하여 다양한 의견을 개진하였으며, 공청회 참가신청을 한 모든 단체에 대해서는 예외 없이 대표자가 참석할 수 있도록 하는 등 다양한 의견을 수렴하기 위해 노력하였음

o 공청회에서는 1) 원전 · 석탄 및 풍력 건설에 대한 찬반, 2) 발전설비 주변지역의 애로사항 및 의견수렴 강화, 3) 소비자의 가격인상 우려와 함께 수요자원(DR) · 가격인상을 통한 수요관리 강화 등 다양한 의견이 제기되었음

□ 전력정책심의회(12.29)에서는 국회와 공청회에서 제기된 내용을 중심으로 수급계획의 수정 · 보완 방안에 대하여 집중 검토하였음

o 신재생의 이행력 강화와 관련하여, 발전사업 허가를 받은 40MW 초과의 신규 프로젝트 리스트와 투자계획(연도별), 원별믹스(용량 · 발전량), 주체별 계획 등을 수급계획 본문과 첨부에 포함했으며,

- 신재생의 간헐성 우려를 해소하기 위해 '18년부터 재생에너지를 실시간 감시 · 예측 · 제어하는 '종합 관제시스템'을 구축하여 시범 운영키로 함
- 이 외에도, 농지법령 개정을 통해 염해간척지를 태양광 발전용으로 일시 사용토록 추진할 예정이며, 우드펠릿은 REC 가중치를 축소해 비중을 점차 줄여나갈 것임을 재차 확인함 ('재생에너지 3020 계획'에도 기 반영)

o 수요관리는 DR(수요자원) 진입요건 완화, 일정요건시 강제발동, 이행률 제고를 위한 인센티브 확대, 국민 DR 추진계획 등 강화방안을 수급계획에 추가적으로 더 보완하였음

o 신규원전 건설 백지화 등은 국무회의 의결을 거친 에너지전환로드맵을 통해 결정되고 원전설비 현황조사를 통해 확인된 사항인 만큼, 수급계획 초안을 수정하지 않고 당초 초안을 유지키로 함

o 삼척석탄(포스파워)은 환경영향평가가 통과되어 건설되더라도 최고 수준의 환경관리와 기존석탄 4기의 LNG 전환 등을 추진함으로써 삼척석탄에 따른 미세먼지 총 배출

량의 증가는 없도록 하였음

□ 산업부는 지난 1년간 70여명의 전문가들이 참여하여 초안이 작성되고, 중간결과의 수시 공개, 국회 산업위 및 통상·에너지소위(2회) 보고, 공청회 등의 과정을 거쳐 전력수급기본계획이 수립된 만큼,

- o 이를 밑그림으로 하여 전력분야의 에너지 전환을 차질 없이 추진해나간다는 방침임
- o 아울러 1) 수요전망 모형 고도화('18년 상반기 수요전망 모델 연구용역 개시), 2) 에너지이용 합리화 기본계획 수립('18년 수립을 통해 수요관리 목표 · 수단을 강화한 종합 로드맵 제시), 3) 노후 화력설비 추가감축 방안 마련('18년 중), 4) 재생에너지 계통 보강 집중 추진('18년 장기 송변전 설비계획 수립, 재생에너지 계통접속 TF 신설), 5) 전력시장 개편 및 분산형전원 제도 개선(전기사업법 개정 등) 등을 지속적으로 보완해 나갈 계획임

서 문

「월성1호기 조기폐쇄 결정의 타당성 점검」 감사결과

□ 2019년 10월 1일 국회에서 "한국수력원자력주식회사(이하 한수원)"의 월성1호기 조기폐쇄 결정의 타당성 및 한수원 이사회 이사들의 배임행위에 대한 감사를 요구하여 감사원에서 386일 동안의 감사를 기록한 보고서이다.

국회의 감사요구 요지는 다음과 같다.

- 주문 : 월성1호기 조기폐쇄 결정의 타당성 및 한수원 이사회 이사들의 배임행위에 대한 감사
- 제안 이유
  * 월성1호기는 83년 상업운전을 개시하여 12년 11월에 설계수명이 만료될 예정이었으나 5,925억원을 투입하여 설비보강을 통해 수명을 연장하였고 이에 따라 22년 설계수명이 만료될 예정이었으나 한수원은 18년 6월 15일 이사회를 개최하여 월성1호기 조기폐쇄를 의결하였음
  * 경제성 평가에서 전기판매 단가를 과도하게 낮추는 등 자료를 조작하여 월성1호기의 경제성을 과소평가하고 이용률이 54.4%를 초과할 경우 월성1호기를 계속가동하는 것이 유리함에도 불구하고 의도적으로 낮은 이용률로 전망하였다는 의혹이 있음
  * 수명연장을 위해 설비투자를 진행하여 가동이 가능함에도 불구하고 월성1호기 조기폐쇄를 의결한 것은 한수원 이사들의 임무를 위배한 행위로서 회사의 손해를 가한 배임행위란 지적이 제기된 바 있음

이에따라 감사원은 국회가 감사요구한 사항의 사실관계를 규명하고 그 적정성 여부를 확인하기 위해 한수원, 산업통상자원부(이하 산업부), 원자력안전위원회 등을 대상으로 이번 감사를 실시하였음

이번 감사는 국회가 요구한 감사요구 제안이유로 명시한 ① 월성1호기 조기폐쇄 결정의 타당성, ② 한수원 이사들의 배임행위 해당 여부 2개 사항을 점검하는데 중점을 두고 월성1호기의 즉시가동중단 결정의 타당선과 관련해서는 즉시 가동중단 결정의 과정과 경제성 평가의 적정성 여부를 위주로 점검하였고 안전성, 지역수용성 등의 문제는 이번 감사범위에서 제외하였다.

또한 정부의 '에너지 전환 정책'이나 그 일환으로 제8차 전력수급기본계획에서 월성1호기의 조기폐쇄를 추진하기로한 정책결정의 당부는 이번 감사범위에 해당되지 않았기에 이번 감사범위가 월성1호기 즉시 가동중단 결정의 고려사항 중 경제성 분야로 이루어졌으며, 이사회의 의결 내용에 따르면 즉시 가동중단 결정은 경제성 외에 안전성, 지역수용성을 등을 종합적으로 고려하였다는 것이므로 이번 감사결과를 월성1호기 즉시 가동중단의 결정의 타당성에 대한 종합적 판단으로 보기에는 한계가 있음을 명확히 밝혀둔다.

제1부

감사결과의 개요

Ⅰ. 감사실시 개요

1. 감사배경 및 목적

국회(산업통상자원중소벤처기업위원회)는 2019. 10. 1.『국회법』제127조의2에 따라 [표 Ⅰ]과 같이 감사원에 "한국수력원자력주식회사(이하 "한수원"이라 한다) 의 월성1호기 조기폐쇄 결정의 타당성 및 한수원 이사회 이사들의 배임행위에 대한 감사"를 요구하였다.

이에 감사원은 국회가 감사요구한 사항의 사실관계를 규명하고 그 적정성 여부를 확인하기 위해 이번 감사를 하였다.

[표 Ⅰ] 국회감사요구 요지

구 분	내 용
주 문	• 월성1호기 조기폐쇄 결정의 타당성 및 한수원 이사회 이사들의 배임행위에 대한 감사
제안이유	• 월성1호기는 1983년 상업운전을 개시하여 2012년 11월 설계수명이 만료될 예정이었으나 5,925억 원을 투입하여 설비보강을 통해 수명을 연장하였고, 이에 따라 2022년 설계수명이 만료될 예정이었으나, 한수원은2018. 6. 15. 이사회를 개최하여 월성1호기 조기폐쇄를 의결하였음 • 경제성 평가에서 전기판매 단가를 과도하게 낮추는 등 자료를 조작하여 월성1호기 경제성을 과소평가하고, 이용률이 54.4%를 초과할 경우 월성1호기를 계속가동하는 것이 유리함에도 불구하고 의도적으로 낮은 이용률로 전망하였다는 의혹이 있음 • 수명연장을 위해 설비투자를 진행하여 가동이 가능함에도 불구하고 월성1호기 조기폐쇄를 의결한 것은 한수원 이사들의 임무를 위배한 행위로서 회사에 손해를 가한 배임행위라는 지적이 제기된 바 있음

※ 자료: 국회감사요구안

이번 감사는 월성1호기의 즉시 가동중단이라는 중요한 국가적 사안에 대하여 산업통상자원부(이하 "산업부"라 한다)와 한수원 등을 대상으로 그 결정과정 전반에 대한 사실관계를 객관적으로 파악하여 국회에 국정 심의자료로 제공하는 한편, 정부의 정책집행과정의 적정성 여부와 책임소재를 규명하고 발견된 문제점에 대해 개선방안을 제시함으로써 앞으로 정부기관이나 공공기관이 정책·사업을 집행할 때 보다 투명하고 합리적으로 추진할 수 있도록 보완하는 데 그 목적이 있다.

2. 감사의 중점, 대상 및 범위

월성1호기의 조기폐쇄 과정에서 정부는 "월성1호기는 전력수급상황을 고려하여 가급적 조기에 폐쇄"하는 것으로 2017. 7. 19. 국정과제를 채택하였고, 같은 해 10. 24. 국무회의 의결을 거쳐 「에너지 전환 로드맵」을 수립하였다.

이러한 정부정책에 따라 산업부는 2017. 12. 29. 『제8차 전력수급기본계획 』을 수립하여 "월성1호기는 2018년 상반기 중 경제성, 지역수용성 등 계속가동의 타당성을 종합적으로 평가하여 폐쇄시기 등을 결정"하도록 하고, 2018. 2. 20. 한수원에 대해 전력수급기본계획에 필요한 조치를 하도록 협조 요청하였다.

그리고 한수원 이사회는 월성1호기[1]의 안전성, 지역수용성, 경제성 및 정부의 에너지 전환정책 등을 종합적으로 검토하여 월성1호기의 조기폐쇄 및 즉시 가동중단을 의결하였다.

이사회 부의 안건

- **검토배경**: 정부는 에너지전환로드맵과 제8차 전력수급기본계획을 통해 월성1호기 조기폐쇄 방침을 결정하였으며, 한수원은 공기업으로서 정부정책 이행을 위한 운영계획을 수립함
- **운영환경**: 정부는 조기폐쇄 정책 이행을 요청하고 있으며, 경주 지진 후 국민의 안전성 우려가 높아짐에 따른 설비보강 및 인허가 기간 연장 등으로 정지 기간이 장기화되는 등 운영환경이 악화됨
- **경제성 평가**: 경주 지진 등으로 강화된 규제환경과 최근의 낮은 운영실적 등을 고려할 경우, 향후 이용률에 대한 불확실성이 높아 계속가동 시 경제성을 보장하기 어려움

1) 1983. 4. 22. 상업운전을 개시한 월성1호기는 2012. 11. 20. 설계수명이 완료될 예정이었으나, 한수원이 2009. 12. 30. 원안위에 계속운영허가를 신청하여 2015. 2. 27. 이를 승인받음으로써 2022. 11. 20.까지 수명이 연장되었음

● **안전성**: 안전성 평가를 통해 계속운전기간 동안 안전성을 확보하였으나, 사고관리계획서 요건 만족을 위해 추가 안전설비 투자 필요

● **지역수용성**: 조기폐쇄 관련 찬성과 반대의견이 다양하게 존재하며, 조기폐쇄 시 지역지원금 감소 우려에 따른 갈등이 예상되므로 지역지원금 영향 등에 대한 지역주민의 이해도 제고 필요

● **결론**: 따라서 안전성, 경제성 및 정부 에너지전환 정책 등을 종합 검토한 결과 월성1호기의 조기폐쇄를 의결 주문하고자 함. 단, 조기폐쇄 이행으로 인해 발생하는 적법하고 정당한 비용에 대해서는 향후 마련되는 관련 법령에 기초하여 정부에 보전 요청

이후 2019. 2. 28. 원자력안전위원회(이하 "원안위"라 한다)에 월성1호기 영구 정지를 위한 운영변경허가를 신청하여 월성1호기는 같은 해 12. 24. 원안위로부터 이를 승인받음으로써 영구정지되었다.

이번 감사는 국회가 감사요구 제안이유로 명시한 ① 월성1호기 조기폐쇄 결정의 타당성(경제성 평가에서 판매단가 및 이용률 전망의 적정성 등), ② 한수원 이사들의 배임행위 해당 여부 등 2개 사항을 점검하는데 중점을 두고, 이를 위해 감사원은 월성1호기 조기폐쇄 결정과 관련된 업무를 수행한 한수원, 산업부, 원안위 등을 대상으로 감사를 하였다.

한편, 『직무감찰규칙』(감사원규칙) 제4조 제2항 제4호[2]에서 정부의 중요 정책 결정과 정책 목적의 당부에 관한 사항은 감사대상에서 제외하도록 규정하고 있어 정부의 '에너지 전환정책'이나 그 일환으로 제8차 전력수급기본계획에서 월성1호기 조기폐쇄를 추진

---

2) 「직무감찰규칙」제4조(직무감찰대상기관과 그 사무) ① 생략

② 직무감찰의 대상이 되는 기관의 사무에는 제1항에서 규정한 기관(공무수탁인은 제외한다)의 인적 · 물적 자원의 관리, 법령 · 제도의 운영과 업무수행 및 이와 관련된 결정 · 집행 등의 모든 사무를 포함한다. 다만, 다음 각호의 1의 경우는 제외한다.

1.~3. (생략)

4. 정부의 중요 정책결정 및 정책 목적의 당부. 다만, 정책결정의 기초가 된 사실판단, 자료 · 정보 등의 오류, 정책목적 달성을 위한 수단의 적정 여부, 정책결정 과정에서의 적법성 · 절차준수 여부 등은 감찰대상으로 한다.

하기로 한 정책 결정의 당부는 이번 감사의 범위에 해당하지 않는다.

그리고 월성1호기 조기폐쇄 정책의 집행과정에서 한수원이 진행한 조기폐쇄 결정(즉시 가동중단 결정)의 타당성과 관련하여 이번 감사에서는 국회의 감사요구 취지 등에 따라 월성1호기 즉시 가동중단 결정의 과정과 경제성 평가의 적정성 여부를 위주로 점검하였고, 안전성 · 지역수용성 등의 문제는 이번 감사의 범위에서 제외하였다.

이와 같이 이번 감사가 월성1호기 즉시 가동중단 결정의 고려사항 중 경제성 분야 위주로 이루어졌고 이사회의 의결 내용에 따르면 월성1호기의 즉시 가동중단 결정은 경제성 외에 안전성이나 지역수용성 등을 종합적으로 고려[3]하였다는 것이므로 이번 감사결과를 월성1호기 즉시 가동중단 결정의 타당성에 대한 종합적 판단으로 보는 데에는 한계가 있다.

3. 감사실시 과정 및 접근방법

가. 감사방법 및 조사기법

감사원은 월성1호기 조기폐쇄 결정과 관련하여 국회가 감사요구한 사항을 충실히 점검하여 월성1호기 조기폐쇄 과정에서 제기된 문제점에 대해 정확한 사실관계를 규명하고자 노력하였다.

우선 실지감사에 앞서 언론보도사항, 국회 논의사항을 수집·분석하였으며, 2019. 10. 14.부터 같은 해 11. 22.까지 산업부, 한수원 등으로부터 서면자료를 수집·분석한 후, 2019. 11. 25.부터 같은 해 12. 20.까지 20일간 감사인원 7명을 투입하여 실지감사를 실시하였고, 2020. 1. 7.부터 같은 해 1. 22.까지 12일간 감사 인원 11명을 투입하고 감

3) 월성1호기 폐쇄 결정시 한수원 이사회 부의안(2018. 6. 15.)에 따르면 "안전성, 경제성 및 정부 에너지 전환 정책 등을 종합 검토한 결과 월성1호기의 조기폐쇄를 의결 주문하고자 함"이라고 명시

사기간을 연장하여 실지감사를 추가 실시하였다.

이 과정에서 감사원은 월성1호기 조기폐쇄 결정 과정의 정확한 사실관계를 규명하기 위해 내부방침 및 보고 문서 등 중요 자료를 확보하여 이를 정밀 분석하였고, 전 산업부 장관 AO, 한수원 사장 AM 등 관련자에 대한 문답조사를 하였다.

한편, 2020. 4. 7.에는 한수원 사장 AM과, 같은 해 4. 9.에는 전 산업부 장관 AO와 감사위원회의에서 직권심리 절차를 진행하는 등 관련자들에게 의견진술의 기회를 충분히 부여한 후, 같은 해 4. 9.부터 같은 해 4. 13.까지 3일간에 걸쳐 감사위원회의를 개최하여 감사결과에 대해 심의하였으나, 추가 조사가 필요하다는 판단하에 감사위원회의 의결을 보류하였다.

이후 감사원은 보완이 필요한 부분에 대해 감사인원 15명을 투입하여 추가 조사를 실시하는 한편, 업무추진 과정과 내용 등에 대한 책임 소재를 명확히 규명하기 위해 전 산업부 장관 AO, 한수원 사장 AM 외에도 전 한수원 사장 AN, 한수원 비상임이사 등에 대한 문답조사를 추가로 실시하였다.

나. 경제성 평가에 대한 외부 전문가 용역 수행

감사원은 한수원, 산업부 등으로부터 자료를 확보하여 이를 검토하는 한편, 이번 감사의 중점 점검사항인 경제성 평가에 대한 전문적이고 객관적인 검토를 위해 사단법인 한국회계학회(이하 "한국회계학회"라 한다)를 통해 2019. 12. 5.부터 2020. 2. 17.까지 2개월간 "월성1호기 경제성 평가에 대한 적정성 검증 연구" 용역 을 수행하였다. 또한, 위 용역을 수행한 한국회계학회 소속 교수 3명[4]에게 감사 결과 중 경제성 평가 분야에 대해 자문[5]하였다.

4. 감사결과 처리

4) 3명 모두 공인회계사 자격이 있고 회계법인에서의 실무 경험이 있음

5) 교수 3명은 2020. 3. 13.부터 같은 해 3. 19.까지 검토하였음

감사결과 위법·부당한 사항에 대하여 2020. 2. 28. 산업부 □실장, 한수원 사장 등이 참석한 가운데 감사, 마감회의를 실시하여 업무처리 경위 및 향후 처리 대책 등 주요 지적사항에 대한 의견을 교환하였다.

그리고 2020. 4. 6.에는 산업부 □실장 등이, 같은 해 4. 7.에는 한수원 사장 등이 참석한 가운데 주심 감사위원과 면담을 실시하였다. 한편, 감사위원회는 2020. 4. 7. 및 9. 24.에는 한수원 사장 AM과, 같은 해 4. 9. 및 9. 24.에는 전 산업부 장관 AO와, 같은 해 9. 21.에는 전 산업부 ▽관 E 및 전 대통령비서실 ♤비서관 L과, 같은 해 9. 22.에는 전 한수원 ◁부사장 K와 각각 직권심리 절차를 진행하는 등 주요 관련자들의 의견을 직접 청취하였다.

이후 감사원은 감사 마감회의 및 직권심리 절차 등에서 제시된 의견 등을 포함 하여 지적사항에 대한 내부 검토를 거쳐 2020. 10. 19. 감사위원회의의 의결로 감사결과를 최종 확정하였다.

Ⅱ. 감사대상 현황[6]

〈범 례〉

이하 다음의 약칭을 사용한다.

연번	기관 명칭 및 용어	약칭
1	산업통상자원부	산업부
2	한국수력원자력주식회사	한수원
3	원자력안전위원회	원안위
4	한국전력공사	한전
5	월성원자력본부	월성본부[주)]
6	고리원자력본부	고리본부
7	태스크포스(Task Force)	TF
8	원자력발전소	원전
9	월성1호기 계속가동과 즉시 가동중단 두 대안의 순현재가치가 같아지는 이용률	분기점 이용률
10	"2017~2021년 한국전력공사 중장기 재무관리계획" 수립 시 활용된 보조자료인 자회사별 전력판매량, 자회사별 구입전력비 전망치를 재구성하여 한수원이 산정한 원자력발전소 판매단가	한수원 전망단가
11	월성본부 사옥 및 사택 등에 대한 수선비	월성본부 수선비
12	계속가동과 즉시 가동중단의 두 대안 간 현금흐름의 차이를 발생시키는 비용	관련원가
13	계속가동과 즉시 가동중단의 두 대안 간 현금흐름의 차이를 발생시키지 않는 비용	비관련원가
14	순현재가치(Net Present Value, 편익과 비용을 할인율에 따라 현재가치로 환산하고 편익의 현재가치에서 비용의 현재가치를 차감한 값)	NPV
15	월성1호기 발전시설 운영에 필요한 점검 등에서 발생하는 수선비	월성1호기 수선비
16	계획예방정비 등에 의해 비경상적으로 발생하는 수선	비경상 수선
17	일상적인 점검 등에 따라 경상적으로 발생하는 수선	경상 수선
18	「설계수명기간 만료 후 계속하여 운전하는 원자력발전소에 대한 사업자 지원사업 가산금 산정기준」(산업부 고시 제2007-165호)에 따른 가산금	계속운전 가산금
19	영구정지로 인해 해체?철거에 소요되는 비용	해체비용

※ 주: "Ⅳ-3-1-2. 경제성 평가의, 비용 측면"에서는 월성발전소를 제외한 월성원자력본부의 ◔처와 본부 직할 부분을 "월성본부"라고 칭함

6) 이 부분은 감사결과 지적된 문제점의 종합적 이해를 돕기 위해 감사대상 업무 현황을 기술한 것으로, 감사대상 기관이 제출한 자료를 바탕으로 작성되었으며, 현장조사 감사의 방법으로 검증한 내용이 아님

1. 원전 일반 현황 및 국제적 동향

가. 전체 원전 현황

1) 일반 현황

국제원자력기구(이하 "IAEA"[7]라 한다) 원자로정보시스템(이하 "PRIS"[8]라 한다)에 따르면 [표 Ⅱ-1]과 같이 2019년 말 기준으로 전 세계 34개 국가에서 629기의 원전을 운영한 바 있다. 그중에서 미국 등 31개 국가가 443기의 원전을 가동하고 있고, 독일 등 21개 국가가 186기의 원전을 영구정지하였다.

[표 Ⅱ-1] 전 세계 원전 현황(2019년 말 기준)

(단위: 개, 기, MW)

합계			가동 중 원전			영구정지 원전		
국가 수	기수	설비용량	국가 수	기수	설비용량	국가 수	기수	설비용량
34	629	473,496	31	443	391,358	21	186	82,138

※ 자료: IAEA PRIS 자료 재구성

원자로는 일반적으로 냉각재[9]와 감속재[10]로 경수(light water)를 사용하면 '경수로', 중수(heavy water)[11]를 사용하면 '중수로'로 구분되며, 중수로는 핵분열이 가능한 우라늄-235가 0.7% 포함된 천연우라늄을 핵연료로 사용하고, 경수로는 우라늄-235가 3~5% 정도 포함된 저농축우라늄[12]을 핵연료로 사용한다.

대표적인 원자로는 [표 Ⅱ-2]와 같이 가압 경수로, 후쿠시마 원전과 같은 비등 경수로

---

7) International Atomic Energy Agency의 약자

8) Power Reactor Information System의 약자이며, IAEA에서 운영하는 세계 원자로에 대한 정보시스템 (https://www.iaea.org/resources/databases/power-reactor-information-system-pris)

9) 원자로에서 발생하는 열을 흡수하여 증기발생기를 거치면서 열을 외부로 전달하는 물질로 보통의 물(경수), 중수가 사용되며, 터빈을 돌리고 난 증기를 식히기 위해 사용되는 냉각수(바닷물)와는 구분됨

10) 핵분열이 잘 일어나게 하기 위해 중성자의 속도를 늦추어 주는 물질로 경수, 중수, 흑연 등이 사용됨

11) 중수(D2O)는 일반적인 물인 경수(H2O)와 달리 수소(H)의 동위원소 중 수소보다 분자량이 두 배 큰 중수소(D)로 구성된 물을 말함

12) 천연우라늄은 핵분열이 가능한 우라늄-235가 소량인 0.7% 포함되어 있어 우라늄-235의 비율을 높이기 위해 농축 과정을 거치게 되며, 농축도가 20% 이하이면 저농축우라늄이라 함

그리고 월성 원전과 같은 가압 중수로가 있다.

[표 II-2] 원자로 종류

구분	냉각재	감속재	핵연료	개발국가	비고
가압 경수로(PWR: Pressurized Light-Water Moderated and Cooled Reactor)	경수	경수	저농축우라늄	미국	고리, 영광, 울진 원전
비등 경수로(BWR: Boiling Light-Water Cooled and Moderated Reactor)	경수	경수	저농축우라늄	미국	후쿠시마 원전
가압 중수로(PHWR: Pressurized Heavy-Water Moderated and Cooled Reactor)	중수	중수	천연우라늄	캐나다	월성 원전

※ 자료: 한수원 제출자료 재구성

전 세계 629기 원전을 원자로 노형별로 분류하면 [표 II-3]과 같이 가압 경수로 원전이 가장 많은 357기로 56.7%를 차지하고 있으며, 설비용량 기준으로는 67.3%를 차지하고 있다. 그리고 월성1호기와 같은 가압 중수로 원전은 57기로 9.1%를 차지하고 있으며, 설비용량 기준으로는 5.6%를 차지하고 있다.

[표 II-3] 전 세계 원전 노형별 현황(2019년 말 기준)

(단위: 기, %, MW)

구 분	기수			설비용량		
	합계(비중)	가동 중(비중)	영구정지(비중)	합계(비중)	가동 중(비중)	영구정지(비중)
가압 경수로 (PWR)	357 (56.7)	300 (67.7)	57 (30.7)	318,740 (67.3)	283,972 (72.6)	34,768 (42.3)
비등 경수로 (BWR)	115 (18.3)	65 (14.7)	50 (26.9)	92,037 (19.4)	65,082 (16.6)	26,955 (32.8)
가압 중수로 (PHWR)	57 (9.1)	48 (10.8)	9 (4.8)	26,529 (5.6)	23,896 (6.1)	2,633 (3.2)
기타주)	100 (15.9)	30 (6.8)	70 (37.6)	36,190 (7.7)	18,408 (4.7)	17,782 (21.7)
합계	629 (100)	443 (100)	186 (100)	473,496 (100)	391,358 (100)	82,138 (100)

※ 주: 기타로 고속 증식로(FBR), 고온가스 냉각로(HTGR), 가스 냉각로(GCR), 경수냉각 흑연감속로(LWGR) 등이 있음

※ 자료: IAEA PRIS 자료 재구성

한편, [표 II-4]와 같이 중국 등 20개 국가에서 52기의 원전을 건설 중이다. 그중에서

가압 경수로 원전은 42기(81%)이며, 가압 중수로 원전은 4기(8%)이다.

[표 Ⅱ-4] 전 세계 건설 중 원전 현황(2019년 말 기준)

(단위: 기, MW)

구분	합계	가압 경수로	가압 중수로	비등 경수로	기타
기수	52	42	4	4	2
설비용량	54,695	46,252	2,520	5,253	670

※ 자료: IAEA PRIS 자료 재구성

가압 중수로는 캐나다에서 개발된 원자로로서 전 세계에 57기(9%)가 운영되었으며, 대표적인 것은 캐나다에서 개발된 CANDU(Canada Deuterium Uranium) 형 가압 중수로이다. 우리나라의 월성1호기는 CANDU형 중 CANDU-6형[13]가압 중수로 원전이며, 전 세계에 월성1호기와 동일한 CANDU-6형 원자로는 총10기가 있다.

전 세계 원전을 가동연수별로 살펴보면 [표 Ⅱ-5]와 같이 가동 중인 원전은 평균적으로 30년 정도 가동되고 있으며, 가장 오래된 원전은 2019년 말 기준 만 50년[14]째 가동 중이다. 다만, 영구정지된 원전의 가동연수를 살펴보면 경수로가 중수로에 비해 평균 5년 정도 더 가동하였다는 것을 알 수 있다.

13) CANDU는 1950년대와 1960년대 중반에 캐나다 원자력공사(AECL)와 온타리오 수력발전위원회의 협력으로 만들어졌으며, CANDU-6형 원자로는 개량된 형태의 600MW급 CANDU형 원자로임

14) 미국 2기, 스위스 1기, 인도 2기 등 5기는 1969년 전력계통에 연결됨

[표 II-5] 전 세계 원전 노형별 가동연수 현황(2019년 말 기준)

(단위: 기, 년)

구 분		기수	가동연수		
			평균	중위값	최댓값
가동 중	가압 경수로	300	28.1	33	50
	비등 경수로	65	35.9	35	50
	가압 중수로	48	28.3	29	48
	기타	30	35.5	36	45
	전체	443	29.8	34	50
설비용량	가압 경수로	57	28.2	28	45
	비등 경수로	50	28.8	33	49
	가입 중수로	9	23.7	25	37
	기타	70	25.9	24	48
	전체	186	27.3	27.5	49

※ 자료: IAEA PRIS 자료 재구성

2) 설계수명 만료에 따른 운영 현황

[표 II-6]과 같이 전 세계 원전 629기 중에서 2019년 말 기준으로 당초 설계수명까지 가동된 원전은 209기이며, 그중 187기(약 89%)가 수명연장되었다.

나머지 22기 중 12기는 수명연장 없이 영구정지되었고, 10기는 수명연장 여부에 대한 정책 결정 중이다. 수명연장한 187기 중 41기는 계속운전 시행 후에 영구정지되었다.

참고로 당초 설계수명을 채우지 못하고 영구정지된 원전은 133기이다.

[표 Ⅱ-6] 전 세계 원전 중 설계수명 만료 후 운영 현황(2019년 말 기준)

(단위: 기)

구분	합계	계속운전 시행(수명연장)			설계수명 만료 후 영구정지	정책 결정 중
		소계	계속운전 중	영구정지		
기수	209	187	146	41	12	10

※ 자료: IAEA PRIS 자료 재구성

나. 가압 중수로 원전 운영 현황

이번 감사 대상인 월성1호기는 가압 중수로 원전이므로 전 세계 가압 중수로 원전 운영 현황에 대하여 구체적으로 살펴보면 다음과 같다.

1) 일반 현황

캐나다 등 10개 국가에서 전체 57기의 가압 중수로 원전을 운영한 바 있으며, 전 세계 가압 중수로 원전의 설계수명은 주로 월성1호기와 같이 30년이다.

가압 중수로는 [표 Ⅱ-7]과 같이 원천 기술을 보유한 캐나다 그리고 인도 등 2개 국가에 약 74%(42기)가 집중되어 있다.

[표 Ⅱ-7] 전 세계 가압 중수로 원전 가동연수별 현황(2019년 말 기준)

(단위: 기, 년)

구분	국가명	기수	합계	가동 중				영구정지		
				소계	가동연수			소계	가동연수	
					30년 미만	30년 이상 40년 미만	40년 이상		30년 미만	30년 이상 40면 미만
1	캐나다	30	24	19	4	9	6	5	2	3
2	인도	30	18	18	13	4	1	0	0	0
3	한국	30	4	3	3	0	0	1	0	1
4	아르헨티나[주)]	30, 40	3	3	1	1	1	0	0	0

5	중국	30	2	2	2	0	0	0	0	0
6	루마니아	30	2	2	2	0	0	0	0	0
7	파키스탄	30	1	1	0	0	1	0	0	0
8	미국	40	1	0	0	0	0	1	1	0
9	독일	35	1	0	0	0	0	1	1	0
10	스웨덴	50	1	0	0	0	0	1	1	0
합계			57	48	25	14	9	9	5	4

※ 주: 2기(Atucha-2, Embalse)는 설계수명이 30년이고, 1기(Atucha-1)는 설계수명이 40년임
※ 자료: IAEA PRIS 자료 재구성

전체 가압 중수로 원전 57기 중 영구정지된 것은 9기이다. 그중에서 4기는 설계수명 만료 후에 영구정지되었으며, 5기는 설계수명 만료 이전에 영구정지되 었는데 [표 II-8]과 같이 모두 1960년대 전력계통에 연결된 노후원전이다.

[표 II-8] 전 세계 가압 중수로 원전 중 설계수명 만료 이전 영구정지 현황(2019년 말 기준)

연번	국가명	원전명	설비용량(MW)	설계수명(년)	전력계통 연결 연도	가동연수(년)
1	캐나다	ROLPHTON NPD	25	30	1962년	25
2	미국	CVTR	19	40	1963년	4
3	스웨덴	AGESTA	12	50	1964년	10
4	독일	MZFR	57	35	1966년	18
5	캐나다	DOUGLAS POINT	218	30	1967년	17

※ IAEA PRIS 자료 재구성

2) 설계수명 만료에 따른 운영 현황

전 세계 가압 중수로 원전 57기 중에서 2019년 말 기준으로 당초 설계수명까지 가동된 원전은 [표 II-9]와 같이 27기이며, 이 중 25기(약 93%)가 수명연장되었다.

나머지 2기 중 1기(캐나다 Gentilly2호기)는 설계수명을 채우고 수명연장 없이 영구정

지되었고, 1기(인도 Narora1호기)는 수명연장에 대한 정책 결정 중이다. 수명연장한 25기 중 월성1호기 등 3기는 계속운전 시행 후에 영구정지되었다.

[표 II-9] 전 세계 가압 중수로 원전 중 설계수명 만료 후 운영 현황(2019년 말 기준)

(단위: 기)

구분	합계	계속운전 시행(수명연장)			설계수명 만료 후 영구정지	정책 결정 중
		소계	계속운전 중	영구정지		
캐나다	18	17	15	2	1	0
인도	5	4	4	0	0	1
아르헨티나	2	2	2	0	0	0
파키스탄	1	1	1	0	0	0
한국	1	1	0	1	0	0
합계	27	25	22	3	1	1

※ IAEA PRIS 자료 재구성

다. 주요국 원전 정책 동향[15)]

세계 최대 원전 보유국인 미국, 세계 최대 가압 중수로 보유국인 캐나다, 탈원전 정책을 추진 중인 독일, 그리고 후쿠시마 원전사고를 겪은 일본의 원전 정책 동향 등에 대해 살펴보면 다음과 같다.

1) 미국

미국은 세계에서 가장 많은 133기(경수로 127기, 중수로 1기, 기타 5기)의 원전을 운영한 바 있다. 2019년 말 기준으로 96기(약 92%)의 원전을 가동하고 있고, 가동 중인 원전은 모두 경수로 원전이며, 가압 경수로 64기, 비등 경수로 32기이다.

15) 세계원전시장 인사이트(2018. 7. 27. 에너지경제연구원), 2019 세계 원자력발전의 현황과 동향(2019. 10. 7. 한국 원자력산업회의), 원자력산업 2018년 1월호(2018. 1. 30. 한국원자력산업회의) 등을 주로 참고하였음

미국 원전의 설계수명은 40년이며, 가동 중인 원전 96기 중에서 설계수명이 도래하지 않은 8기를 제외한 88기에 대해서 모두 추가 20년의 계속운전을 승인하였다.

그리고 133기의 원전 중에서 [표 II-10]과 같이 37기(약 28%)를 평균적으로 20년간 가동하고 영구정지하였다. 그중에서 3기는 1980년대 전력계통에 연결된 원전이며, 나머지 34기는 1957년부터 1977년 사이에 전력계통에 연결되었다.

[표 II-10] 미국 원전 영구정지 현황(2019년 말 기준)

(단위: 기, 년)

구분	합계	전력계통 연결 시점별 기수				가동연수		
		1950년대	1960년대	1970년대	1980년대	평균	중위값	최댓값
가압 경수로	18	1	5	10	2	25.5	25	45
비등 경수로	13	1	8	3	1	20.7	18	49
가압 중수로	1	0	1	0	0	4	4	4
기타	5	0	4	1	0	6	6	13
전체	37	2	18	14	3	20.6	19	49

※ 자료: IAEA PRIS 자료 재구성

미국은 2010년부터 원전 산업계와 원자력규제위원회(NRC: Nuclear Regulatory Commission, 이하 "NRC"라 한다)에서 원전을 80년간 가동하는 방안을 추진해 왔으며, NRC는 2017년 7월 원전을 80년간 운전하는데 대한 심사지침서[16]를 마련하였다. 미국에서 가장 오래된 원전은 2019년 말 기준으로 만 50년이 지났다.

NRC에 따르면 2020. 3. 9. 현재 원전 4기(Turkey Point 3, 4호기, Peach Bottom 2, 3호기)에 대해서 80년[17]간 운영하는 것으로 운영변경허가를 하였고, 2기(Surry 1, 2호

16) SRP-SLR(The Standard Review Plan for Review of Subsequent License Renewal Applications for Nuclear Power Plants), GALL-SLR(The Generic Aging Lessons Learned for Subsequent License Renewal) Report

17) 미국은 원전 설계수명이 40년이며 20년 단위로 계속운전을 위한 운영변경허가를 함

기)에 대해서는 허가 여부를 심사 중이며, 5기(North Anna Power 1, 2호기, Oconee Nuclear Station 1, 2, 3호기)는 2020년에서 2021년 사이에 원전 운영사가 허가를 신청할 예정이다.

한편, 미국 내 원전 운영사는 천연가스 가격 하락, 전력수요 감소 등으로 경제적인 어려움을 겪으면서 원전을 조기폐쇄하는 경우도 발생하고 있다. [표 Ⅱ-11]과 같이 2013년부터 2019년 사이에 총 9기의 원전을 조기폐쇄하였으며, 2022년에 1기의 원전을 추가로 조기폐쇄할 예정이다.

[표 Ⅱ-11] 미국 원전 조기폐쇄 현황(2019년 말 기준)

구분	원전명	노형	운영허가 연도	운영허가 만료 연도	영구정지 연도	가동연수 (년)
조기 폐쇄	Crystal River-3	가압 경수로	1976년	2016년	2013년	37
	Kewaunee	가압 경수로	1973년	2033년	2013년	40
	San Onofre-2	가압 경수로	1982년	2022년	2013년	31
	San Onofre-3	가압 경수로	1982년	2022년	2013년	31
	Vermont Yankee	비등 경수로	1972년	2032년	2014년	42
	Fort Calhoun-1	가압 경수로	1973년	2033년	2016년	43
	Oyster Creek	비등 경수로	1969년	2029년	2018년	49
	Pilgrim	비등 경수로	1972년	2032년	2019년	47
	Three Mile Island-1	가압 경수로	1974년	2034년	2019년	45
조기폐쇄 예정	Palisades	가압 경수로	1971년	2031년	2022년(예정)	51(예정)

※ 자료: 에너지경제연구원, 세계원전시장 인사이트(2018. 7. 27.) 자료 재구성

2) 캐나다

가압 중수로 원전의 개발 국가인 캐나다는 25기의 원전을 건설하였으며 그중에서 24기[18]가 가압 중수로 원전이다. 2019년 말 기준으로 [표 II-12]와 같이 19기의 원전을 가동하고 있으며, [표 II-13]과 같이 6기를 영구정지하였다.

[표 II-12] 캐나다의 가동 중 원전 현황(2019년 말 기준)

연번	원전명	노형	설비용량(MW)	전력계통 연결 연도	가동연수(년)
1	Bruce-1	가압 중수로	760	1977년	42
2	Bruce-2		760	1977년	42
3	Bruce-3		750	1977년	42
4	Bruce-4		750	1978년	41
5	Bruce-5		817	1984년	35
6	Bruce-6		817	1984년	35
7	Bruce-7		817	1986년	33
8	Bruce-8		817	1987년	32
9	Darlington-1		878	1990년	29
10	Darlington-2		878	1990년	29
11	Darlington-3		878	1992년	27
12	Darlington-4		878	1993년	26
13	Pickering-1		515	1971년	48
14	Pickering-4		515	1973년	46
15	Pickering-5		516	1982년	37
16	Pickering-6		516	1983년	36
17	Pickering-7		516	1984년	35
18	Pickering-8		516	1986년	33
19	Point Lepreau		660	1982년	37

※ IAEA PRIS 자료 재구성

18) 나머지 1기는 캐나다 Gentilly1호기로 중수감속비등경수로(HWLWR) 원전이며, 1971년 최초 전력계통에 연결된 후 6년 만인 1977년에 영구정지됨

캐나다의 원전은 설계수명이 30년이며, [표 Ⅱ-13]과 같이 2019년 말 기준으로 6기의 가압 중수로 원전을 영구정지하였다. 그중에서 5기는 1960년대 또는 1970년대 초반 전력계통에 연결된 노후원전이고, 나머지는 1기는 1980년대 가동된 젠틀리(Gentilly)2호기이다.

[표 Ⅱ-13] 캐나다 원전 영구정지 현황(2019년 말 기준)

연번	원전명	노형	설비용량(MW)	전력계통 연결 연도	영구정지 연도	가동연수(년)
1	Rolphton NPD	가압 중수로	22	1962년	1987년	25
2	Douglas Point	가압 중수로	206	1967년	1984년	17
3	Pickering-2	가압 중수로	515	1971년	2007년	36
4	Pickering-3	가압 중수로	515	1972년	2008년	36
5	Gentilly-1	중수감속비등경수로	250	1971년	1977년	6
6	Gentilly-2	가압 중수로	635	1982년	2012년	30

※ 자료: 에너지경제연구원, 세계원전시장 인사이트(2018. 7. 27.) 자료 재구성

젠틀리2호기는 월성1호기와 동일한 노형(CANDU-6)이며 퀘벡주정부가 100%의 지분을 가지고 있는 하이드로 퀘벡(Hydro Quebec)사가 운영하였다. 하이드로 퀘벡사는 2008년부터 젠틀리2호기의 수명연장을 위해 설비보강을 개시하였으나, 2011년 후쿠시마 원전사고 이후 설비보강 작업을 중단하였다. 이후 2011년 수명연장(5년) 승인을 받았으나, 젠틀리2호기 원전 폐쇄를 공약으로 내건 퀘벡당이 2012년 9월 주정부 선거[19]를 통해 집권(의원내각제)하고 나서 퀘벡주 정부는 2012. 10. 3. 젠틀리2호기 폐쇄 결정을 내렸다.

젠틀리2호기 폐쇄 결정은 계속운전을 위한 설비보강 비용의 증가, 세일가스 채굴에 따

19) 각 주정부에는 주의회가 구성되어 있고 주의회를 구성하는 주의원을 선출하는 것이 주정부 선거이며, 다수의 주의원이 속한 정당이 주정부를 구성하고 그 당의 당수가 주지사 직을 맡음

른 전력 생산단가의 하락, 퀘벡주 내의 풍부한 수자원 등을 고려한 것 으로 알려져 있다.

3) 독일

독일은 36기(가압 경수로 20기, 비등 경수로 11기, 가압 중수로 1기, 기타 4기)의 원전을 운영한 바 있다. 2019년 말 기준으로 6기(약 17%)의 원전을 가동하고 있으며 그중 가압 경수로가 5기, 비등 경수로가 1기이다.

독일은 후쿠시마 원전사고 이후 [표 Ⅱ-14]와 같이 2011. 3. 14. 원전비상중단조치(Moratorium)를 통해 1980년 이전에 건설된 원전 7기와 결함이 발생한 원전1기(Kruemmel) 등 전체 8기의 원전에 대하여 가동 중단 조치를 하였다.

[표 Ⅱ-14] 독일의 가동 중단 조치 대상 원전 현황

연번	원전명	노형	설비용량(MW)	전력계통 연결 연도	운영허가 만료 연도
1	Brunsbutte	비등 경수	771	1976년	2016년
2	Neckarwestheim-1	가압 경수로	785	1976년	2016년
3	Philippsburg-1	비등 경수로	890	1979년	2019년
4	Biblis-A	가압 경수로	1,167	1974년	2014년
5	Biblis-B	가압 경수로	1,240	1976년	2016년
6	Isar-1	비등 경수로	878	1977년	2017년
7	Unterweser	가압 경수로	1,345	1978년	2018년
8	Kruemmel	비등 경수로	1,346	1983년	2029년

※ 자료: 에너지경제연구원, 세계원전시장 인사이트(2018. 7. 27.) 자료 재구성

그리고 독일 정부는 2011년 5월 원자로안전위원회(Reactor Safety Commission) 에서 자국의 모든 원자로가 안전하다고 보고하였는데도 후쿠시마 원전사고 이후 고조된 반원전 여론 등에 따라 2022년까지 모든 원전을 폐쇄하기로 하는 내용으로 2011년 5월 에너지 전환(Energiewende) 정책을 발표하였는바, 이 정책은 원전을 단계적으로 폐지

하고 보조금 지급을 통해 재생에너지 발전 비중을 확대하는 것을 주요 내용으로 한다.

이후 독일 정부는 2011년 6월 원자력법을 개정하여 가동 중단 조치를 한 원전 8기를 영구정지하였다.

그러나 정부에 의해 비자발적으로 원전을 조기폐쇄하면서 원전 운영사[20]와의 법적 분쟁이 발생하였다. 특히, 2014년 1월 독일 최고 행정법원(German Supreme Administrative Court)은 원전비상중단조치를 위법하다고 판결하였으며, 헌법재판소는 2016. 12. 6. 원전 운영사가 원자력법 개정으로 법 개정 이전에 할당된 발전량을 다 발전하지 못하게 되어 재산권이 침해되었다고 인정하였다.

4) 일본

일본은 60기(가압 경수로 33기, 비등 경수로 24기, 기타 3기)의 원전을 운영한 바 있다. 2019년 말 기준으로 33기(약 55%)의 원전을 가동하고 있으며 그중 가압 경수로가 16기, 비등 경수로가 17기이다.

일본은 2011년 3월 후쿠시마 원전사고 이전에 전체 발전량의 25%를 차지했던 원전의 가동을 모두 중지한 이후 석유, 액화천연가스(LNG), 석탄 등 화석연료의 수입이 증가하였으며, 이에 따라 전기요금이 상승하고 전력 구매비용이 증가하면서 제조업 분야의 산업경쟁력 약화, 온실가스 배출량 증가와 같은 현실적 문제에 직면하였다.

일본의 전기요금은 가정용의 경우 2010년 21.4엔(약 214원)/㎾h에서 2013년 24.8엔/㎾h로 약 16%, 산업용은 14.2엔/㎾h에서 17.9엔/㎾h로 약 26% 증가하였다. 그리고 2011년 이후 화석연료 이용 증가로 이산화탄소(CO2) 배출량이 증가하면서 온실가스 배출량이 2010년 1,306백만 톤에서 2013년 1,409백만 톤으로 약 8% 증가하였다.

이에 일본 정부는 2014년 제4차 에너지 기본계획에서 에너지 수급에 있어 원전은 중요한 기저부하(base load)로서 안전성 확보(국민 불안감 해소, 신 규제기준 적용)를 대전

---

20) E. ON, RWE, Vattenfall, EnBW 등 4개 전력회사로 E. ON, RWE는 민간기업이고, Vattenfall은 스웨덴 정부 소유기업이며, EnBW는 바덴뷔르템베르크 주정부가 46.55%의 지분을 보유하고 있음

제로 원전 재가동을 추진하기로 하였다. 그리고 경제산업성 산하 총합자원에너지조사회는 2030년까지 전원 구성에서 원전의 발전 비중을 20~22%로 결정하였다.

일본은 후쿠시마 원전사고 이후 원전 가동을 원칙적으로 40년으로 제한하면서 특례로 1회에 한해 20년 수명연장할 수 있도록 하였으며, 2013년 7월 신(新) 규제기준을 시행하였다. 신 규제기준에 따라 안전 기준을 엄격히 하면서 수명연장 시 안전대책비가 많이 들어 전력회사가 원전을 조기폐쇄하는 사례가 생겼다.

조기폐쇄한 11기의 원전은 [표 II-15]와 같이 가동연수가 40년 이상이거나 40년에 가까운 노후원전이며, 주로 운영허가 만료가 임박한 원전이다.

[표 II-15] 경제성 부족에 따른 일본 원전 조기폐쇄 현황(2019년 말 기준)

연번	원전명	노형	설비용량 (MW)	상업운전 개시일	영구정지일	운영허가 만료일	가동연수 (년)
1	쓰루가-1	비등 경수로	357	1970. 3. 14.	2015. 4. 27.	2016. 7. 8.	45
2	오나가와-1	비등 경수로	524	1984. 6. 1.	2018. 12. 21.	2024. 6. 1.	34
3	미하마-1	가압 경수로	340	1970. 11. 28.	2015. 4. 27.	2016. 7. 8.	44
4	미하마-2	가압 경수로	500	1972. 7. 25.	2015. 4. 27.	2016. 7. 8.	42
5	이카타-1	가압 경수로	566	1977. 9. 30.	2016. 5. 10.	2017. 9. 30.	38
6	이카타-2	가압 경수로	566	1982. 3. 19.	2018. 5. 23.	2022. 3. 19.	36
7	시마네-1	비등 경수로	460	1974. 3. 29.	2015. 4. 30.	2016. 7. 8.	41
8	겐카이-1	가압 경수로	559	1975. 10. 15.	2015. 4. 27.	2016. 7. 8.	39
9	겐카이-2	가압 경수로	559	1981. 3. 30.	2019. 4. 9.	2021. 3. 30.	38
10	오이-1	가압 경수로	1,175	1979. 3. 27.	2018. 3. 1.	2019. 3. 27.	38
11	오이-2	가압 경수로	1,175	1979. 12. 5.	2018. 3. 1.	2019. 12. 5.	38

※ 에너지경제연구원, 세계원전시장 인사이트(2018. 7. 27.) 자료 재구성

2. 우리나라 원전 현황 및 원전사업 추진체계

가. 총괄 현황

2019년 말 기준으로 [그림 Ⅱ-1]과 같이 우리나라는 26기 (전체 설비용량은 24,516㎿)의 원전을 운영한 바 있다. 그중에서 [표 Ⅱ-16]과 같이 고리2 호기 등 24기(23,250㎿)의 원전을 가동하고 있고, 고리1호기와 월성1호기 등 2기(1,266㎿)의 원전을 영구정지하였다. 그리고 신고리5~6호기, 신한울1~2호기 등 4기(5,600㎿)의 원전을 건설 중이다.

[그림 Ⅱ-1] 우리나라 원전 현황

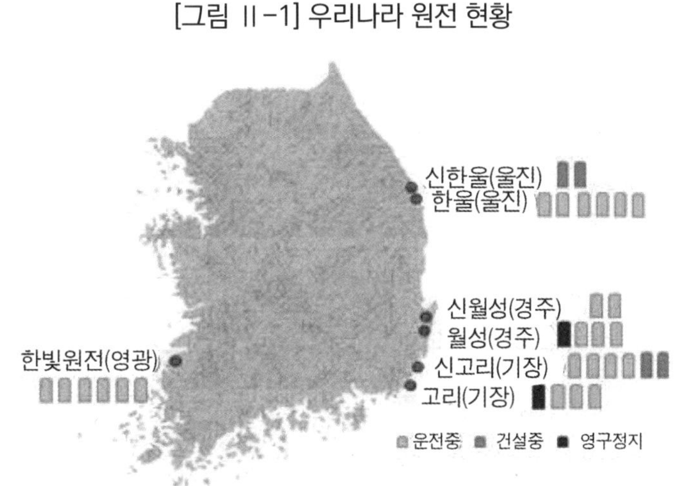

※ 자료: 한수원 제출자료 재구성

[표 Ⅱ-16] 한수원 원전본부별 원전 가동 현황

합계	고리본부	새울본부	한빛본부	월성본부	한울본부
24기	5기	2기	6기	5기	6기
	고리2~4호기 신고리1~2호기	신고리 3~4호기	한빛 1~6호기	월성2~4호기 신월성1~2호기	한울 1~6호기

※ 자료: 한수원 제출자료 재구성

한편, 우리나라 전체 26기의 원전을 원자로 노형별로 분류하면 가압 중수로인 월성1~4호기 등 4기를 제외하고 나머지 22기 모두 가압 경수로 원전이다.

나. 원전 관련 주요 사건

1) 2011년, 후쿠시마 원전사고

2011. 3. 11. 동일본 해저에서 리히터 규모 9.0의 지진이 발생하여 인접한 해변에 위치하고 있던 후쿠시마 제1발전소 내 가동 중이던 1~3호기 원전이 지진에 의해 자동정지되었고, 원전 인근 송전철탑 등의 손상으로 발전소는 모든 외부 전원공급이 중단된 상태가 되었다.

이후, 발전소에 14~15m 규모의 쓰나미가 도달하여 발전소의 모든 건물이 침수되었으며, 이로 인해 건물 내의 비상 디젤발전기 등 비상전원 공급 설비 또한 기능이 상실되어 장기간 원전에 전원을 공급할 수 없는 상황이 발생하였다.

전원 상실은 곧 냉각기능 상실로 이어져 노심 용융이 진행되었고 핵연료 피복재와 물의 반응으로 발생한 수소가 폭발하여 건물이 파손되었으며 다량의 방사성물질이 유출되었다. 이는 구소련의 체르노빌 원전사고(1986년 발생)와 함께 국제 원자력 사건 등급 중 최고인 7등급에 해당하는 사고이다.

이로 인해 전 세계적으로 원전의 위험성에 대해 각성하는 계기가 되었으며, 국내에서는 지진, 해일 등 설계기준을 초과하는 자연재해 발생 시 원전의 대응 능력을 평가하는 스트레스테스트를 추진하게 되었다.

2) 2016년, 경주 지진 발생

2016. 9. 12. 경주 인근에서 리히터 규모 5.8의 지진이 발생하였으며, 이는 1978년 지진 관측을 시작한 이래로 한반도에서 발생한 최대 규모의 지진이다. 한편, 우리나라 원전의 내진설곗값은 기본적으로 0.2g[21](리히터 규모 6.5 수준)이며 신고리3호기 등 신형 원전 6기[22](건설 중인 4기 포함)는 0.3g(리히터 규모 7.0 수준)이다.

---

21) 내진설곗값은 중력가속도 g를 단위로 사용하며, 발전소의 흔들림 정도를 말함

22) 가동 중인 신고리3~4호기, 건설 중인 신고리5~6호기, 신한울1~2호기 등 6기임

정상 운전 중이던 월성1~4호기는 지진발생에 따른 단계적 조치에 따라 지진 경보발생 및 수동정지가 이루어졌다. 이후 원안위는 월성1~4호기에 대한 정밀 점검을 이행하였으며, 2016. 12. 5. 재가동을 승인하였다.

3) 2017년, 고리1호기 영구정지

고리1호기는 우리나라 최초 원전으로 1972년 5월 건설 및 운영허가를 받고 1977년 6월 최초 임계[23](臨界)하였다. 고리1호기는 30년간 운영하여 당초 설계수명이 만료되었으나, 2007년 12월 원안위로부터 10년간 계속운전 허가를 받아 연장운영하였다.

한편, 산업부는 에너지경제연구원(2015. 5. 31.) 및 국회 예산정책처(2015. 5. 18.)의 경제성 평가결과 고리1호기 2차 계속운전의 경제성[24]은 있으나, 각계 의견수렴 결과와 2015. 6. 12. 에너지위원회의 논의결과를 토대로 고리1호기의 경제성, 안전성, 국민수용성, 전력수급 영향과 미래 해체산업 대비 등을 종합적으로 고려하여 2015. 6. 15. 한수원에 고리1호기의 영구정지를 공문으로 권고했고, 한수원 이사회는 2015. 6. 16. 2차 계속운전을 위한 운영변경허가를 신청하지 않기로 의결하였다. 이에 따라 한수원은 2016. 6. 24. 원안위에 영구정지를 위한 운영변경허가 신청을 하였고, 원안위가 2017. 6. 9. 이를 허가함으로써 고리1호기는 2017. 6. 19. 영구정지되었다.

다. 원전사업 추진체계

1) 기관별 역할 및 관리체계

우리나라의 원전사업은 크게 전력수급기본계획 등을 수립하여 원전 정책을 총괄하는 산업부, 운영(변경)허가 등 원전 관련 인허가 업무를 처리하는 원안위 그리고 유일한 원전사업자인 한수원 등 3개 기관에서 담당하고 있다.

---

23) 임계는 원자로 내에서 핵분열 연쇄반응이 일정한 비율로 계속되고 있는 상태임

24) 에너지경제연구원(2차 계속운전이 가동정지 때보다 1,792~2,688억 원 경제성 있음, 전력시장 안정화 가치 추정결과 3조 7,476억 원 효과) 및 국회예산정책처(2,505~3,267억 원 경제성 있음)

그리고 한국전력거래소는 전력시장 및 전력계통의 운영에 관한 업무 등을 수행하면서 발전설비 현황 조사를 통해 산업부의 전력수급기본계획 수립 업무를 지원하고 있다. 또한, 한전은 송?변전, 배전사업 등을 하면서, 중장기 재무관리 계획수립 시 자회사인 한수원 등에 연도별 구입전력비(한수원 입장에서는 전기판 매수익) 전망치를 제공하고 있다.

산업부 등 5개 기관의 원전 관련 주요 업무 및 관련 법령 등은 [표 Ⅱ-17]과 같다.

[표 Ⅱ-17] 5개 기관별 주요 업무 및 관련 규정

기관	주요 업무	관련 규정
산업부	- 전력수급기본계획 수립	-「전기사업법」 제25조 등
	- 발전소 예정구역 지정 고시	-「전원개발촉진법」 제11조 등
	- 발전소 건설 실시계획 승인	-「전원개발촉진법」 제5조 등
	- 전기사업 허가	-「전기사업법」 제7조 등
	- 전기설비 폐지 신고	-「전기사업법」 제26조 등
원안위	- 건설허가	-「원자력안전법」 제10조 등 -「원자로시설 등의 기술기준에 관한 규칙」(원안위 규칙)
	- 운영허가	-「원자력안전법」 제20조 등 -「원자로시설 등의 기술기준에 관한 규칙」(원안위 규칙)
	- 운영 중 안전규제(정기검사, 주기적 안전성평가 등)	-「원자력안전법」 제22조, 제23조 등
	- 계속운전 운영변경허가	-「원자력안전법」 제20조,「원자력안전법 시행령」 제36조 등 -「원자로시설의 계속운전 평가를 위한 기술기준 적용에 관한 지침」(원안위 고시)
	- 영구정지 운영변경허가	-「원자력안전법」 제21조 등 -「원자로시설 등의 기술기준에 관한 규칙」(원안위 규칙)
	- 원전 해체 승인	-「원자력안전법」 제28조
한수원	- 원자력발전사업 수행	-「전기사업법」 제7조
	- 원전 취득 및 처분	-「상법」 제393조,「공공기관의 운영에 관한 법률」 제17조 - 한수원「이사회규정」 제5조
한국전력거래소	- 발전설비 현황 조사 등 전력수급 기본계획 수립 지원	-「한국전력거래소 정관」 제5
한전	- 중장기 재무관리계획 수립	-「공공기관의 운영에 관한 법률」 제39조의2 등

※ 자료: 관련 법령 등 재구성

가) 산업부

산업부는 원전과 관련해서 전력수급기본계획 수립 등을 통해 원전 산업에 관한 정책 수립 및 조정, 원전 관련 시설 입지 및 건설 지원, 원전사업자 등에 대한 관리·감독 등의 업무를 하고 있다.

특히, 중장기 전력수요 전망 및 이에 따른 전력설비 확충을 위해 전력수급 기본계획을 수립(「전기사업법」 제25조)하면서 원전 등의 발전설비 계획을 수립한다. 그리고 원전 건설과 관련하여 예정구역 지정 고시(「전원개발촉진법」 제11조), 전기사업허가(「전기사업법」 제7조) 및 발전소 건설 실시계획 승인(「전원개발촉진법」 제5조) 업무 등을 한다.

이후 산업부는 한수원이 원전 영구정지 등 원전 운영을 변경하는 경우에는 전기설비 폐지 등 전기설비의 시설계획 신고(「전기사업법」 제26조)를 받아 수리한다.

나) 원안위

원안위는 2011년 3월 후쿠시마 원전사고 이후 원전 안전규제의 독립성 확보를 위해 같은 해 10월 대통령[25] 직속으로 설치되었으며, 원자력 이용에 따른 안전관리 업무를 관장하면서 원자력안전법 등에 따라 원자력 안전규제, 인허가 업무를 담당하고 있다.

한편, 원안위는 원자력안전법 제111조 제1항 등에 따른 원자력발전소의 안전성 등에 대한 전문적인 심사와 검사 업무를 같은 법 시행령 제154조 제2항에 따라 한국원자력안전기술원(KINS)에 위탁하고 있다.

원전은 크게 건설, 운영, 운영 중 안전규제, 계속운전, 영구정지, 해체 등의단계로 운영되는데, 단계별 주요 내용은 [그림 Ⅱ-2]와 같다.

25) 2013년에 원자력안전위원회의 설치 및 운영에 관한 법률이 개정되어 국무총리 소속으로 바뀜

[그림 Ⅱ-2] 원안위의 원전 운영 과정별 인허가 규제

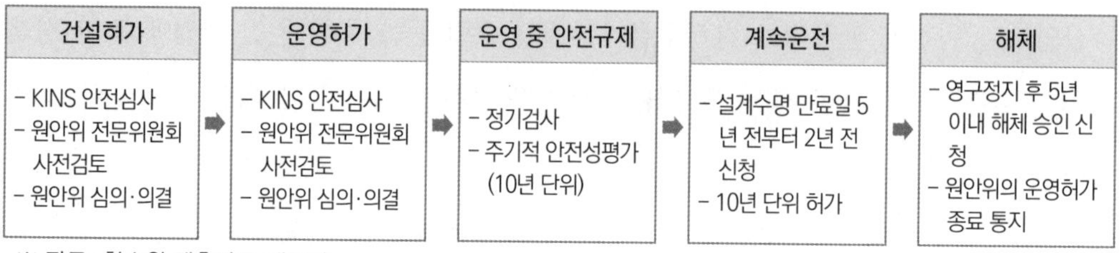

건설허가		운영허가		운영 중 안전규제		계속운전		해체
- KINS 안전심사 - 원안위 전문위원회 사전검토 - 원안위 심의·의결	➡	- KINS 안전심사 - 원안위 전문위원회 사전검토 - 원안위 심의·의결	➡	- 정기검사 - 주기적 안전성평가 (10년 단위)	➡	- 설계수명 만료일 5년 전부터 2년 전 신청 - 10년 단위 허가	➡	- 영구정지 후 5년 이내 해체 승인 신청 - 원안위의 운영허가 종료 통지

※ 자료: 한수원 제출자료 재구성

다) 한수원

한수원은 국내 유일의 원자력발전사업자로서 원자력발전소 건설, 운영 및 해체에 이르는 모든 원전사업을 수행하고 있으며, 한전이 100% 지분을 보유한 자회사이다.

한수원은 산업부가 예정구역 지정 고시 후 전력수급기본계획에 해당 원전의 건설을 반영하면 산업부로부터 전기사업 허가, 실시계획 승인을 받은 후 원안위의 건설허가(「원자력안전법」 제10조)를 받아 공사를 실시하고, 원안위의 운영허가 (「원자력안전법」 제20조) 등을 받은 후에 비로소 원전의 상업운전을 개시한다.

이후 원전 운영 중에 한수원은 원안위의 정기검사, 10년 주기의 주기적 안전성평가 등을 받게 된다.

한수원은 원전의 설계수명이 만료되는 경우에 원안위로부터 해당 원전을 계속운전하거나 영구정지하는 운영변경허가를 받아야 한다.

다만, 「상법」 제393조, 「공공기관의 운영에 관한 법률」 제17조 및 한수원 「이사회규정」 제5조 등에 따르면 기본재산(발전소 등)의 처분 등 회사의 업무집행은 한수원 이사회가 심의·의결하도록 되어 있으므로, 원전 가동중단 여부의 결정은 운영변경허가를 받기 전에 한수원 이사회 의결을 거쳐야 한다.

라) 한국전력거래소

한국전력거래소는 우리나라의 전력시장 및 전력계통 운영을 위해 2001. 4. 2.「전기사업법」제35조에 따라 설립된 비영리 특수법인이다.

한국전력거래소는「전기사업법」제36조에 따라 발전사업자, 송배전사업자, 판매사업자, 소비자로 구성되는 전력시장에서 전기를 실시간으로 사고파는 전력 거래 업무 및 안정적 전력계통 운영 업무를 전담하고 있다.

그리고「전기사업법」제25조 제8항에 따르면 산업부장관은 전력수급기본계획의 수립을 위하여 필요한 경우에는 전기사업자(한수원 등), 한국전력거래소 등에 관련 자료의 제출을 요구할 수 있고,「한국전력거래소 정관」제5조 제1항 제14호에 따르면 한국전력거래소는 전력수급기본계획 수립에 관한 지원 업무를 한다고 되어 있다.

이에 따라 한국전력거래소는 원전 등을 포함한 발전설비 현황 조사 등을 통해 산업부의 전력수급기본계획 수립에 대한 지원 업무를 하고 있다.

마) 한전

한전은「한국전력공사법」등에 따라 발전, 송전, 변전, 배전 및 이와 관련되는 영업 등을 수행하고 있다.

또한, 한전은「공공기관의 운영에 관한 법률」제39조의2 등에 따라 중장기재무관리계획을 수립하면서 자회사인 한수원 등에 연도별 구입전력비(한수원 입장에서는 전기판매수익) 전망치를 제공하고 있다.

이와 같이 산업부 등 5개 기관의 원전 관련 주요 업무 흐름을 요약하면 [그림 Ⅱ-3]과 같다.

[그림 Ⅱ-3] 5개 기관별 원전 관련 주요 업무 흐름

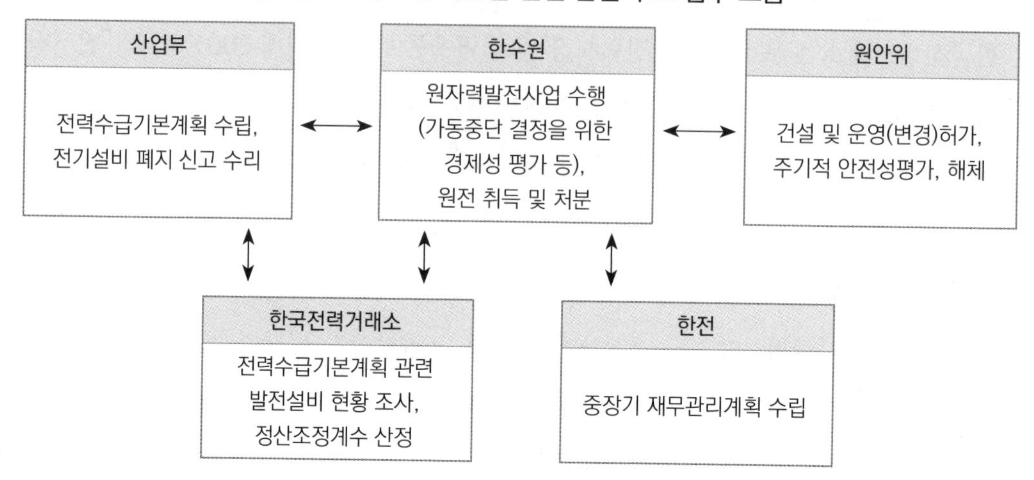

※ 자료: 관련 법령 등 재구성

2) 탈원전 정책 관련 국정과제

정부는 2017년 7월 100대 국정과제를 발표하였으며, 그중 "탈원전 정책으로 안전하고 깨끗한 에너지로 전환(산업부)"이라는 과제를 제시하였다.

그리고 탈원전 로드맵 수립을 통해 단계적으로 원전 제로 시대로 이행하면서, 신규원전 건설계획 백지화, 노후원전 수명연장 금지 등 단계적 원전 감축계획을 전력수급기본계획 등에 반영하기로 하였다.

또한 공론화를 통해 사용후핵연료 정책을 재검토하고, 고리1호기 영구정지를 원전 해체산업 육성의 계기로 활용하기로 하였다.

3) 에너지 전환(탈원전) 로드맵

정부는 이미 확정된 국정과제(신규원전 건설계획 백지화, 노후원전 수명연장 금지) 를 포함한 에너지 전환의 중장기 목표와 방향 설정을 위해 2017. 10. 24. 제45회 국무회의에서 "에너지 전환(탈원전) 로드맵"을 심의, 의결하였다.

[도표 11] 에너지 전환 로드맵에 따른 향후 원전 전망

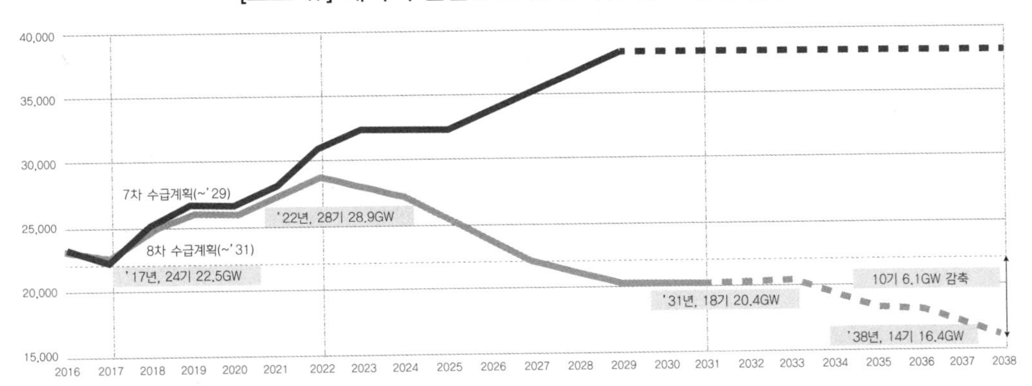

※ 자료: 산업부, 에너지 전환(탈원전) 로드맵

이에 따르면 당시 계획된 신규원전(6기) 건설계획은 백지화하고 노후원전은 수명연장을 금지하며, 월성1호기는 전력수급 안정성 등을 고려하여 조기폐쇄 하기로 하였다.

그리고 원전의 단계적 감축 방안은 "제8차 전력수급기본계획" 등에 반영하기로 하였으며, 이와 관련하여 적법하고 정당하게 지출된 비용에 대해서는 정부가 기금 등 여유재원을 활용하여 보전하되, 필요시 법령상 근거 마련을 추진하기로 하였다.

4) 제8차 전력수급기본계획

산업부는 중장기 전력수요 전망 및 이에 따른 전력설비 확충을 위해 전기 사업법 제25조 등에 따라 2년 주기로 15년 장기계획인 전력수급기본계획을 수립하고 있다.

산업부가 2017. 12. 29. 수립한 "제8차 전력수급기본계획"에 따르면, 월성1호기는 조기폐쇄 전까지 수급기여정도가 불확실하다고 판단되어 2018년부터 공급에서 제외하며, 2018년 상반기 중 경제성, 지역수용성 등 계속가동에 대한 타당성을 종합적으로 평가하여 폐쇄시기 등을 결정하고, 원안위에 영구정지를 위한 운영 변경허가 신청 등 법적 절차에 착수하도록 하였다.

3. 월성1호기 현황

가. 설비 개요

월성1호기는 1982. 11. 21. 최초 임계에 도달하여, 1983. 4. 22. 상업운전을 개시한 설비용량 679MW의 국내 최초 가압 중수로 원전이다.

[표 Ⅱ-18] 월성1호기 설비 현황

월성1호기 전경	설비 현황
	- 소재지: 경북 경주시 - 원자로 형태: 가압 중수로(CANDU-6) - 설비용량: 678.7MW - 소내전력 소비율: 3.7% - 최초 임계: 1982. 11. 21. - 설계수명: 30년(1982년 11월~2012년 11월) - 상업운전 시작일: 1983. 4. 22. - 계속운전 재가동: 2015. 6. 23.~2022. 11. 20. (계속운전 승인: 2015. 2. 27.) - 잔존 자산가: 5,147억 원(2018년 기준) - 잔존운영 가능 기간: 4.4년(2018. 7. 1.~2022. 11. 20.)

※ 자료: 한수원 제출자료 재구성

나. 월성1호기 주요 연혁

월성1호기의 당초 설계수명(30년) 만료일은 2012. 11. 20.이었으나 한수원은 2006년부터 2014년까지 계속운전을 위한 대규모 설비공사[총 5,655억 원(금융비용 포함 시 5,925억 원)]를 하는 동시에, 2009. 12. 30. 구「원자력법」[26](제21조 제1항) 에 따라 구 교육과학기술부에 계속운전 허가 신청을 하였다.

이후 한수원은 2015. 2. 27. 원안위로부터 월성1호기에 대한 계속운전 승인을 받아 같은 해 6. 23. 재가동하였으며, 이에 따라 변경된 수명연장 종료일은 2022. 11. 20.이

26) 원자력안전법 이 2011. 7. 25. 제정됨에 따라 폐지됨

었다.

그러나 경주 시민 BC 등 총 2,167명이 2015. 5. 18. 원안위를 상대로 서울행정법원에 월성1호기 수명연장을 위한 운영변경허가처분 무효확인 등 소송(사건 번호 2015구합5856)을 제기하였다. 이에 대하여 서울행정법원이 2017. 2. 7. 월성1호기 계속운전 허가처분 취소 판결[27]을 하자 원안위는 같은 해 2. 14. 항소하였다. 그러나 항소심 재판부인 서울고등법원은 원안위가 2019. 12. 24. 영구정지를 위한 운영변경허가를 확정함에 따라 소송을 통해 구할 이익이 사라졌다는 사유로 2020. 5. 29. 항소심을 각하하였다.

한편, 월성1호기는 계속운전 승인 이후인 2016. 5. 11. 냉각재 계통의 액체방출밸브 고장으로 같은 해 5. 26.까지 15일간 불시정지되었으며, 같은 해 7. 22. 원자로 정지계통의 원자로 정지용 액체물질이 원자로 내로 유입되어 같은 해 8. 13.까지 22일간 불시정지된 바 있다.

그리고 2017. 5. 28. 제25차 계획예방정비에 착수하여 같은 해 7. 20. 종료될 예정이었으나 수소감시기 설치 등의 사유로 정비기간을 계속 연장하다가 2018. 6. 15. 한수원 이사회에서 월성1호기 조기폐쇄를 결정한 이후인 2018. 8. 3. 계획 예방정비가 종료되었다.

다. 월성1호기 해체 일정

원전은 운전, 영구정지, 해체의 순서로 진행되며, 원전을 영구정지하기 위해 서는 「원자력안전법」 제20조 및 제21조 등에 따라 한수원이 원안위에 영구정지 운영변경허가 신청을 한 후 승인을 받아야 한다. 원안위의 영구정지 승인이 있기 전까지는 운영변경허가 기간인데 이는 운전기간에 해당하므로 원안위로부터 같은 법 시행령 제35조에 따른 정

27) 1심 재판부는 ① 법적 신청서류(운영변경허가 전·후 비교표) 미비, ② 운영변경허가 시 위원회의 심의·의결 없이 과장 전결로 처리, ③ 계속운전을 위한 안전성평가 시 최신 기술기준을 미적용, ④ 결격사유가 있는 원안위원 2명이 계속운전 심의·의결에 참여 등을 사유로 원안위의 계속운전 허가 처분이 위법하다고 판결하였음

기검사 등을 받아야 한다.

한수원은 2019. 2. 28. 원안위에 월성1호기 영구정지를 위한 운영변경허가 신청을 하였고, 같은 해 12. 24. 원안위는 이를 승인하였다.

이와 관련한 월성1호기 주요 연혁은 [그림 Ⅱ-4]와 [별표 1] “월성1호기 주요 추진 경과”와 같다.

[그림 Ⅱ-4] 월성1호기 폐쇄 관련 주요 추진 경과

2015. 2. 27.
원안위, 월성1호기
수명연장 승인
(2012년 ⇒ 2022년)

➡

2017. 5. 28.
제25차 계획예방정비
(원자로 건물 부벽
콘크리트 결함 등 수리,
2018년 8월 종료)

➡

2017. 10. 24.
에너지 전환 로드맵 발표
(월성1호기는 전력수급
안정성을 고려하여
조기폐쇄)

➡

2017. 12. 29.
제8차 전력수급기본계획
(월성1호기는 2018년부터
공급 제외, 2018년 상반기
중 폐쇄시기 등 결정)

➡

2018. 4. 10.
월성1호기 경제성 평가
용역 시행
(2018. 6. 22. 준공)

➡

2019. 6. 15.
한수원 이사회,
월성1호기
조기폐쇄 의결

➡

2019. 2. 28.
한수원,
월성1호기
영구정지 운영변경
허가 신청

➡

2019. 12. 24.
원안위,
월성1호기 영구정지
운영변경허가 승인

※ 자료: 한수원 제출자료 재구성

한편, 원전을 해체하기 위해서는 한수원이 영구정지한 날로부터 5년 이내에 「원자력안전법」 제28조에 따라 원안위에 해체승인 신청서를 제출한 후 원안위의 승인을 받아야 한다. 그러고 나서 한수원이 원전 시설과 부지를 철거하거나 방사성 오염을 제거하여 해체가 종료되면 원안위가 한수원에 운영허가 종료를 통보함으로써 원전의 운영이 종료된다.

한수원은 2019. 1. 29. 월성1호기 해체 기본계획을 수립하면서 [그림 Ⅱ-5]와 같이 2020년 6월까지 2년을 운영변경허가 기간으로 설정하고, 그 후 2026년 6월까지 원안위로부터 해체승인을 받은 후 2032년까지 제염 및 철거를, 2034년까지 부지 복원을 마무리하는 것으로 계획하였다.

[그림 Ⅱ-5] 월성1호기 해체 주요 일정

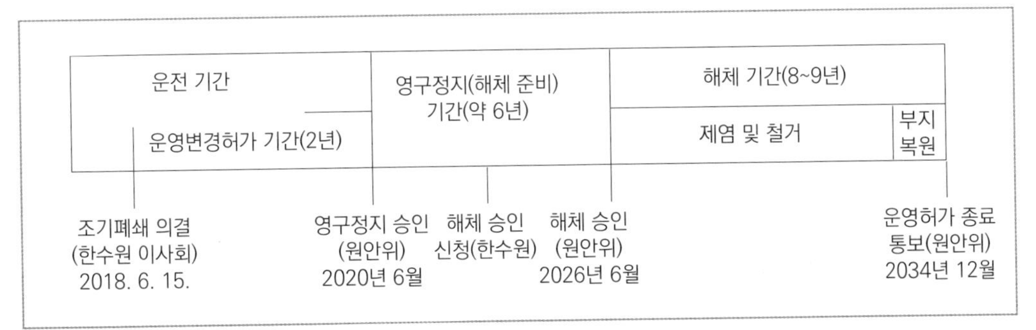

※ 주 : 한수원은 운영변경허가 기간을 2년으로 계획하여 원안위의 영구정지 승인을 2020년 6월에 받을 것으로 예상 하였으나 원안위는 이보다 빠른 2019. 12. 24. 승인하였음

※ 자료: 한수원 제출자료 재구성

Ⅲ. 월성1호기 조기폐쇄 관련 업무추진 경과 및 내용

1. 2017년 하반기 월성1호기 조기폐쇄 관련 계획 수립

가. 2017. 7. 19. 탈원전 정책 관련 국정과제

국정기획자문위원회는 2017. 7. 19. 국정과제로 "탈원전 정책으로 안전하고 깨끗한 에너지로 전환"을 선정하면서 월성1호기는 전력수급 상황을 고려하여 가급적 조기에 폐쇄하는 것으로 정하였다.

나. 2017. 10. 24. 에너지 전환(탈원전) 로드맵

산업부는 2017. 10. 24. 국무회의에 "신고리 5·6호기 공론화 후속조치 및 에너지 전환(탈원전) 로드맵"을 상정하여 ① 월성1호기는 전력수급 안정성 등을 고려하여 조기폐쇄하고, ② 적법하고 정당하게 지출된 비용에 대해서는 정부가 기금등 여유재원을 활용하여 보전하되(관계부처 협의 및 국회 심의), 필요시 법령상 근거를 마련하여 추진하는 것으로 의결하였다.

다. 2017. 12. 29. 제8차 전력수급기본계획

산업부는 2017. 12. 29. 전력정책심의회 심의를 통해 ① 월성1호기는 조기폐쇄 전까지 수급기여 정도가 불확실하다고 판단되어 2018년부터 공급에서 제외하고, ② 2018년 상반기 중에 경제성, 지역수용성 등 계속가동에 대한 타당성을 종합적으로 평가하여 폐쇄시기 등을 결정하는 등의 내용이 포함된 "제8차 전력수 급기본계획"을 확정하였다.

2. 2018년 상반기 월성1호기 경제성 평가 및 조기폐쇄 의결

가. 월성1호기 경제성 평가 실시

1) 한수원의 자체 경제성 평가

가) 2017년 10월 산업부의 요청으로 자체 경제성 평가 실시

산업부(▽관실)가 2017년 10월경 한수원(◕본부)에 월성1호기에 대한 폐쇄시기별 경제성을 검토하도록 요청하자, 한수원 ▼처는 월성1호기를 계속가동하는 것이 가장 이익[28]이지만 경제적 손실 최소화, 이사회 의결의 용이성 등을 고려할 때 원안위의 영구정지 인허가(2년) 시까지 정상운전을 하는 것이 타당하다는 내용의 자체 경제성 평가결과를 2017. 11. 21. 산업부(▽관실)에 전달[29]하였다.

나) 2018년 3월 말 월성1호기 영구정지 운영변경허가 시까지 2.5년 가동 후 정지 방안으로 검토

산업부가 2018. 2. 20. 한수원에 제8차 전력수급기본계획 확정에 따른 협조요청 공문을 발송하면서 월성1호기 조기폐쇄 사항 등과 관련하여 필요한 조치들을 하도록 하자, 한수원은 2018. 3. 7. "월성1호기 정부정책 이행 검토 TF"를 구성하여 검토에 착수하는 한편 자체 경제성 평가도 실시하였는데, 당초 자체 경제성 평가를 실시하면서 즉시 가동

---

28) 월성1호기 예상손익을 즉시 가동중단(2018. 1. 1. 정지) 시 -6,417억 원, 원안위의 운영변경허가까지 가동(2020. 1. 1. 정지) 시 -4,616억 원, 계속가동 시 -4,374억 원이라고 분석하였음

29) 당초 한수원은 2017. 11. 3. 원안위의 영구정지 인허가까지 3년이 소요될 것으로 예상하여 분석을 하면서 영구 정지 인허가 시까지 운영하는 경우가 예상손실이 가장 적다는 사유로 원안위의 영구정지 운영변경허가 시까지 운영하는 것으로 보고하였으나 산업부에서 이를 2년으로 변경하도록 하였고, 한수원은 같은 해 11. 21. 산업부에 2년으로 변경 시의 예상손익만 추가로 분석하여 제출하였음

중단, 1.4년[30] 및 2.5년[31] 가동 후 정지, 그리고 계속가동(4.4년 가동) 등 다양한 폐쇄시기 시나리오를 검토하였다.

그리고 산업부(▽관실)와 한수원(◇본부)은 2018. 3. 19. 및 같은 해 3. 29. 한수원이 자체적으로 수행한 경제성 평가 자료를 기초로 회의를 개최하여 즉시 가동중단 시와 운영기간별 가동중단 시나리오의 손익을 각각 비교한 결과, 4.4년 (설계수명인 2022년 11월까지 가동)을 계속가동하는 방안이 가장 이익이지만 정부정책 등을 고려하여 원안위가 월성1호기 영구정지 운영변경허가를 할 때까지 2.5 년 가동 후 정지하는 방안으로 추진하는 것을 검토하였다.

다) 2018. 4. 10. 계속가동과 즉시 가동중단 시나리오만 분석한 자체 경제성 평가 확정

한편 대통령비서실(♤비서관실)은 2018. 4. 2. 및 4. 3. 산업부(▷과)에 월성1호기 조기폐쇄 추진방안 및 향후계획을 장관에게 보고한 후 이를 대통령비서실 (♤비서관실)에 보고해달라고 요구하였다.

그리고 산업부(▷과)는 2018. 4. 3. 월성1호기를 원안위의 영구정지 운영변경허가 시까지 가동 후 정지하는 방안으로 장관에게 보고하였으나, 장관은 월성1호기를 조기 폐쇄 결정 즉시 가동중단하는 것으로 재검토하도록 지시한 후 같은 해 4. 4. 이를 방침으로 결정하면서 대통령비서실(♤비서관실)에 보고하도록 지시하였고, 산업부(▷과)는 같은 날 한수원(◇본부)에 위 방침을 전달하였다.

이에 따라 한수원(◇본부)은 2018. 4. 5. 이후에는 월성1호기 계속가동과 즉시 가동중단의 시나리오만 비교, 분석하였으며, 같은 해 4. 10. 분기점 이용률[32] 59.1%인 자체 경제성 검토결과를 확정하였다.

---

30) 1.4년은 신한울2호기 준공 예정일인 2019년 10월까지 운영하는 안임

31) 2.5년은 월성1호기 영구정지 운영변경허가 취득 예정 시기인 2020년 12월까지 운영하는 안임

32) 월성1호기의 계속가동과 즉시 가동중단의 NPV가 같아지는 이용률

2) ○○회계법인의 경제성 평가

한수원은 2018. 4. 10. ○○회계법인과 "월성1호기 운영정책 검토를 위한 경제성 평가용역" 계약(계약기간: 2018. 4. 10.~6. 22., 계약금액: 130,765천 원)을 체결하여 월성1호기 계속가동의 타당성을 평가하였다.

그리고 ○○회계법인은 2018. 6. 11. 중립적 시나리오 이용률(60%)에서 계속가동이 즉시 가동중단보다 224억 원만큼 경제성이 있고, 분기점 이용률은 54.4%인 것으로 최종 확정[33)]하였다.

이와 같은 ○○회계법인의 경제성 평가 변동 내역은 [표 III]과 같으며, 입력 변수별 상세 변동내역은 [별표 2] "○○회계법인 경제성 평가 변동 명세"와 같다.

[표 III] ○○회계법인 경제성 평가 변동 현황

구 분 \ 작성일		2018. 5. 3.	2018. 5. 7.	2018. 5. 19.	2018. 5. 28.	2018. 6. 11.
판매단가(원/kWh)주1)		63.11	60.76	51.52	51.52	51.52
판매단가 기준		2017년 판매단가+물가상승률 (1.9%)	2017년 판매단가	한수원 전망단가	한수원 전망단가	한수원 전망단가
기준 이용률(%)		84.98	70.00	60.04	60.04	60.04(낙관 80, 비관 40)
분기점 이용률(%)		20~30	39.3	55.9	56.7	54.4
NPV (억 원)	계속가동 (A)	2,772	1,225	△185	△237	△91
	즉시 가동중단 (B)	△654	△479	△348	△368	△315
	NPV 차이 (A-B)주2)	3,427	1,704	164	131	224 (낙관 1,010, 비관 △563)

33) ○○회계법인은 2018. 5. 28. 자체 최종안을 확정하였고, 외부기관의 자문·검증 등을 거쳐 같은 해 6. 11. 최종안을 한수원에 제출하였음

비고	경제성 평가 (재무모델)	경제성 평가 초안	경제성 평가 수정안	○○회계법인 자체 최종안	자문·검증 후 최종안

※ 주: 1. 4.4년(2018. 7. 1.~2022. 11. 20.) 평균 단가
2. 억원 미만 금액을 반올림함에 따라 일부 NPV 차이 계산 결과가 ±1억 원만큼 오차 발생
※ 자료: 한수원 제출자료 재구성

나. 산업부-한수원, 월성1호기 조기폐쇄 관련 비용보전 방안 협의

한수원은 2018. 6. 11. 산업부에 월성1호기 조기폐쇄 등과 관련하여 정부의 향후 비용보전을 요청하는 공문을 보냈으며, 산업부는 2018. 6. 14. 한수원의 비용보전 요청에 대해서는 개정될 법령의 규정이 정하는 바에 따라 비용보전 조치가 이루어질 예정이라는 내용 등으로 회신하였다.

다. 2018. 6. 15. 한수원 이사회, 월성1호기 조기폐쇄 의결

한수원은 2018. 6. 15. 이사회[34]에 "월성1호기 운영계획(안)"을 상정한 후 안전성, 경제성 및 정부의 에너지 전환 정책 등을 종합 검토하여 월성1호기를 조기폐쇄하는 것으로 의결하였다.

---

34) 한수원은 2018. 6. 1.(서울), 6. 4.(경주), 6. 4.(대전), 6. 5.(부산), 6. 7.(경주) 등에 사외이사 7명에게 "월성1호기 운영계획(안)"을 사전설명하였음

3. 2018년 하반기 이후 영구정지 등 진행 경과

한수원은 2019. 2. 28. 원안위에 「원자력안전법」 제20조 제1항 등에 따라 월성1호기 영구정지를 위한 운영변경허가 신청을 하였으며, 원안위는 같은 해 12. 24. 이를 승인하였다.

이후 서울고등법원[35]은 원안위가 '월성1호기 수명연장을 위한 운영변경허가 처분 무효확인 등 소송' 1심에서 패소하고 나서 2017. 2. 14. 항소한 데 대하여, 2020. 5. 29. "원안위의 영구정지허가 처분으로 운영변경허가처분의 효력이 상실되어, 운영허가처분의 무효확인 또는 취소판결을 구하는 소의 이익이 없다"고 보아 각하하였다.

35) 사건번호 2017누38043

Ⅳ. 감사결과

1. 감사결과 총괄

감사결과 [표 Ⅳ-1]과 같이 총 6건의 위법 · 부당사항이 확인되었다.

[표 Ⅳ-1] 감사결과 지적사항 현황

(단위: 건, 명)

구 분	합 계		징 계 (인원)	주 의	통 보	
	건 수	인 원			일반	인사자료(인원)
합 계	6	3	1(2)	3	1	1(1)

문제점

감사결과 확인된 추진과정별 주요 문제점은 다음과 같다.

가. 월성1호기 조기폐쇄 결정의 타당성 관련

〈경제성 평가의 적정성 관련〉

(이용률) ○○회계법인은 2018. 5. 4. 한수원에 향후 4.4년간 월성1호기 (평균) 이용률 85%를 적용한 경제성 평가결과(재무모델)를 제시하였고, 같은 날 산업부 (▽관실)와 면담 및 한수원(◇본부)과 회의를 하여 이용률을 70%로 변경하였다. 그리고 ○○회계법인은 산업부(▽관실) 및 한수원(◇본부)과 회의를 하여 2018. 5. 11. 이용률을 70%에서 60%로 변경하였으며, 같은 해 5. 18.에는 낙관(80%), 중립 (60%), 비관(40%) 시나리오를 설정하여 분석하였는데, 최근 강화된 규제환경 등을 고려하고, 이용률 시나리오별로 분석결과를 제시한 점 등을 고려할 때, 중립적 이용률 60% 그 자체는 적정한 추정 범위

를 벗어나 불합리하다고 단정하기 어렵다.

(판매단가) 한수원(◇본부)과 산업부(▽관실)는 2018. 5. 11. ○○회계법인에 향후 4.4년간 원전 판매단가를 전년도(2017년) 판매단가에서 한수원 전망단가로 변경하도록 하였다. 한수원 전망단가는 실제 원전 이용률이 한전 중장기 재무관리계획 수립시 예상 원전 이용률보다 낮을 경우 실제 판매단가보다 낮게 추정될 뿐만 아니라, 한수원이 월성1호기의 이용률을 산정하면서 고려한 원전 전체에 대한 규제 강화 등 이용률 저하 요인을 전체 이용률에 반영하지 않은 채 전체 원전의 높은 이용률 (84%)을 그대로 한수원 전망단가 추정에 사용할 경우 실제 판매단가보다 낮게 추정 되는 바, 한수원은 이러한 사정을 알면서도 ○○회계법인에 이를 보정하지 않고 사용하도록 함으로써 계속가동 시의 전기판매수익이 낮게 추정되었다.

(비용) 한수원(◇본부)은 2018. 5. 4. 등 회의에서 ○○회계법인에 월성1호기 즉시 가동중단 시 감소되는 인건비와 수선비 등 비용의 감소 규모에 대한 의견을 제시하여 경제성 평가에 반영되었는데, 관련 지침이나 고리1호기 사례 등을 고려할 때 즉시 가동중단 시 감소되는 비용의 추정이 과다한 측면이 있다.

(결론) 이에 따라 [별표 2] “○○회계법인 경제성 평가 변동 명세”와 같이 2018. 6. 11. ○○회계법인이 한수원에 제출한 경제성 평가 용역보고서(최종안)에서는 월성1호기의 즉시 가동중단 대비 계속가동의 경제성이 224억 원(중립적 이용률 60% 기준) 으로 분석되는 등 월성1호기 계속가동의 경제성이 불합리하게 낮게 평가되었다.

〈조기폐쇄 결정 과정의 적정성 관련〉

기관명	성명 (당시 직위)	담당업무	비위 내용	양정
산업부	AO(장관)	산업부 총괄	- 월성1호기 즉시 가동중단 방침 결정업무 등 부당 처리	통보(인사자료)
	E(국장)	실무 총괄	- 월성1호기 관련 자료 삭제 지시	징계(경징계 이상)
	G	실무	- 월성1호기 관련 자료 삭제	
한수원	AM(사장)	한수원 총괄	- 조기폐쇄 시기 검토업무 처리 및 경제성 평가업무 수행과정에 대한 관리·감독 부적정	주의

※ 이 외 업무 관련자들은 산업부장관이나 한수원 사장 등의 방침에 따라 월성1호기 조기폐쇄 및 즉시 가동중단을 위한 업무를 이행한 점 등을 고려하여 처분요구나 인사자료 통보하지 아니함

1) 산업부 관련

산업부장관(AO)은 2018. 4. 4. 외부기관의 경제성 평가결과 등이 나오기 전에 월성1호기 조기폐쇄 시기를 한수원 이사회의 조기폐쇄 결정과 동시에 즉시 가동 중단하는 것으로 방침을 결정하였다. 이에 산업부 직원들은 위 방침을 집행하는 과정에서 한수원이 즉시 가동중단하는 방안 외 다른 방안은 고려하지 못하게 하였고, 한수원 이사회가 즉시 가동중단 결정을 하는 데 유리한 내용으로 경제성 평가결과가 나오도록 평가과정에 관여하여 경제성 평가업무의 신뢰성을 저해하였으며, 장관은 이를 알았거나 충분히 알 수 있었는데도 내버려 두었다.

이외에 산업부 ▽관(E)은 2019년 11월 부하직원(G)에게 감사원 감사에 대비하여 월성1호기 관련 자료를 삭제하도록 지시하였고, 이에 부하직원(G)는 2019. 12. 1. 자료를 삭제하는 등 감사원 감사를 방해하였다.

2) 한수원 관련

한수원은 2018. 4. 10. 체결된 ○○회계법인의 경제성 평가용역 진행과정에서 즉시 가동중단하는 방안 및 계속가동하는 방안 외 폐쇄시기에 대한 다른 대안 (영구정지 운영변경허가 시까지 가동하는 방안 등)은 검토하지 않았고, 사장(AM)은 폐쇄시기에 대한 다

양한 대안을 검토하도록 지시하지 않음에 따라 한수원 이사회가 월성1호기 조기폐쇄 시기와 관련하여 즉시 가동중단 외 다른 대안은 검토 하지 못하고 심의·의결하게 되었다.

그리고 한수원은 2018. 5. 10. 사장(AM) 주재 긴급 임원회의에서 판매단가 등 입력변수를 수정해야 한다는 ◁부사장(K)의 주장을 받아들여 이를 ○○회계 법인의 경제성 평가에 반영하기로 하였고, 같은 해 5. 11. 한수원 직원들이 ○○회계법인에 실제 판매단가보다 낮게 예측되는 한수원 전망단가를 사용하도록 하는 등 부적정한 의견을 제시하여 경제성 평가의 신뢰성을 저해하였으며, 사장은 이에 대해 충분한 주의를 기울여 관리·감독하지 않았다.

나. 한수원 이사들의 배임행위 해당 여부: 배임에 해당한다고 보기 어려움

검토 결과, 한수원 이사들이 월성1호기 조기폐쇄를 의결함에 따라 ① 이사 본인 또는 제3자가 이익을 취득한 사실은 인정되지 않고, ② 본인 또는 제3자로 하여금 재산상 이익을 취득하게 하고 한수원에 재산상 손해를 가할 의사가 있었다고 보기도 어려워 업무상 배임죄의 고의가 있었다고 보기 어렵다.

따라서 한수원 이사들이 월성1호기 조기폐쇄를 의결한 것이 업무상 배임죄에 해당한다고 보기는 어렵다고 판단된다.

조치할 사항

이에 따른 감사원의 조치 내용은 다음과 같다.

가. 징계, 주의 및 통보(인사자료)

산업통상자원부장관에게 AO의 비위행위를 통보하여 재취업·포상 등을 위한 인사자료로 활용함과 아울러 인사혁신처에 통보하여 공직후보자 등의 관리에 활용될 수 있도록 하였고, 월성1호기 계속가동에 대한 경제성 평가 시 폐쇄시기에 대한 다양한 대안을 검토하도록 지시하지 않거나 한수원 직원들이 외부기관의 경제성 평가 과정에 부적정한 의견을 제시하여 경제성 평가의 신뢰성을 저해하는 것을 제대로 관리·감독하지 못한

AM에 대해서는 엄중 주의를 촉구하도록 하였으며, 월성1호기 관련 자료를 삭제하도록 지시하거나 삭제한 E와 G는 징계(경징계 이상) 를 요구하였다.

나. 통보

한국수력원자력주식회사 사장에게 산업통상자원부장관과 협의하여 향후 원자력발전소 계속가동 등과 관련된 경제성 평가가 합리적이고 객관적으로 수행될 수 있도록 관련 지침을 구체적으로 마련하도록 통보하였다.

다. 기관 주의

산업통상자원부장관에게 원자력발전소의 폐쇄 여부 및 폐쇄시기 등을 결정 함에 있어 한수원에 대해 특정 방안(즉시 가동중단 방안 등)을 이행하도록 하거나, 외부기관이 수행하고 있는 경제성 평가과정에 관여함으로써 경제성 평가의 신뢰성을 저해하는 일이 없도록 하고, 정부의 정책 결정과 집행 과정이 투명하고 책임 있게 이뤄질 수 있도록 관련 업무를 철저히 하도록 주의 요구하였다.

또한, 한국수력원자력주식회사 사장에게 원자력발전소 폐쇄 여부 및 폐쇄 시기 등을 결정하기 위한 외부기관의 경제성 평가를 실시하면서 다양한 대안을 검토하지 않거나 외부기관이 수행하고 있는 경제성 평가과정에 부적정한 의견을 제시함으로써, 경제성 평가의 신뢰성을 저해하고 이사회의 합리적인 의사결정에 지장을 초래하는 일이 없게 관련 업무를 철저히 하도록 주의 요구하였다.

2. 적극행정면책 처리 현황

감사와 관련하여 총 5건의 적극행정 면책신청이 접수되었고, 신청내용이 「적극행정면책 등 감사소명제도의 운영에 관한 규칙」 제5조의 면책요건에 해당하는지에 대하여 감사부서, 감사권익보호관의 검토 및 외부전문가가 참여한 적극 행정면책자문위원회의 심의를 거쳐 2020. 10. 19. 감사위원회의 의결로 면책을 불인정하는 것으로 결정되었다.

제2부

경제성 평가의 적정성

제2부 경제성 평가의 적정성

〈실태〉

가. 선행 경제성 평가 사례 검토

이번 감사원 감사기간 중 월성 및 고리 원전의 계속운전과 관련된 11차례의 선행 경제성 평가 사례를 검토하였다.

2013년 11월 "월성1호기 계속운전 발전비용추정: 균등화비용법 적용(에너지경제연구원)" 등 4차례 평가에서는 균등화비용법[36]으로 분석하면서 원전 계속운전과 신규 석탄발전, LNG발전, 또는 원전과의 균등화 발전비용을 비교하여 경제성 평가를 수행하였고, 8차례(1회는 균등화비용법 병행) 경제성 평가에서는 NPV법을 이용하여 계속운전하지 않는 경우와 10년 또는 20년간 계속운전하는 경우에 대한 경제성을 비교하였으며, 계속운전하지 않는 경우 대비 계속 운전하는 경우가 경제적이라는 결론을 도출하였다.

선행 경제성 평가의 상세 내역은 [별표 3] "선행 원전 계속운전 경제성 평가 사례"와 같다.

나. ○○회계법인의 월성1호기 경제성 평가

한수원은 2018. 4. 10. ○○회계법인과 "월성1호기 운영정책 검토를 위한 경제성 평가용역" 계약(계약기간: 2018. 4. 10.~6. 22., 계약금액: 130,765천 원)을 체결하여 월성1호기의 경제성을 평가하였다.

---

36) 균등화비용법(LCOE: Levelized Costs of Energy): 연도별로 불규칙하게 발생하는 발전비용과 발전량에 대해서 화폐의 시간적 가치를 고려하여 연도별로 균등하게 산출된 발전비용(고정비와 변동비)과 발전량을 이용하여 비용을 산출하는 방식으로, 전원별 발전비용을 추정하여 발전 형식 간의 비교 · 분석에 활용 가능

1) 경제성 평가의 주요 가정

○○회계법인은 [그림 Ⅳ-1]과 같이 경제성 평가의 기준일(이하 "평가기준일" 이라 한다)인 2018. 7. 1.부터 설계수명일인 2022. 11. 20.까지 계속가동하는 대안 (이하 "계속가동"이라 한다)과 평가기준일에 즉시 정지하되 2020. 6. 30. 원안위로 부터 영구정지 운영변경허가를 받는 대안(이하 "즉시 가동중단"이라 한다)으로 구분한 후 각 대안별로 수익과 비용 등 미래 현금흐름의 NPV를 비교하였다.

그리고 ○○회계법인은 중립적 시나리오의 이용률을 60%로, 판매단가는 한수원 전망단가를 적용하는 등 [별표 4] "경제성 평가를 위한 주요 항목별 가정" 과 같이 평가 항목별로 일정한 가정을 설정한 후 현금흐름을 추정하였다.

[그림 Ⅳ-1] 경제성 평가 대상 기간

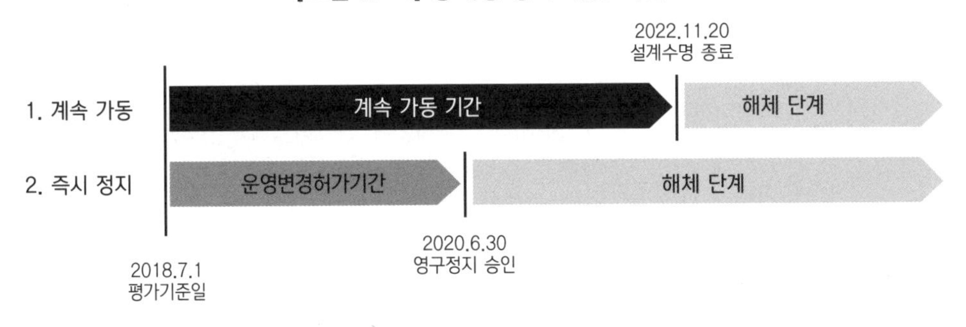

※ 자료: 경제성 평가 용역보고서(2018년 6월)

2) 경제성 평가결과

○○회계법인은 2018. 6. 11. 최종 보고서를 한수원에 제출하였는데, 이 보고서에서는 계속가동의 경우 [표 Ⅳ-2]와 같이 중립적 시나리오의 평균 이용률 60%에 따른 발전량에서 소내 전력량을 차감한 판매 전력량에 한수원 전망단가(판매단가)를 곱하여 매출액을 산정하였으며, [표 Ⅳ-3]과 같이 매출액에서 인건비, 수선비 등 매출원가와 본사 판관비 배부액 등을 차감하여 잉여 현금흐름을 산출하였다. 그리고 즉시 가동중단의 경우 운영변경허가 기간의 비용 등 매출원가에서 해체비용 등을 차감하여 잉여 현금흐름을 산출하였으며, 잉여 현금흐름을 평가기준일 시점의 현재가치로 할인(할인율 4.5%)하여

두 대안의 NPV 차이 를 22,417백만 원으로 산출하였다.

[표 Ⅳ-2] 계속가동 시 연도별 매출액

(단위: 건, 명)

구 분	2018년	2019년	2020년	2021년	2022년	평균
이용률(%)	66.30	57.81	69.95	56.71	51.54	60.04
판매 전력량(GWh)	1,904	3,288	3,890	3,107	2,457	2,929
판매단가(원/kWh)	55.96	52.67	51.41	48.78	48.78	51.52
매출액(백만 원)	106,538	173,172	199,967	151,574	119,865	150,223

※자료: 경제성 평가 용역보고서(2018년 6월) 재구성

[표 Ⅳ-3] 두 대안의 연도별 현금흐름

(단위: 백만원)

구분	항목	2018년	2019년	2020년	2021년	2022년	소계
계속 가동	매출액(a)	106,538	173,172	199,967	151,574	119,865	751,117
	매출원가(b)	94,049	174,271	194,092	180,035	229,965	872,412
	본사 판관비(c)	2,109	4,299	4,380	4,464	4,169	19,421
	법인세전 이익 (d=a-b-c)	10,380	△5,397	1,494	△32,924	△114,269	△140,716
	법인세 효과(e)	13,563	32,080	27,081	34,688	54,922	162,33
계속 가동	자본적 지출(f)	13,092	18,042	6,754	-	-	37,888
	잉여 현금흐름 (g=d+e-f)	10,851	8,641	21,821	1,764	△59,347	△16,270
	할인기간(년)	0.5	1.5	2.5	3.5	4.4	-
	현재가치(A)	10,615	8,089	19,547	1,512	△48,898	△9,135

즉시 가동 중단	매출원가(a)	22,202	102,878	19,092	-	-	144,172
	법인세 효과(b)	21,368	54,239	81,769	-	-	157,376
	세후 현금흐름 (c=-a+b)	△834	△48,639	62,676	-	-	13,204
	자본적 지출(d)	8,893	1,141	6,370	-	-	16,404
	해체비용(e)	27,600	-	-	-	-	27,600
	잉여 현금흐름 (f=c-d-e)	△37,327	△49,780	56,306	-	-	△30,800
	할인기간(년)	0.5	1.5	2.0	-	-	-
	현재가치(B)	△36,514	△46,599	51,561	-	-	△31,552
차이(A-B)		47,129	54,688	△32,014	1,512	△48,898	22,417

※자료: 경제성 평가 용역보고서(2018년 6월) 재구성

다. 이번 감사 시 경제성 평가 검토의 전제, 판단기준 및 접근방법

1) 검토의 전제

○○회계법인의 경제성 평가는 월성1호기 계속가동 또는 즉시 가동중단 시 한수원의 재무적 성과에 미치는 영향을 분석하는 것이므로 이번 감사의 분석대상은 월성1호기 가동중단이 월성1호기 부문에 미치는 영향에 한정하지 않고 한수원 전체에 미치는 영향을 기준으로 검토하였다.

다음으로 분석기간과 관련하여, ○○회계법인이 계속가동 대안의 분석기간으로 설정한 2018. 7. 1.부터 설계수명 종료일인 2022. 11. 20.까지 4.4년간 현금 흐름을 대상으로 검토하였다.

한편, ○○회계법인은 영구정지 이후 발생할 현금흐름에 대해서 계속가동 시는 2023년부터, 즉시 가동중단 시에는 2020년 하반기부터 7,515억 원[37](2016년 말 불변가액

37) 방사성폐기물 관리비용 및 사용후핵연료관리부담금 등의 산정기준에 관한 규정 (산업부 고시 제2017-195호) 제12조에 따른 해체비용충당금

기준)의 해체비용이 15년 동안 발생하는 것으로 가정하여 즉시 가동 중단 시 해체비용이 계속가동의 경우보다 약 2.5년 먼저 발생하기 때문에 이로 인한 현재가치 차이(276억 원)[38]를 즉시 가동중단 시 현금유출액에 반영한 후 해체비용으로 지출되는 비용 항목에 대하여는 두 대안간 영구정지 이후의 현금흐름이 동일한 것으로 가정하고 이를 분석대상에서 제외하였는데, 이를 정당한 방식으로 인정하고 검토하였다.

2) 판단기준

한수원이 경제성 평가 방법으로 사용한 NPV법은 불확실한 미래의 현금흐름을 예측하기 때문에 가정을 기초로 평가할 수밖에 없으나, 추정의 불확실성을 줄이기 위해서는 평가 시점을 기준으로 가정의 실현가능성 등을 충분히 검토한 후 일관성 있게 적용하는 것이 중요하다.

이에 감사원은 한수원 ♡처가 ○○회계법인에 적절한 기초자료를 제공하였는지, ♡처가 판단하기 어려운 사항은 소관부서에 해당 자료 제출 및 검토를 의뢰하였는지, ○○회계법인에 제공한 기초자료가 경제성 평가 용역보고서에 적절히 반영되었는지 등에 대해 검토하는 등 경제성 평가 시점에 한수원이 예측가능하였던 가정을 적정한 수준에서 설정하였는지와 각 가정을 항목별로 일관성 있게 반영하였는지 여부를 중점적으로 검토하였다.

3) 접근방법

우선, 감사원은 수익 측면에서는 계속가동 시 미래 현금흐름을 결정하는 중요 변수인 이용률과 판매단가 가정이 적정한지를 검토하였다.

다음으로, 비용 측면에서는 계속가동과 즉시 가동중단 두 대안 간에 현금흐름 차이를

---

38) 276억원은 한수원이 계산하였는데, 영구정지 이전 2년부터 영구정지 이후 13년까지 계 15년간 발생하는 것으로 가정

발생시키는 관련원가와 차이를 발생시키지 않는 비관련원가[39]를 구분하고, 이것이 경제성 평가에 적정하게 반영되었는지를 검토하였다. 그리고 관련원가인 경우, 현금흐름 차이를 발생시키는 비용 추정이 합리적이고 현실을 적정하게 반영하고 있는지를 검토하였다.

특히, 관련원가인 비용 추정과 관련하여서는 경제성 평가가 시작된 2018. 4. 10. 기준으로 한수원이 활용할 수 있었던 기초자료가 무엇인지와 이러한 자료가 용역수행업체인 ○○회계법인에 충분히 제공되었는지도 아울러 검토하였다.

한편, 감사원은 감사결과의 객관성을 확보하고 전문성을 제고하기 위해 한국회계학회(연구진)[40]에 ○○회계법인의 최종 경제성 평가 용역보고서에 대한 검증을 의뢰하는 한편, 한국회계학회(연구진)의 의견을 참고하여 감사원이 "1-1. ~ 2-2. 경제성 평가의 수익 및 비용 측면"에서 검토한 내용에 대해 추가로 검증을 의뢰하여 자문을 받았다.

마지막으로, 감사원은 감사원 검토결과와 한국회계학회(연구진) 자문결과를 종합하여 도출된 문제점을 한수원 및 ○○회계법인과 공유한 후, 수차례 논의를 거쳐 부적정한 가정이 무엇인지를 한수원으로 하여금 검토하도록 하였다.

---

39) 회피불가능한 고정비 등 두 대안 간에 실질적인 현금흐름 차이를 가져오지 않으므로 경영자의 의사결정에 영향을 미치지 않는 항목

40) 감사원은 한국회계학회에 용역을 의뢰하였으나, 한국회계학회에서 제시한 의견이 한국회계학회 전체 의견은 아니며 연구진(공인회계사 자격증과 회계법인에서의 실무 경험이 있는 교수 3명)의 검토의견임

〈 문제점 〉

1 - 1 . 경제성 평가의 수익 측면

원전 경제성 평가의 수익 측면은 전기판매수익으로서, 연도별 원자력 판매량에 판매단가를 곱하여 산정한다.

○○회계법인은 [표 Ⅳ-4]와 같이 원자력 판매량은 원자력 발전량에서 소내 전력량[41]을 차감하여 산정하였고, 원자력 발전량은 계획예방정비 등으로 인한 정지일수를 전망하고 연간일수에서 이를 차감하여 산정한 가동일수에 기준출력[42]을 곱하여 산정하였다.

[표 Ⅳ-4] 전기판매수익 산출 방식

- 전기판매수익 = 원자력 판매량 × 원전 판매단가
- 원자력 판매량 = 원자력 발전량
- 소내 전력량 = 원자력 발전량 × (1-소내 전력률)
- 원자력 발전량 = 가동일수(=연간일수?정지일수) × 24시간 × 기준출력

※ 자료: 한수원 제출자료 및 경제성 평가 용역보고서 재구성

그리고 ○○회계법인은 [표 Ⅳ-5]와 같이 계속가동 시 전기판매수익을 1조 3,106억 원으로 추정하였다가 최종적으로 이용률 60%를 기준으로 할 경우 7,511억 원 으로 추정하였다.

따라서 전기판매수익 추정에 사용된 가동일수(이용률), 기준출력, 소내 전력률 및 판매

41) 소내 전력량은 발전기를 기동하거나 정지할 때 보조기기 운전 등을 위해 발전소 내에서 자가 소비하는 전력량으로, 소내 전력률은 전체 발전량 대비 소내 전력량의 비율임

42) 기준출력(Reference Power)은 기준 환경 조건하에서 최대 출력량을 의미함. 한수원은 원전 발전계획을 수립할 때 설비용량(월성1호기 678.7㎿)이 아닌 기준출력(출력용량)에 발전소 가동시간을 곱하여 발전량을 산정함

단가의 전망 근거가 합리적인지 검토하였다.

[표 Ⅳ-5] ○○회계법인 경제성 평가의 전기판매수익 추정

작성일	2018. 5. 3.(재무모델)	2018. 5. 7. (경제성 평가 초안)	2018. 6. 11. (경제성 평가 최종안)
이용률	85%	70%	40%, 60%, 80%
판매단가	평균 63.11원/kWh (2017년 원전 판매단가 60.76원/kWh 기준 매년 1.9% 상승 전망)	60.76원/kWh (2017년 원전 판매단가 60.76원/kWh 유지)	평균 51.52원/kWh (한수원 전망단가)
전기판매수익	1조 3,106억 원	1조 369억 원	7,511억 원[주)]

※ 주: 이용률 60%를 적용한 전기판매수익임

※ 자료: 한수원 제출자료 재구성

참고로, 월성1호기를 즉시 가동중단하는 경우 전기판매수익은 발생하지 않으므로, 경제성 평가의 수익 측면은 월성1호기 계속가동과 관련된 내용이다.

가. 중립적 이용률 전망

1) 실태

가) 이용률 관련 근거 및 산정 방식

원전 발전계획수립 및 실적관리 (한수원 표준지침-2005-01)에 따르면 이용률은 [표 Ⅳ-6]과 같이 연간 발전가능량 대비 원자력 발전량 비율로 산정하도록 되어 있다.

[표 Ⅳ-6] 이용률 산정 방식

$$\text{이용률(\%)} = \frac{\text{원자력 발전량}}{\text{발전가능량(= 연간일수} \times \text{24시간} \times \text{기준출력)}} \times 100$$

$$= \frac{\text{가동일수(= 연간일수-정지일수)} \times \text{24시간} \times \text{기준출력}}{\text{발전가능량(= 연간일수} \times \text{24시간} \times \text{기준출력)}} \times \text{100(○○회계법인 적용)}$$

$$= \frac{\text{가동일수(= 연간일수-정지일수)}}{\text{연간일수}} \times \text{100(○○회계법인 적용)}$$

※ 자료: 한수원 제출자료 재구성

다만, ○○회계법인은 이번 경제성 평가에서 원자력 발전량을 가동일수에 기준 출력을 곱하여 산정하였으며, 정지일수 전망에 따라 이용률을 결정하였다.

나) 한수원의 이용률 전망

「원전 발전계획수립 및 실적관리」에 따르면 "중장기 원전 발전계획" 수립 시 기준출력, 계획발전정지일, 추가 손실일[43] 등을 기반으로 호기별 발전량, 이용률을 산출하도록 되어 있고, 계획발전정지일을 제외한 추가 손실일은 통계기법, 최근 규제현안 등을 충분히 활용하여 산출하도록 되어 있다.

이에 따라 한수원 ◗처는 2017년 6월 "2017년 중장기 원전 발전계획"[44]을 수립하였는데 동 계획에서 월성1호기의 향후 5년간(2018~2022년) 평균 이용률 (가중평균 이용률, 이하 같음)은 [표 Ⅳ-7]과 같이 85.1%로, 전체 원전 평균 이용률 84.2%를 초과할 것으로 전망하였다.

43) 계획예방정비연장일, 고장정지일, 파급정지일 및 출력감발에 의한 기타 발전손실일 등

44) 한수원은 "2017년 중장기 원전 발전계획"(2017. 6. 26.) 수립 시 중장기 계획예방정비계획에 계획예방정비 연장 전망(계 획예방정비계획기간의 45%)을 더하여 총 계획예방정비일수를 산출하고, 호기당 계획예방정비일수와 원전 이용률의 상관관계를 활용한 회귀식을 도출하여 원전 이용률을 전망하였으며, 원전 이용률 전망치를 역산하여 추가 손실일을 산정

[표 Ⅳ-7] 2017년 중장기 원전 발전계획의 이용률

구분	2018년	2019년	2020년	2021년	2022년	5년 평균
월성1호기[주)]	82.5%	83.0%	93.2%	86.0%	80.2%	85.1%
전체 원전	81.0%	83.8%	82.6%	87.4%	85.8%	84.2%

※ 주: 설계수명 만료 시(2022. 11. 20.) 가동중지하는 것으로 가정
※ 자료: 한수원 제출자료

그리고, 한수원 ◗처는 2017년 7월 한전 중장기 재무관리계획 수립에 활용할 자료를 새롭게 전망하여 동 자료를 한전에 제공하였는데 이 자료에서 월성1호기의 향후 5년간(2018~2022년) 평균 이용률은 [표 Ⅳ-8]과 같이 84.8%로, 전체 원전 평균 이용률 84%를 초과할 것으로 전망하였다. 그리고 한수원은 이 자료의 이용률을 기초로 하여 한수원 전망단가를 산정하였다.

[표 Ⅳ-8] 2017년 한전 중장기 재무관리계획 수립 시 적용한 원전 이용률

구분	2018년	2019년	2020년	2021년	2022년	5년 평균
월성1호기	81.1%	84.1%	92.6%	85.8%	79.9%	84.8%
전체 원전	80.4%	84.2%	82.7%	86.5%	85.6%	84.0%

※ 자료: 한수원 제출자료

또한, 한수원 ◗처는 2018. 3. 26. 월성1호기 경제성 평가의 이용률 자료로 사용할 수 있도록 [표 Ⅳ-9]와 같이 총 4.4년간(2018. 7. 1.~2022. 11. 20.)의 이용률을 추가로 전망하였는데 이 자료에는 계획예방정비기간 외 추가 손실일을 고려하지 않은 이용률과 추가 손실일을 13일로 고려한 평균 이용률을 각각 89.8%, 85.8%로 전망하였다. 한수원은 이 자료를 ○○회계법인에 제공하였다.

[표 Ⅳ-9] 2018~2022년 월성1호기 발전실적 전망

구분			2018년	2019년	2020년	2021년	2022년	합계
추가 손실일 미고려	추가 손실일		-	-	-	-	-	-
	이용률		75.6%	89.9%	100.0%	88.8%	87.6%	평균 89.8%
	원자력 발전량(GWh)		2,280	5,370	5,841	5,110	4,375	22,975
추가 손실일 고려	추가 손실일	계획예방정비 연장일	7일	7일	7일	7일	7일	35일
		비계획정지일	5일	5일	5일	5일	5일	25일
		기타손실일	1일	1일	1일	1일	1일	5일
		계	13일	13일	13일	13일	13일	65일
	이용률		68.5%	86.3%	96.4%	85.2%	83.6%	평균 85.8%
	원자력 발전량(GWh)		2,067	5,157	5,634	4,905	4,174	21,936

※ 추가 손실일을 미고려하는 경우와 고려하는 경우 모두 연도별 계획예방정비 관련 증감발전량 (계통연결, 계통분리) 15,000MWh 반영

※ 자료: 한수원 제출자료 재구성

다) 선행 경제성 평가에서의 이용률 적용 사례

선행 원전 계속운전 경제성 평가에서는 [표 Ⅳ-10]과 같이 향후 이용률을 60~100.2% 범위로 적용하여 분석한 바 있다.

[표 Ⅳ-10] 선행 경제성 평가에서 이용률 적용 사례

<table>
<tr><th>연번</th><th>구분</th><th>요청기관</th><th>수행기관</th><th>수행시기</th><th>분석대상 기간</th><th>이용률 추정</th><th>비고</th></tr>
<tr><td>1</td><td rowspan="6">월성 1호기</td><td>한수원</td><td>한전 전력연구원</td><td>2009년 9월</td><td>10년, 20년</td><td>약 90%</td><td>연도별 계획예방정비기간만 제외한 후 발전량 예측</td></tr>
<tr><td>2</td><td>한수원</td><td>한수원 중앙연구원</td><td>2013년 4월</td><td>10년, 20년</td><td>90.8%</td><td rowspan="2">2003~2008년 월성1호기의 평균 이용률 (2009년부터 대규모 설비 투자 수행으로 2009~2012년 제외, 2005년 출력제한 운전으로 제외)</td></tr>
<tr><td>3</td><td>한수원</td><td>한수원 중앙연구원</td><td>2013년 11월</td><td>8.8년, 10년</td><td>90.8%</td></tr>
<tr><td>4</td><td>산업부</td><td>에너지 경제연구원</td><td>2013년 11월</td><td>10년, 20년</td><td>70%, 80%, 90%</td><td></td></tr>
<tr><td>5</td><td>AT 의원실</td><td>국회예산 정책처</td><td>2014년 8월</td><td>8년</td><td>80%, 85%, 90%</td><td>2000년대 원전 이용률은 90%를 상회하였으나, 최근에는 안전규제 강화로 이용률이 과거보다 낮아지는 추세이므로 80%, 85%, 90% 이용률을 이용</td></tr>
<tr><td>6</td><td>한수원</td><td>에너지 경제연구원</td><td>2014년 9월</td><td>9년, 10년</td><td>60%, 70%, 80%, 90%</td><td></td></tr>
<tr><td>7</td><td rowspan="4">월성 1호기</td><td>한수원</td><td>한전 전력연구원</td><td>2006년 12월</td><td>20년</td><td>100.2%</td><td rowspan="2">계획예방정비기간 별도 고려</td></tr>
<tr><td>8</td><td>한수원</td><td>한전 전력연구원</td><td>2007년 6월</td><td>10년, 20년</td><td>100%</td></tr>
<tr><td>9</td><td>한수원</td><td>에너지 경제연구원</td><td>2015년 5월</td><td>10년</td><td>80%, 85%</td><td></td></tr>
<tr><td>10</td><td>BA·BB 의원실</td><td>국회예산 정책처</td><td>2015년 5월</td><td>10년</td><td>80%, 85%</td><td></td></tr>
<tr><td>11</td><td>월성·고리 2 ~4 호기</td><td>한수원</td><td>에너지 경제 연구원</td><td>2018년 2월</td><td>10년, 20년</td><td>60%, 70%, 80%, 85%, 90%</td><td>최근 10년간(2007~2016년) 전체 원전 이용률 88.7%를 근거로 85%가 가장 현실적이라고 분석</td></tr>
</table>

※ 자료: “월성1호기 계속운전 경제성 분석”(한전 전력연구원, 2009년 9월) 보고서 등

2) ○○회계법인의 이용률 결정 과정

가) 한수원은 ○○회계법인에 월성1호기 이용률 전망 및 과거 이용률 자료 제공

한수원은 2018. 4. 10. ○○회계법인과 “월성1호기 운영정책 검토를 위한 경제성 평가용역” 계약을 체결한 후, 같은 해 4. 17.과 4. 24. ○○회계법인에 이용률 추정과 관련하여 [표 Ⅳ-11]과 같이 월성1호기의 이용률 전망(“1)-나)항” 참조)과 과거 중수로 원전 이용률 자료를 제공하였다.

[표 Ⅳ-11] 한수원이 이용률 관련 ○○회계법인에 제공한 자료

<table>
<tr><th>구 분</th><th>주요 내용</th></tr>
<tr><td>월성1호기 발전실적 전망 2018~2022년)</td><td>
- 추가 손실일 미고려
<table>
<tr><th>구분</th><th>2018년</th><th>2019년</th><th>2020년</th><th>2021년</th><th>2022년</th><th>평균</th></tr>
<tr><td>이용률</td><td>75.6%</td><td>89.9%</td><td>100.0%</td><td>88.8%</td><td>87.6%</td><td>89.82%</td></tr>
</table>
- 추가 손실일 고려
<table>
<tr><th>구분</th><th>2018년</th><th>2019년</th><th>2020년</th><th>2021년</th><th>2022년</th><th>평균</th></tr>
<tr><td>이용률</td><td>68.5%</td><td>86.3%</td><td>96.4%</td><td>85.2%</td><td>83.6%</td><td>85.76%</td></tr>
<tr><td>추가 손실일(일)</td><td>13</td><td>13</td><td>13</td><td>13</td><td>13</td><td>계 65</td></tr>
</table>
</td></tr>
<tr><td>중수로 원전 이용률</td><td>
<table>
<tr><th>연도별</th><th>월성1</th><th>월성2</th><th>월성3</th><th>월성4</th></tr>
<tr><td>2017년</td><td>40.6%</td><td>90.6%</td><td>32.8%</td><td>99.3%</td></tr>
<tr><td>2016년</td><td>53.3%</td><td>74.4%</td><td>70.9%</td><td>75.8%</td></tr>
<tr><td>2015년</td><td>95.8%</td><td>92.9%</td><td>94.7%</td><td>87.7%</td></tr>
<tr><td>2014년</td><td>0.0%</td><td>91.3%</td><td>85.6%</td><td>85.1%</td></tr>
<tr><td>2013년</td><td>0.0%</td><td>83.7%</td><td>92.6%</td><td>90.2%</td></tr>
<tr><td>2012년</td><td>81.0%</td><td>94.4%</td><td>90.7%</td><td>100.2%</td></tr>
<tr><td>2011년</td><td>49.3%</td><td>99.6%</td><td>97.5%</td><td>94.3%</td></tr>
</table>
</td></tr>
<tr><td>중수로 원전 평균 이용률</td><td>
<table>
<tr><th>구분</th><th>2008~2017년 이용률</th><th>2013~2017년 이용률</th><th>상업운전 이후 이용률</th></tr>
<tr><td>월성1</td><td>52.1%</td><td>57.5%</td><td>78.3%</td></tr>
<tr><td>월성2</td><td>90.9%</td><td>86.5%</td><td>92.3%</td></tr>
<tr><td>월성3</td><td>85.5%</td><td>75.6%</td><td>90.1%</td></tr>
<tr><td>월성4</td><td>91.5%</td><td>87.6%</td><td>93.8%</td></tr>
<tr><td>평균</td><td>82.3%</td><td>79.4%</td><td>87.3%</td></tr>
</table>
* 월성1호기 2013년, 2014년 이용율 제외
</td></tr>
</table>

※ 자료: 한수원 제출자료 재구성

나) 2018. 5. 4. ○○회계법인의 산업부 면담 및 한수원 회의

한편, ○○회계법인은 한수원을 통해 산업부 면담을 요청하면서 2018. 4. 30. 한수원에 향후 이용률 전망과 관련하여 산업부에 대한 질의사항을 송부하였고, 한수원은 같은 날 산업부에 월성1호기 경제성 평가를 위한 이용률 전망 등에 대한 질의서를 송부하였다.

이용률 전망 관련 질의내용

● ○○회계법인이 한수원에 송부한 질의내용

A. 월성1호기는 계속운전 승인 전에 압력관 교체 등 대규모 수선을 진행하였기 때문에 추가 보수할 사항이 많지 않다고 판단됨

B. 또한 2017년 장기 계획예방정비로 인해 규제기관에서 요구하는 사항을 모두 시정한 상태이므로 추후 운행 시 2017년과 같은 장기계획예방정비는 발생하지 않을 것으로 예상됨

C. 귀 기관의 의견은?

● 한수원이 산업부에 송부한 질의내용

사업자는 향후 월성1호기 이용률을 최대 85% 수준까지 가능할 것으로 전망하고 있는데, 정부 측이 예상하는 이용률 수준은?

이에 산업부는 2018. 5. 4. ○○회계법인과의 면담에서 월성1호기 이용률은 높을 때는 90% 정도였고, 낮을 경우에는 30~40% 정도 된다고 설명하면서, 향후 월성1호기 이용률은 30~40%로 전망된다는 의견을 제시하였고, ○○회계법인은 산업부와의 면담 후 같은 날 한수원과의 회의에서 해당 내용을 한수원에 전달하였다.

그리고 ○○회계법인은 2018. 5. 4. 한수원과의 회의에서 연도별 추가 정지일 10일을 반영하여 향후 4.4년간 평균 이용률 85%를 적용한 경제성 평가 결과(재무모델)를 한수원에 제시하였고, 한수원은 월성1호기 이용률 전망이 ○○회계법인이 적용한 이용률 85%와 산업부가 제시한 이용률 30~40%의 중간 수준인 60~70%라는 의견을 제시하였다.

다) 2018. 5. 7. ○○회계법인은 이용률 70%를 적용한 경제성 평가 초안 제출

○○회계법인은 2018. 5. 7. [표 Ⅳ-12]와 같이 향후 4.4년간 평균 이용률이 70%가 되도록 2019년부터 연도별 추가 정지일을 70일로 변경하면서 "본 용역에서 적용한 이용률 70%와 판매단가 인상률 0%는 가장 보수적으로 가정한 것"이고, "정부의 정책적 의사결정에 따른 정지기간은 분석대상에서 제외되어야 하므로 과거 및 타 호기의 운행 실적을 고려할 때 이용률 70%는 충분히 달성 가능한 수치라고 판단"되며, "이미 계획된 계획예방정비 기간 등으로 인해 최대 이용률이 85%로 산정"된다는 경제성 평가 용역보고서 초안을 한수원에 제출하였다

[표 Ⅳ-12] ○○회계법인 이용률 적용 내역(2018. 5. 7.)

구분			2018년	2019년	2020년	2021년	2022년	합계
이용률 70%	추가 손실일	계획예방정비 연장일	7일	7일	-	7일	7일	28일
		추가 정지일[주)]	10일	70일	70일	70일	70일	290일
		계	17일	77일	70일	77일	77일	318일
	이용률		66.3%	68.8%	80.9%	67.7%	63.9%	평균 70.0%
	원자력 판매량(GWh)		1,904	3,911	4,497	3,708	3,046	17,066

※ 주: ○○회계법인은 비계획정지일과 기타손실일을 더하여 추가 정지일로 표기
※ 자료: 한수원 제출자료 재구성

라) 2018. 5. 10. 한수원은 사장 주재 긴급 임원회의에서 최근 실적 이용률(60%) 적용 결정

한편, 한수원은 2018. 5. 10. 사장 주재 긴급 임원회의를 소집하여 ① 후쿠시마 사고, 경주지진 등으로 강화된 안전규제기준과 에너지 정책 환경변화 등으로 현실에 기초한 이용률을 적용할 필요가 있고, ② 3년 평균 이용률, 가동률, 추세치, 회귀분석 등을 통해 합리적이고 현실적인 이용률을 도출할 필요가 있다는 사유로, ○○회계법인의 경제성 평가에 최근 실적 기준 이용률을 적용하기로 하였다.

이에 한수원과 산업부, ○○회계법인은 2018. 5. 11. 회의를 하여 [표 Ⅳ-13] 과 같이

향후 4.4년간 평균 이용률을 60%로 변경하였다.

[표 Ⅳ-13] ○○회계법인 이용률 적용 내역(2018. 5. 11.)

구분			2018년	2019년	2020년	2021년	2022년	합계
이용률 60%	추가 손실일	계획예방정비 연장일	7일	7일	-	7일	7일	28일
		추가 정지일주)	10일	110일	110일	110일	110일	450일
		계	17일	117일	110일	117일	117일	478일
	이용률		66.3%	57.8%	70.0%	56.7%	51.5%	평균 60.0%
	원자력 판매량(GWh)		1,904	3,288	3,890	3,107	2,457	14,646

※ 주: ○○회계법인은 비계획정지일과 기타손실일을 더하여 추가 정지일로 표기

※ 자료: 한수원 제출자료 재구성

마) 2018. 5. 18. 이용률 관련 시나리오(낙관 80%, 비관 40%, 중립 60%) 추가

한수원과 산업부는 2018. 5. 18. 회의를 개최하여 경제성 평가에 월성1호기 상업운전 개시(1983년) 이후 2017년까지 전체 평균 이용률 80%를 적용하는 낙관적 시나리오와 최근(2017년) 이용률 40%를 적용하는 비관적 시나리오를 추가 하고, 그 중간값인 이용률 60%는 중립적 시나리오로 하는 것으로 결정하였다.

이에 따라 ○○회계법인은 2018. 5. 20. "월성1호기의 과거 평균 이용률은 80%에 육박하고 있으나 새 정부 출범 이후 이용률은 40%까지 하락", "가장 낙관적인 시나리오를 과거 평균 가동률인 80%, 가장 비관적인 시나리오를 최근 가동률인 40%로 판단하고, 중간값인 이용률 60%를 중립적인 시나리오로 적용" 하는 것으로 변경하고 중립적 이용률 60%를 기준으로 수행한 경제성 평가 용역 보고서 수정안을 한수원에 제출하였으며, 외부기관[45]의 자문·검증 등을 거쳐 같은 해 6. 11. 한수원에 경제성 평가 용역보고서 최

45) "월성1호기 운영정책 검토를 위한 경제성 평가 용역 보고서에 대한 재무모델 검토결과서"(2018. 6. 11. ◑◑회계 법인), "월성1호기 운영정책 검토를 위한 경제성 평가 용역 보고서에 대한 자문의견서"(2018. 6. 11. △△대학교 C 교수)

종안을 제출하였다.

그리고 한수원은 2018. 6. 15. 개최된 이사회 부의안에 ○○회계법인이 분석한 이용률 시나리오(40%, 60%, 80%)별 평가결과를 제시하였고, 이사회는 중립적 이용률 60%에서 계속가동이 즉시 가동중단 대비 224억원 이익(40%는 563억원 손해, 80%는 1,010억원 이익)이나, 향후 이용률에 대한 불확실성이 높아 계속가동의 경제성을 보장하기 어렵다는 사유 등으로 조기폐쇄를 의결하였다.

최종 경제성 평가 용역보고서의 '이용률 추정' 관련 내용

2. 매출액 추정

2.1. 이용률 추정

국내 전기 생산 체계는 생산단가가 가장 낮은 발전소부터 전기를 생산하도록 설계되어 있습니다. 원자력 발전은 전기 생산단가가 가장 낮기 때문에 전기 수요가 있으면 우선적으로 전기를 생산할 수 있으므로 한수원은 발전소가 운영 가능한 상태에서는 항상 전기를 생산하여 판매할 수 있습니다.

중수로 원자력발전소는 보통 15개월 주기로 40일 정도의 계획예방정비를 실시하고 있습니다. 발전소가 특별한 문제가 없다면 계획예방정비기간 종료 후 재가동하여 전기를 생산하게 됩니다. 발전소는 가동 중 문제가 발생할 경우에는 불시정지하여 수리, 정비 후 재가동하게 됩니다. 이러한 불시정지는 20일 이내에서 이루어지는 것이 일반적이나, 최근 일본 후쿠시마 원자력 발전소 사고 이후 안전에 대한 규제가 강화되어 불시정지 기간이 길어지고 있는 추세입니다. 다만, 불시정지 건수는 감소되어 있어서 한수원 전체의 불시정지 일수는 크게 증가하지 않고 있습니다.

원자력발전소의 이용률은 실제 발전량을 발전가능량으로 나눈 것입니다. 한수원의 원자력발전소 이용률은 2011년까지는 90%를 초과하고 있으나, 후쿠시마 원전 사고 이후 안전성 강화 등으로 인해 이용률이 90% 이하로 낮아졌습니다. 그리고 최근에는 새로운 정부에서 탈원전정책을 추진함에 따라 원자력발전소가 장기간 정지되어 재가동이 지연되고 있어 발전소 이용률이 감소하고 있습니다. 2018년 상반기에는 한수원의 운영 원전 24기 중 10기 이상의 원전이 가동 중단되어 이용률이 58% 수준까지 하락하였습니다.

월성1호기는 2012. 11. 20.로 30년 설계수명 만료되었으나, 2015. 2. 27.에 10년간 계속운전을 승인 받아서 2022. 11. 20.까지 설계수명이 연장되었습니다. 월성1호기는 2015. 6. 23.에 재가동을 개시한 이후 OH 등으로 인해 몇 번의 정지가 있었는데, 그 현황은 다음과 같습니다.

- 2015년 3월: 23차 OH로 99일 정지(소송 등으로 인해 OH 기간이 길어짐)
- 2016년 2월: 24차 OH로 인해 45일 정지
- 2016년 5월: 불시정지로 15일 정지
- 2016년 7월: 불시정지로 22일 정지
- 2016년 9월: 지진으로 인해 87일간 파급 정지
- 2017년 5월: 25차 OH 진행 중. 당초 70일 정도 계획되었으나 규제기관(원자력안전위원회) 추가 요구로 인해 2018년 5월까지 연장

월성1호기에서 불시정지가 발생되었으나 기간이 길지 않으므로 특별한 사유가 없다면 다른 발전소와 유사하게 운영될 수 있는 상황입니다. 그러나 2017년도 새로운 정부 출범 이후 규제기관의 안전 규제 강화로 인해 발전소가 장기간 정지되어 있어서 이용률이 매우 낮게 나타나고 있습니다. 즉, 정기적인 OH 기간 외에도 안전성 기준을 보다 엄격하게 적용함에 따라 정비기간이 장기화되고 있는 상황입니다.

또한 전기사업법 개정으로 정부는 급전방식을 2017년도 현재 경제급전방식에서 환경적 비용을 고려한 환경급전방식으로 전환하고 있습니다. 이러한 정부 정책 변화로 인해 가장 경제적인 원자력발전의 우선 순위가 줄어들고 있는 상황입니다.

또한 현재 월성1호기의 계속운전에 대해 무효소송이 진행 중에 있습니다. 1심은 원고측 일부 승소로 판결되었고, 현재 원자력안전위원회의 항소로 2심이 진행 중에 있습니다. 월성1호기는 재판결과에 따라 계속운전 여부가 달라질 수 있는 불안정한 상황입니다.

월성1호기의 과거 평균 이용률은 80%에 육박하고 있으나 새 정부 출범 이후 이용률은 40%까지 하락 하였습니다. 향후 안전성 규제 강화, 급전방식 변경 등으로 인해 이용률의 변동 폭은 매우 클 것으로 예상됩니다. 과거 실적 및 최근 규제 환경을 고려할 때 월성1호기의 이용률은 40~80% 범위에서 형성 될 것으로 예상됩니다.

따라서 본 용역에서는 가장 낙관적인(optimistic) 시나리오를 과거 평균 가동률인 80%, 가장 비관적인 (pessimistic) 시나리오를 최근 가동률인 40%로 판단하고, 이용률 중간값인 60%를 중립적인(baseline) 시나리오로 적용하였습니다. 경제성 평가는 중립적인 시나리오인 이용률 60%를 기준으로 수행하였으며, 결론에서 시나리오별 결과를 종합적으로 분석하였습니다.

※ 자료: ○○회계법인 경제성 평가 용역보고서(2018년 6월)

3) 한수원의 중립적 이용률 60% 산정 사유 및 검토 결과

가) 한수원의 중립적 이용률 60% 산정 사유

한수원은 후쿠시마 원전사고, 경주·포항지진을 겪으며 노후원전에 대한 시민들의 우려가 커진 상황이었으며, 월성1호기 계속운전 무효소송 1심에서 패소하는 등 계속가동 여부가 불투명한 상황이었다고 설명하고 있다.

그리고 월성1호기는 안전성 강화를 위한 설비개선 등으로 인해 2017. 5. 28. 시작한 제25차 계획예방정비가 당초 완료예정일인 같은 해 7. 20.보다 지연되는 등 1년 이상 재가동하지 못하고 있었고, ○○회계법인의 경제성 평가 입력변수를 검토하는 과정에서 이용률 70%는 월성1호기를 둘러싼 불확실성과 제반 환경을 고려하지 못하여 비현실적이라는 의견이 많았으며, 이에 따라 최근 5년간(60.4%), 3년간(57.5%) 이용률 실적을 토대로 이용률 60%를 중립적 시나리오로 하여 향후 이용률을 전망하는 방안이 합리적이라는 의견이 있었다고 설명[46]하였다.

---

46) 한수원은 답변서에서 이용률에 파급정지를 비롯한 모든 발전소 정지기간을 포함시키는 것이 일반적이며 국제원자력기구, 세계원자력발전사업자협회 등의 국제기구에서 통용되는 방식이라는 의견을 제시하였음. 그러나, 국제 원자력기구, 세계원자력발전사업자협회 등에서는 과거 이용률 실적을 산정하는 방식은 규정

나) 검토결과

월성1호기의 최근 5년간[47](2011~2017년) 평균 이용률은 [표 Ⅳ-14]와 같이 60.4%로 매우 낮은 수준이다. 따라서, 향후 월성1호기의 이용률 전망을 위해서는 먼저 최근 5년간의 낮은 이용률, 특히 2011년, 2016년, 2017년의 낮은 이용률이 월성1호기 자체의 문제인지, 아니면 다른 요인에 의한 것인지 살펴볼 필요가 있다.

[표 Ⅳ-14] 월성1호기 최근 5년간(2011~2017년) 이용률

구분	2011년	2012년	2015년	2016년	2017년	평균
월성1호기	49.3%	81.0%	95.8%	53.3%	40.6%	60.4%

※ 자료: 한수원 제출자료

① 우선, 2011년의 낮은 이용률(49.3%)은 압력관 교체 등 설계수명 연장을 위한 설비공사(2009. 4. 1.~2011. 7. 18.)로 인한 특별 장기 계획예방정비 시행으로 실제 가동기간이 5개월여에 불과한 것이 주요 원인이다. 그러나, 월성1호기가 가동된 기간(2011. 7. 19.~12. 31.)의 평균 출력은 687.5㎿로, 기준출력(2011년) 678㎿를 초과하였다.

한수원도 2018. 6. 15. 이사회 개최 전 세부 설명자료를 작성하면서 특별 장기 계획예방정비(압력관 교체, 제어용 전산기 교체 등) 시행으로 최근(2009년 이후) 이용률이 급격히 감소하였으며, [표 Ⅳ-15]와 같이 이를 제외할 경우 최근 5년간 평균 이용률은 68.5%가 된다는 점 등을 제시하였다.

하고 있으나 미래 이용률 전망을 산정하는 방식은 별도로 규정하고 있지 않음

47) 월성1호기는 2012. 11. 20. 운영허가기간이 만료되었고 2015. 2. 27. 계속운전 승인 후 2015. 6. 13. 전력계통 연결시까지 운영되지 않았으므로, 2013년과 2014년은 제외하고 평균 이용률 산정

[표 Ⅳ-15] 장기 계획예방정비기간(838일) 제외 시 월성1호기 이용률 현황

구분	상업운전 전기간	최근 10년간	최근 5년간	최근 3년간
기존	78.3%	59.9%	60.4%	57.5%
장기 계획예방정비 제외	83.9%	78.4%	68.5%	57.5%

※ 자료: 한수원 제출자료 재구성

② 다음으로 2016년의 낮은 이용률(53.3%)은 경주지진으로 인한 파급정지(86일) 및 고장으로 인한 불시정지 2회(총 36일) 등이 주요 원인이다.

우선, 한수원은 2016년 경주지진이 발생하자 월성1호기를 수동정지한 바 있 으나, [표 Ⅳ-16]과 같이 월성2~4호기도 함께 수동정지하였다.

[표 Ⅳ-16] 경주지진으로 인한 가동정지(파급정지) 내역

구분	정지기간	정지일수	비고
월성1호기	2016. 9. 12.~2016. 12. 8.	86일	
월성2호기	2016. 9. 13.~2016. 12. 6.	85일	
월성3호기	2016. 9. 13.~2016. 12. 6.	85일	
월성4호기	2016. 9. 13.~2016. 11. 1.	49일	2016. 11. 1.~12. 8.(37일) 계획 예방정비기간 포함 시 86일 정지

※ 자료: 한수원 제출자료 재구성

한편, [별표 5] "호기별 추가 손실일수(2001~2019년)"와 같이 최근 19년간(2001~2019년) 가동기간이 10년 이상인 20개 원전의 계획예방정비기간을 제외한 불시정지·중간정지·파급정지 등 추가 손실일수[48](가동정지일수)를 살펴보면, 월성1호기의 추가 손실일수는 180.3일로 20개 원전 평균 92일보다 많은 수준이다. 그러나 원전 자체의 특성과 관련 없이 외부 요인(경주지진 등 자연현상)으로 발생하는 파급정지를 제외할 경우 월성1호기의 추가 손실일수는 93.3일(불시정지 72.7일, 중간정지 20.6일)로 20개 원전

48) 최근 20년간(2000~2019년) 가동기간이 10년 이상인 20개 원전의 사고·고장 발생건수를 살펴보면, 월성1호기 사고·고장 건수는 13건으로, 20개 원전 평균 건수(12.9건)와 유사한 수준임

평균 74.6일(불시정지 44.1일, 중간정지 30.5일)보다 많으나 그 기간이 길지는 않은 상황이다.

③ 마지막으로, 2017년의 낮은 이용률[49](40.6%)은 수소감시기 설치 등으로 인한 계획예방정비기간의 장기화에 따른 것으로 이는 후쿠시마 사고, 경주지진 등으로 강화된 안전규제, 새 정부 출범 이후 변화된 정부의 에너지전환정책 등 최근의 원전운영 여건과 밀접한 관련이 있다.

이와 관련하여 최근 전체 원전 이용률 변화를 살펴보면, [도표 Ⅳ-1]에서 보는 것과 같이 2011년 이전 90%를 넘던 국내 원전 이용률은 2011년 후쿠시마 원전사고 이후 안전규제 강화 등으로 인하여 2015년 이용률이 85.3%에서 2016년 79.7%, 2017년 71.2%로 하락하였고, 2018년 상반기 이용률은 58% 수준까지 하락하였다.

[도표 Ⅳ-1] 최근 20년간 원전 이용률(2000~2019년)

(단위 : %)

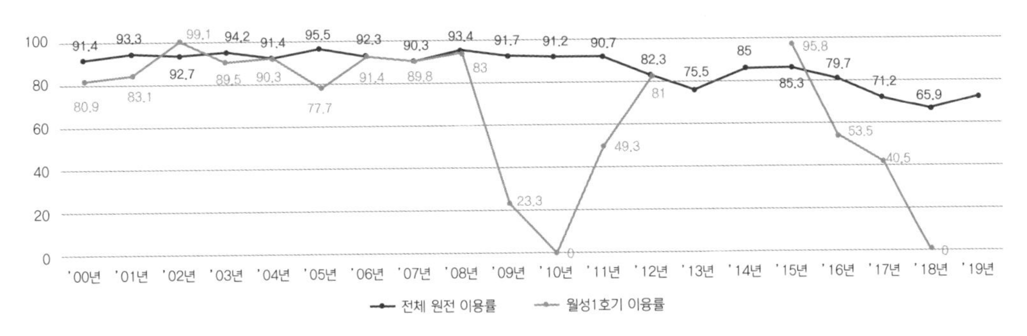

※ 자료: 한수원 제출자료 재구성

이는 [표 Ⅳ-17] 및 [도표 Ⅳ-2]와 같이 전체 원전의 계획예방정비기간이 계획 대비 장기화되는 경향을 보이고 있기 때문이다.

마지막으로, 월성1호기의 이용률 전망과 관련하여 중요하게 고려하여야 할 사항으로 월성1호기 수명연장 무효 확인소송이 있다.

---

49) 제25차 계획예방정비 시작 이전 원전이 가동된 기간(2017. 1. 1.~5. 27.)의 평균 출력은 683.7MW로 기준출력 (2017년) 682MW를 초과하였음

원안위가 2015. 2. 27. 월성1호기 계속운전을 허가한데 대하여 경주 시민 2,167명이 2015. 5. 18. 원안위를 상대로 월성1호기 수명연장을 위한 운영 변경허가처분 무효확인 소송[50]을 제기하여, 서울행정법원은 2017. 2. 7. 월성1호기 계속운전 허가 처분 취소 판결(1심 원안위 패소)을 한 바 있다. 이에 대해 원안위는 2017. 2. 14. 항소하였으나 2018년 4월 경제성 평가 당시에는 소송이 진행 중이던 상황으로 최종 소송결과가 어떻게 확정될지 불확실한 상황이었다.

[표 Ⅳ-17] 2017년 계획예방정비 계획 대비 실적

호기	계획		실적		차이 (B-A)
	정비기간	정비 일수(A)	정비기간	정비 일수(B)	
고리3호기	2017. 1. 19.~2017. 3. 9.	50	2017. 1. 19.~2018. 5. 12.	479	429
고리4호기	2017. 4. 5.~2017. 8. 14.	132	2017. 4. 5.~2018. 4. 14.	375	243
신고리1호기	2017. 1. 23.~2017. 3. 12.	49	2017. 1. 23.~2018. 3. 11.	413	364
월성1호기	2017. 5. 28.~2017. 7. 20.	54	2017. 5. 28.~2018. 8. 3.	433	379
월성3호기	2017. 3. 11.~2017. 4. 22.	43	2017. 3. 11.~2017. 8. 28.	171	128
신월성2호기	2017. 9. 20.~2017. 11. 28.	70	2017. 9. 20.~2018. 3. 24.	186	116
한빛4호기	2017. 5. 18.~2017. 7. 28.	72	2017. 5. 18.~진행 중	1,140	1,068
한빛5호기	2017. 2. 18.~2017. 4. 27.	69	2017. 2. 18.~2017. 5. 11.	83	14
한빛6호기	2017. 7. 13.~2017. 9. 12.	62	2017. 7. 13.~2018. 1. 30.	202	140
한울2호기	2017. 11. 24.~2018. 2. 21.	90	2017. 11. 24.~2018. 5. 10.	168	78

50) R-7 등 최신 기술기준과 관련하여 전 산업부장관 AO는 2020. 8. 11. 제출한 소명서에서 R-7 등 최신 기술기준을 적용하기 위한 조치나 대안 마련이 필요한데도 원안위와 한수원은 월성1호기에 대한 추가적인 안전성 평가, 설비개선 등의 조치없이 계속가동하였다고 주장하였으나, 한수원은 2020. 10. 6. R-7 등의 적용대상은 1981년 이후 건설허가를 받은 원전으로 한정되어 있으며 월성1호기는 계속운전 안전성 평가 시 R-7 등 최신 기술기준 을 활용하여 평가한 결과 안전성이 만족되는 것으로 확인되었으므로 별도 투자는 불필요하다고 공문으로 답변하였고, 원안위도 같은 해 10. 7. 월성1호기는 R-7 등의 적용대상이 아니라고 공문으로 답변함

한울3호기	2017. 12. 5.~2018. 4. 28.	145	2017. 12. 5.~2018. 4. 28.	145	0
한울6호기	2017. 4. 13.~2017. 6. 16.	65	2017. 4. 13.~2017. 6. 28.	77	12
12개 평균	-	75	-	323	248

※ 주: 2020. 6. 30. 기준 진행 중인 정비의 경우, 정비 시작일부터 2020. 6. 30.까지의 일수를 정비일수로 산정
자료: 한수원 제출자료 재구성

[도표 Ⅳ-2] 계획예방정비 계획 대비 실적(2010~2018년)

(단위 : 일)

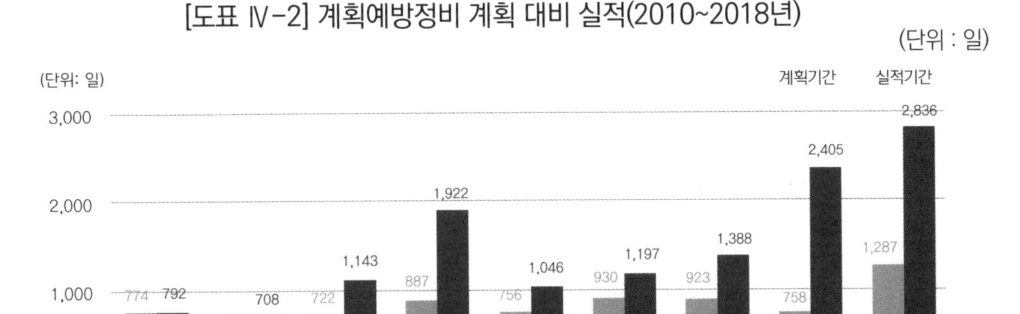

※ 주: 2020. 6. 30. 기준 진행 중인 정비의 경우, 정비 시작일부터 2020. 6. 30.까지의 일수를 정비일수로 산정
자료: 한수원 제출자료 재구성

4) 소결론

2015년 전체 원전 이용률이 85.3%에서 2016년 79.7%, 2017년 71.2%까지 하락하였고, 2018년 상반기 이용률이 58% 수준이었던 것을 감안하면 2018. 5. 3. ○○회계법인의 재무모델에 적용된 한수원 ◗처의 이용률 전망(전체 원전 84%, 월성1호기 85%)은 최근 강화된 규제환경과 이로 인하여 전체 원전 이용률이 하락하고 있는 상황을 충분히 반영하지 못한 측면이 있다. 또한, 월성1호기 수명연장을 위한 운영변경허가처분 무효확인 소송이 진행 중이었던 상황 등 월성1호기와 관련된 불확실성을 고려하고, 최종 경제성 평가 용역보고서 및 2018. 6. 15. 개최된 한수원 이사회 부의안에 이용률 시나리오(40%, 60%, 80%)별 분석결과가 제시되어 있는 점 등을 고려할 때 중립적 이용률 가정 60% 그 자체는 적정한 추정 범위를 벗어나 불합리하다고 단정하기 어렵다.

나. 원전 판매단가 전망

1) 실태

가) 판매단가의 정의

원전 판매단가는 한수원이 원자력 발전으로 생산한 전력 1kWh를 전력시장에 판매하고 받는 단가(원/kWh)로서, 판매단가는 시간대별로 변동되는 계통한계 가격 등에 따라 달라지며, 연간 판매단가는 연간 원전판매수익을 원자력 판매량으로 나누어 사후적으로 계산된 값이다. 원전 판매단가를 결정하는데는 전기요금, 원전 이용률, 전력수급에 따른 계 통한계가격, 한전의 영업이익 등 여러 가지 요인이 영향을 미친다.

나) 판매단가 관련 근거

신규 원자력발전사업(원전건설)에 대한 경제성 평가와 관련해서는 한수원 지침인 원전 경제성 평가 표준지침 (2008년 12월)이 있다. 위 지침에 따르면 전력 판매수익 산정을 위한 판매단가는 "평가시점의 전년도 평균 판매단가를 적용"하도록 되어 있다.

다만, 위 지침은 "건설 중이거나 계획 중인 신규 원자력발전사업에 대한 경제성 평가 시 적용하며, 필요시 신재생에너지사업 및 해외사업 등의 경제성 평가에도 준용할 수 있다."라고 되어 있어 원전 계속운전에 대한 경제성 평가 시 반드시 적용되어야 하는 것은 아니다.

다) 판매단가 변화가 경제성 평가에 미치는 영향

○○회계법인이 수행한 경제성 평가에서는 이용률 등 다른 가정이 동일하다는 전제하에 연도별 판매단가가 1원/kWh 상승하는 경우, 4.4년간 전기판매수익이 약 146억 원 증가하는 효과가 발생한다.

즉, 판매단가가 높을수록 계속가동 시 전기판매수익이 증가하여 계속가동의 경제성이 높아지게 된다.

라) 선행 경제성 평가에서 판매단가 적용 사례

선행 계속운전 경제성 평가에서는 [표 Ⅳ-18]과 같이 주로 평가하는 시점의 전년도 판매단가를 사용하거나 전년도 판매단가에 연간 물가상승률을 적용하는 방식으로 판매단가를 전망하였다.

[표 Ⅳ-18] 선행 경제성 평가에서 판매단가 적용 사례

연번	구분	요청기관	수행기관	수행시기	분석대상 기간	비고
1	월성 1호기	한수원	한전 전력연구원	2009년 9월	10년, 20년	2008년 중수로 발전원가 47.42원/kWh
2		한수원	한수원 중앙연구원	2013년 4월	10년, 20년	2013년 한수원 예산서상 중수로 원전 판매단가 51.55원/kWh
3		한수원	한수원 중앙연구원	2013년 11월	8.8년, 10년	2013년 한수원 예산서상 중수로 원전 판매단가 51.55원/kWh
4		산업부	에너지 경제연구원	2013년 11월	10년, 20년	균등화비용접근법 적용 (판매단가 전망 없음)
5		AT 의원실	국회예산 정책처	2014년 8월	8년	2013년 월성2~4호기 정산단가 45.67원/kWh 기준 ① 물가상승률(2.93%) 적용, ② 제6차 전력수급기본계획에 따라 물가상승률의 1/3 적용
6		한수원	에너지 경제연구원	2014년 9월	9년, 10년	균등화비용접근법 적용 (판매단가 전망 없음)
7	고리 1호기	한수원	한전 전력연구원	2006년 12월	20년	2006년 기준 기저한계가격 19.39원/kWh, 용량요금단가 20.4원/kWh * 기저한계가격에 연간상승률 1% 적용
8		한수원	한전 전력연구원	2007년 6월	10년, 20년	2006년기준 기저한계가격 19.3원/kWh, 용량요금단가 20.49원/kWh
9		한수원	에너지 경제연구원	2015년 5월	10년	2014년 고리1호기 정산단가 53.26원/kWh와 2015년 적용 정산조정계수(안) 51.88원/kWh주) 기준, 물가상승률의 1/3(0.98%/년) 적용
10		BA·BB 의원실	국회예산 정책처	2015년 5월	10년	2014년 전력판매단가 53.25원/kWh 기준 물가상승률의 1/3(0.98%/년) 적용
11	월성·고리 2~4호기	한수원	에너지 경제연구원	2018년 2월	10년, 20년	균등화비용접근법 적용 (판매단가 전망 없음)

※ 주: 제6차 전력수급기본계획상의 원가자료에 과거 3년간(2012~2014년) 전원별 평균 이용률을 고려하여 산정한 원자력 발전원가

※ 자료: "월성1호기 계속운전 경제성 분석"(한전 전력연구원, 2009년 9월) 보고서 등

2) 한수원의 판매단가 추정 과정

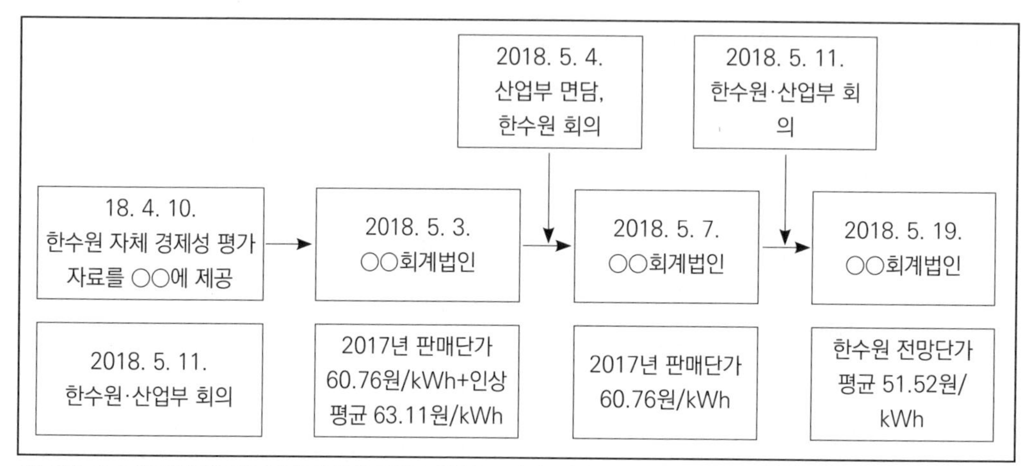

※ 당초 ○○회계법인은 2017년 판매단가(60.76원/kWh)가 매년 1.9% 상승할 것으로 전망하였으나, 2018. 5. 4. 산업부 면담·한수원 회의 후 2017년 판매단가가 동일하게 유지되는 것으로 변경, 같은 해 5. 11. 한수원과 산업부 회의 후 한수원 전망단가로 변경

※ 자세한 사항은 [별표 2] "○○회계법인 경제성 평가 변동 명세" 참조

가) 2018. 5. 3. ○○회계법인은 2017년 원전 판매단가(60.76원/kWh)가 매년 상승하는 것으로 전망

한수원은 2018. 4. 10. ○○회계법인과 "월성1호기 운영정책 검토를 위한 경제성 평가용역" 계약을 체결한 후, ○○회계법인에 2017년 원전 판매단가가 동일하게 유지되거나 매년 1.9% 상승하는 시나리오가 적용된 자체 경제성 평가자료 등을 제공하였다.

이에 ○○회계법인은 한수원의 자체 경제성 평가자료, 관련 부서 인터뷰(2018. 4. 23.~4. 24.) 등을 통해 2018. 5. 3. [표 Ⅳ-19]와 같이 2017년 원전 판매단가 (60.76원/kWh)가 매년 1.9%[51] 상승하는 것으로 가정하여 경제성 평가를 위한 재무 모델을 작성하였다.

51) 2018년도 한수원 예산편성지침상 2018년도 물가상승률 전망치

[표 Ⅳ-19] ○○회계법인 판매단가 적용 내역(2018. 5. 3.)

(단위 : %)

전망	연도별 판매단가 적용 내역					
	2018년	2019년	2020년	2021년	2022년	평균
60.76원/kWh, 인상률 1.9%	60.76	61.91	63.09	64.29	65.51	63.11

※ 자료: 한수원 제출자료 재구성

나) 2018. 5. 4. 산업부 면담 및 한수원 회의 후, 2017년 판매단가를 유지하는 것으로 변경, 한편 ○○회계법인은 한수원을 통해 산업부 면담을 요청하면서 2018. 4. 30. 한수원에 향후 판매단가 전망 등과 관련하여 산업부에 대한 질의사항을 송부하였고, 한수원은 같은 날 산업부에 월성1호기 경제성 평가를 위한 판매단가 전망 등에 대한 질의서를 송부하였다.

판매단가 전망 관련 질의내용

● ○○회계법인이 한수원에 송부한 질의내용

A. 발전원가 상승에 따라 한전의 과거 전기 판매단가가 꾸준하게 인상됨

B. 한수원의 2018년 1분기 평균 판매단가는 2017년 1분기와 거의 유사한 수준으로 파악, 원자력 발전 원가는 임금 인상, 물가 상승 등으로 꾸준히 증가하고 있으므로 이와 연동하여 한수원의 판매단가도 조정될 필요가 있다고 판단됨

C. 향후 유가 등 다른 발전 연료가격의 변동이 크지 않다고 가정할 때, 한수원 판매단가는 어느 정도 수준에서 결정될 것인지?

● 한수원이 산업부에 송부한 질의내용

월성1호기 경제성 평가를 위한 정산단가 전망은?

산업부는 2018. 5. 4. ○○회계법인과의 면담에서 LNG 등 연료발전에 대한 원가를 먼

저 보전하는 것이 정부 정책이라 오히려 향후 원전 판매단가가 낮아질 것이라는 의견을 제시하였고, ○○회계법인은 산업부와 면담 후 같은 날 한수원과의 회의에서 해당 내용을 한수원에 전달하였다.

그리고 ○○회계법인은 2018. 5. 4. 한수원과의 회의에서 2017년 판매단가가 매년 1.9% 상승하는 것으로 적용한 경제성 평가결과 재무모델을 제시하였고, 한수원은 2017년 판매단가가 2022년까지 동일하게 유지될 것이라는 의견을 제시하였다.

이에 따라 ○○회계법인은 2018. 5. 7. 경제성 평가 용역보고서 초안을 한수원에 제출하였는데, 이 보고서에서 [표 Ⅳ-20]과 같이 향후 4.4년간 원전 판매단가는 2017년 판매단가(60.76원/kWh)가 계속 유지되는 것으로 변경되었다.

[표 Ⅳ-20] ○○회계법인 판매단가 적용 내역(2018. 5. 7.)

(단위 : %)

전망	연도별 판매단가 적용 내역					
	2018년	2019년	2020년	2021년	2022년	평균
60.76원/kWh 유지	60.76	60.76	60.76	60.76	60.76	60.76

※ 자료: 한수원 제출자료 재구성

다) 2018. 5. 8. ○○회계법인에 한수원 전망단가를 적용한 시나리오 반영 요구

한편, 한수원 ▼처는 2018. 3. 7. "월성1호기 정부정책 이행 검토 TF" 구성 이후 TF 회의 시마다 ♡처에 한수원 전망단가를 적용하도록 지속적으로 요구하였다.

그리고 2018. 5. 8. ○○회계법인의 경제성 평가 용역보고서 초안 검토회의에서 한수원 ▼처가 다시 한수원 전망단가를 사용하도록 ♡처에 요구하자, 다음 날 ♡처는 ○○회계법인과의 회의에서 ○○회계법인에 한수원 전망단가를 적용한 경제성 평가 결과를 추가[52]해 줄 것을 요청하였다.

52) "월성1호기 계속가동 경제성 평가 용역보고서 초안 결과"(2018. 5. 10.) 문서에 "판매단가 Worst 시나리오 추가(*2017년도 한전 및 발전자회사 재무정책협의회의 판매단가 추정자료 평균 51.52원/kWh)"라는 내용 포함

이에 따라 ○○회계법인은 2018. 5. 10. 경제성 평가보고서의 '민감도 분석' 부분에 판매단가를 전년도 판매단가에서 한수원 전망단가로 변경했을 때 즉시 가동 중단 대비 계속가동의 경제성은 1,779억 원에서 733억 원으로 변동된다는 내용을 추가한 경제성 평가 용역보고서 수정안을 한수원에 제출[53]하였다.

라) 2018. 5. 10. 사장 주재 긴급 임원회의에서 한수원 전망단가로 변경 결정

한수원은 2018. 5. 10. 사장 주재 긴급 임원회의를 소집하여 원전 판매단가는 한수원 전망단가를 사용하기로 한 후, 같은 해 5. 11. 산업부, ○○회계법인과의 회의에서 전년도 판매단가를 한수원 전망단가로 변경하기로 하였다.

이에 따라 ○○회계법인은 [표 Ⅳ-21]과 같이 2018. 5. 20. 향후 4.4년간 원전 판매단가를 한수원 전망단가로 변경하여 한수원에 경제성 평가 용역보고서 수정 안을 제출하였으며, 외부기관의 자문·검증 등을 거쳐 같은 해 6. 11. 한수원에 경제성 평가 용역보고서 최종안을 제출하였다.

[표 Ⅳ-21] ○○회계법인 판매단가 적용 내역(2018. 5. 20.)

(단위: 원/kWh)

전망	연도별 판매단가 적용 내역					
	2018년	2019년	2020년	2021년	2022년	평균
한수원 전망단가	55.96	52.67	51.41	48.78	48.78	51.52

※ 자료: 한수원 제출자료 재구성

53) ○○회계법인은 2018. 5. 10. 경제성 평가 용역보고서 수정안을 이메일로 제출하면서, 이메일에 "판매단가: 비관적 전망치 민감도 분석에 추가"하였다고 언급

최종 경제성 평가 용역보고서의 '판매단가 추정' 관련 내용

2. 매출액 추정

2.2. 전기판매단가 추정

회사는 생산한 전기를 전력거래소를 통해 한국전력에 판매하고 있습니다. 원자력의 판매단가는 다음과 같은 방식으로 산정됩니다.

원자력 판매단가={연료비단가+(SMP-연료비)×정산조정계수}+CP

판매단가는 유가 등 다른 발전원의 연료비 원가 및 원자력 발전량 등 발전량 믹스 등에 많은 영향을 받고 있으며, 비용평가위원회에서 결정하는 정산조정계수에 따라 변동됩니다. 2013년부터 2017년까지 원자력 발전의 평균 판매단가는 다음과 같습니다.

연도	2013	2014	2015	2016	2017
판매단가(원/MWh)	39,120	54,960	62,610	68,020	60,760

과거 원자력의 평균 판매단가를 살펴보면 2013년에는 39,120원이었으나 유가 하락 및 원자력 발전량의 증가 등으로 인해 2016년에는 68,020원까지 상승했습니다. 2017년에는 유가 상승 및 원자력 발전량 감소 등으로 인해 단가가 60,760원으로 하락하였습니다. 이처럼 전기판매단가는 다양한 요인과 정산조정계수라는 정책적 변수에 따라 결정되기 때문에 변동 폭이 크게 나타나고 있습니다.

원자력 발전은 인건비 인상과 물가상승 등으로 인해 발전원가가 증가할 것으로 예상되고, 한국전력의 전기 판매단가도 1990년 이후 약 3%의 성장을 보이고 있으므로 원자력의 전기 판매단가도 인상 여지가 있습니다.

그러나 산업통상자원부는 월성1호기의 가동기간인 2022년까지 에너지전환에 따른 전기요금 인상요인이 거의 없다고 예상하고 있습니다. 전기요금은 정부 정책에 많은 영향을 받고 있으므로 2022년까지는 전기요금 인상이 쉽지 않고 인상되더라도 그 폭이 크지 않을 것으로 예상됩니다.

그리고 앞에서 언급한 바와 같이 환경을 고려한 급전방식 변경 등 향후 정부 정책 등을 고려할 때 원자력 발전량이 감소될 것으로 예상되는데, 원자력 발전량이 감소하게 되면 LNG 등 발전원가가 높은 에너지원의 발전량이 증가하게 되기 때문에 원자력 판매단가가 상승하는데 제약이 될 수 있습니다. 또한 최근 유가 등 에너지원 재료 가격이 상승하고 있고, 한국전력의 소매전기요금 인상 가능성이 높지 않을 것을 고려하면 오히려 원전의 전기 판매단가가 하락될 가능성이 높은 상황입니다.

회사는 매년 한국전력에서 산정하는 판매수익 예측치를 근거로 중장기 전망을 하고 있습니다. 동 자료는 현재의 정부 정책 방향, 유가 등 추세 및 원자력 발전량 등을 종합적으로 고려하여 산정된 것이므로 현재 상황에서 가장 합리적인 자료라고 판단됩니다. 따라서 본 용역에서는 향후 전기 판매단가를 회사가 중장기 전망에서 사용하고 있는 금액을 기준으로 추정하였으며, 연도별 전기 판매단가 추정액은 다음과 같습니다.

연도	2018	2019	2020	2021	2022
원전 판매단가(원/MWh)	55,960	52,670	51,410	48,780	48,780

3) 한수원 전망단가 추정 방식

가) 한수원 전망단가 산정 방식

한수원이 자체적으로 산정한 한수원 전망단가는 관련 규정이나 선례가 없어 이번 경제성 평가에 처음 적용된 판매단가 산정 방식으로, 한전이 중장기 재무 관리계획 수립 시 보조자료로 활용하고 한수원에 제공한 연도별 구입전력비(한수원 입장에서는 전기판매수익) 전망치를 한수원이 산정한 연도별 전력판매량 예측치로 나누어 한수원이 자체적으로 산정한 원전 판매단가이다.

한수원 전망단가를 산정한 방식을 세부적으로 살펴보면 아래와 같다.

한수원 전망단가 산정 방식

㉮ 한전이 "2017~2021년 한국전력공사 중장기 재무관리계획" 수립 시 한수원은 한전에 원자력, 양수 등 전원별 판매량 예측치를 제출

㉯ 한전은 제출받은 판매량 예측치를 그대로 반영하여 원자력, 양수 등 전원별 구분 없이 한수원에 대한 전체 구입전력비(한수원의 전기판매수익) 예측치를 산정: [표 Ⅳ-22]의 A

㉰ 한전은 한수원에 전체 구입전력비(한수원의 전기판매수익) 예측치 제공

㉱ 한수원은 원자력을 제외한 수력, 양수, 신재생에너지 판매량 예측치에 한수원 예산서 상 전원별 판매 단가를 곱하여 기타전원 판매수익 산정: [표 Ⅳ-22]의 B

㉲ 한전으로부터 제공받은 전체 전기판매수익 예측치에서 수력, 양수, 신재생에너지 등 기타전원 판매수익을 차감하여 원전 판매수익 예측치 산정: [표 Ⅳ-22]의 C㉳ 한수원은 원전 판매수익 예측치를 원자력 판매량 예측치로 나누어 한수원 전망단가를 산정: [표 Ⅳ-22]의 E

[표 Ⅳ-22] 한수원 전망단가 산정 내역

구분		2018년	2019년	2020년	2021년	비고
한수원 전기판매수익 예측치(A)		90,697억 원	99,371억 원	99,655억 원	99,011억 원	
기타 전원	수력 판매량	887GWh	777GWh	779GWh	965GWh	2017년 예산서 단가 80.71원/kWh 적용
	양수 판매량	4,124GWh	4,115GWh	3,910GWh	3,948GWh	2017년 예산서 단가 100.99원/kWh 적용
	신재생에너지 판매량	26GWh	153GWh	166GWh	208GWh	2017년 예산서 단가 196.37원/kWh 적용
기타전원 판매수익(B)		4,932억 원	5,084억 원	4,903억 원	5,175억 원	
원전 판매수익 (C = A-B)		85,765억 원	94,287억 원	94,752억 원	93,836억 원	
원자력 판매량(D)		153,257GWh	179,024GWh	184,316GWh	192,349GWh	
한수원 전망단가 (E = C÷D)		55.96원/kWh	52.67원/kWh	51.41원/kWh	48.78원/kWh	* 2017년 예산서 단가 62.23원/kWh

※ 주: 2022년은 2021년과 동일한 판매단가로 추정
자료: 한수원 제출자료 재구성

한편, 위 원자력 판매량 예측치는 [표 Ⅳ-23]과 같이 향후 5년간 전체 원전 이용률 84%(월성1호기 84.8%)를 적용하여 산출되었다.

[표 Ⅳ-23] 원자력 판매량 예측치 산정에 적용된 이용률

구분	2018년	2019년	2020년	2021년	2022년	5년 평균
전체 원전	80.4%	84.2%	82.7%	86.5%	85.6%	84.0%
월성1호기	81.1%	84.1%	92.6%	85.8%	79.9%	84.8%

※ 자료: 한수원 제출자료 재구성

나) 이용률 변동이 한수원 전망단가에 미치는 영향

한수원 전망단가는 전기판매수익 예측치를 원자력 판매량 예측치로 나누어 산정되므로, 원전 이용률이 변동하는 경우 전기판매수익 변동폭과 원자력 판매량 변동폭에 따라 한수원 전망단가가 변동하게 된다.

참고로, 감사원 감사기간 중 전체 원전 이용률 70% 기준으로 한수원 전망 단가를 재산정한 결과, [표 Ⅳ-24]와 같이 전체 원전 이용률이 84%에서 70%로 감소할 경우 한수원의 전기판매수익 예측치는 감소하나 원자력 판매량 예측치 감소폭보다 감소폭이 작아 원전 판매단가는 연도별로 최소 4.07원/kWh에서 최대 5.94원/kWh 상승하는 것으로 나타났다.

[표 Ⅳ-24] 이용률 70% 기준 한수원 전망단가 재산정 내역

(단위: GWh, 억 원, 원/kWh)

구분		2018년	2019년	2020년	2021년
원자력 판매량	이용률 84% 적용 시	153,257	179,024	184,316	192,349
	이용률 70% 적용 시	126,097	150,518	154,171	155,880
	차이	27,160 (17.7%)	28,506 (15.9%)	30,145 (16.4%)	36,469(19.0%)
전기판매 수익 예측치	이용률 84% 적용 시	90,697	99,371	99,655	99,011
	이용률 70% 적용 시	82,986	90,821	90,434	87,623
	차이	7,711 (8.5%)	8,550 (8.6%)	9,221 (9.3%)	11,387(11.5%)
원전 판매수익 예측치주)	이용률 84% 적용 시	85,765	94,287	94,752	93,836
	이용률 70% 적용 시	78,054	85,736	85,531	82,448
	차이	7,711 (9.0%)	8,551 (9.1%)	9,221 (9.7%)	11,388 (12.1%)
한수원 전망단가	이용률 84% 적용 시	55.96	52.67	51.41	48.78
	이용률 70% 적용 시	61.90	56.96	55.48	52.89
	차이	5.94 (10.6%)	4.29 (8.1%)	4.07 (7.9%)	4.11 (8.4%)

※ 주: 수력, 양수, 신재생에너지 판매량 예측치에 2017년 한수원 예산서 상 전원별 단가를 곱하여 기타전원 판매수익을 산정하고, 이를 한수원 전기판매수익 예측치에서 차감하여 원전 판매수익 예측치 산정

자료: 한수원 제출자료 재구성

이와 같이 원자력 판매량 감소폭보다 전기판매수익 감소폭이 작은 사유는, [표 Ⅳ-25]와 같이 한수원 발전원가의 약 70%가 원자력 판매량과 무관하게 일정하게 발생하는 인건비, 감가상각비 등 고정비로 구성되어 있어 원자력 판매량이 감소하더라도 발전원가가 크게 변동하지 않아[54] 이를 토대로 산정되는 전기 판매 수익이 크게 변동하지 않기 때문이다.

54) 원자력 판매량 1kWh당 고정비가 상승함에 따라 판매단가가 상승하게 되는 효과 발생

[표 Ⅳ-25] 발전원가의 변동비, 고정비 구성 금액(전체 원전 이용률 84% 기준)

(단위: 억 원)

구분	2018년	2019년	2020년	2021년
변동비 (비중)	22,616 (29.2%)	24,166 (29.3%)	25,335 (30.2%)	25,975 (30.3%)
고정비 (비중)	54,858 (70.8%)	58,200 (70.7%)	58,694 (69.8%)	59,863 (69.7%)
합계	77,474 (100%)	82,336 (100%)	84,029 (100%)	85,838 (100%)

※ 자료: 한전 제출자료 재구성

4) 전년도 판매단가 및 한수원 전망단가의 합리성에 대한 검토

가) 전년도 판매단가의 장단점

전년도 판매단가로 향후 판매단가를 전망하는 방식은 향후 전기요금 인상이 없거나(물가상승률 0% 적용) 물가상승률과 유사한 수준으로 전기요금이 인상되고 이에 따라 같은 비율만큼 원전 판매단가도 인상될 것으로 가정하는 것이다.

전년도 판매단가는 객관적인 실적치가 존재한다는 점에서 자의성이 개입될 여지가 적고, 유가, 한전 영업이익 등의 변동이 적어 원전 판매단가가 안정적일 경우에는 예측 능력이 높다.

그리고 판매단가 전망과 관련하여 원전 계속운전에 대한 경제성 평가의 경우 명시적인 규정은 없지만, 한수원 지침인 원전 경제성 평가 표준지침 상 "평가시점의 전년도 판매단가" 외에 다른 기준은 규정된 것이 없고, 한전에서 전력 구매 시 신규 원전에서 생산한 전력과 이미 건설된 원전에서 생산한 전력의 가격을 달리하여 구매하는 것도 아니므로 원전 계속운전 관련 경제성 평가를 할 경우에도 "평가시점의 전년도 판매단가"를 준용할 수 있다.[55)]

55) 한수원은 2018. 3. 7. "월성1호기 정부정책 이행 검토 TF"를 구성하여 자체 경제성 평가 업무를 수행하면서 2017년 원전 판매단가(60.76원/kWh)가 향후 4.4년간 유지되는 시나리오와 매년 물가상승률 1.9%만큼 상승하는 시나리오를 설정하였음

또한 한전 전력연구원[56], 에너지경제연구원[57] 등 선행 경제성 평가를 수행한 연구기관은 원전 판매단가를 예측하기 어려운 점, 과거 원전 판매단가가 안정적이었던 점 등을 이유로 전년도 판매단가를 주로 사용하였다.

그러나 원전 판매단가에 영향을 미치는 것은 전기요금뿐만이 아니라 국제 유가 등 연료가격, 전력수급에 따른 계통한계가격[58], 한전 영업이익 등 여러 가지 요인이 있으므로 연도별 원전 판매단가의 변동이 심한 경우에는 예측능력이 떨어지는 단점이 존재한다.

따라서 이러한 경우에는 전년도 한 해의 실적보다는 과거 3년(또는 5년) 평균 판매단가 등을 대안으로 검토할 필요가 있다.

실제로 [도표 Ⅳ-3]과 같이 2016년의 경우 유가가 10년 내 최저치로 급락하고 원전 이용률은 비교적 높은 수준을 유지하면서 한전 영업이익이 12조원 수준일 때 원전 판매단가는 68.03원/kWh으로 최고치를 기록하였는데 2016년 판매 단가가 2017년 이후에도 동일하게 유지된다고 가정한다면, 판매단가가 과다하게 예측될 우려가 있다.

---

56) 한전 전력연구원은 일반적으로 발전설비의 경제성 평가를 위한 전력 판매단가는 합리적인 방법과 전제를 이용하여 미래의 값을 예측하여 적용하는 것이 일반적이나, 미래의 값을 예측할 수 없고 향후 큰 변화가 예상되지 않는 경우에 한해서 과거 일정기간 동안 실적을 고려하여 합리적인 수준으로 반영할 수 있으며, LNG, 석탄 등의 판매단가는 미래 전력시장가격 예측을 근거로 향후 판매단가를 전망하는 것이 일반적이지만, 원전 판매단가는 정산조정계수 등을 적용하여 정책적으로 규제되고 있기 때문에 향후 판매단가를 예측하는 것이 큰 의미가 없고, 최근 원전 판매단가에 영향을 미치는 원전 이용률이 규제 등으로 인하여 과거에 비해 불확실성을 갖고 있기 때문에 판매단가 예측이 매우 어려운 점 등을 고려할 때, 경제성 평가 시 별도로 향후 판매단가를 예측하지 않고 최근 판매단가를 적용하는 것이 합리적이라는 의견 제시

57) 에너지경제연구원은 미래 연료가격을 예측하기 어렵고 연료가격을 예측하더라도 실제 판매단가는 한국전력거래소 비용평가위원회에서 정책적으로 조정하여 결정되므로 실질적으로 미래 판매단가 전망은 의미가 없으며, 미래 판매단가를 전망하려면 연료가격, 계통한계가격, 송배전망 비용, 소비자가 지불해야 하는 가격 등을 전망해야 하는데, 변수가 많아 판단이 어렵고 결국 과거 실적에 기반하는 것과 다르지 않기 때문에 월성1호기 및 고리1호기 경제성 평가 시 과거 실적 판매단가를 사용하였다는 의견 제시

58) 거래시간별로 일반발전기(원자력, 석탄 외의 발전기)의 전력량에 대해 적용하는 전력시장가격으로서, 시간대별로 출력이 할당된 발전기의 유효 발전가격(변동비) 가운데 가장 높은 값으로 결정

[도표 Ⅳ-3] 유가, 원전 이용률 및 한전 영업이익(2010~2019년)

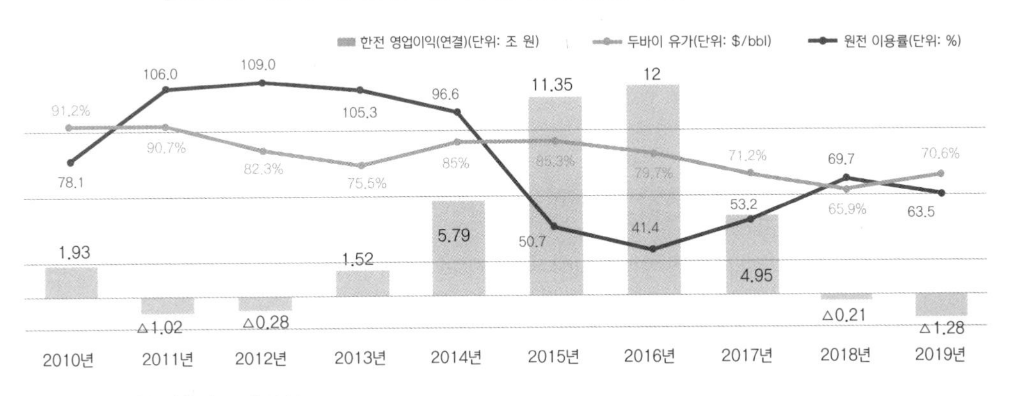

※ 자료: 한수원 제출자료 재구성

나) 한수원 전망단가의 장단점

한수원 전망단가는 한전이 중장기 재무관리계획 수립 시 추정하는 한수원의 전기판매수익 예측치를 근거로 산정되어 한전 영업이익 등이 원전 판매단가에 미치는 영향이 반영되는 장점이 있고 분석대상기간에 대해 연도별로 판매단가를 예측함으로써 미래의 판매단가 변동 추세를 예측할 수 있는 장점도 있다.

이번 경제성 평가에 적용된 한수원 전망단가의 경우, [표 Ⅳ-26]과 같이 한전의 영업이익이 감소하는 추세 등이 반영되어 원전 판매단가가 하락하는 것으로 전망[59]되었다.

[표 Ⅳ-26] 한전 영업이익 예측치 전망 및 한수원 전망단가

(단위: 억 원, $/bbl, 원/kWh)

구분	2018년	2019년	2020년	2021년
한전 영업이익 예측치	12,220	17,816	16,042	11,788
두바이 유가	51	54	54	54

59) 한수원은 답변서에서 경제성 평가 당시 정부는 2022년까지 전기요금 인상이 없을 것으로 전망하고 있어 정부정책에 영향을 받는 전기요금 인상 가능성이 낮은 상황이었고, 추후 유가상승에 따른 연료비 증가와 환경을 고려해서 신재생, LNG 등 발전원가가 높은 전원의 발전량이 높아질 것으로 전망되는 상황 등으로 인해 원전 판매 단가는 하락할 가능성이 높다고 예상되었다는 의견 제시

원전 이용률 전망	80.4%	84.2%	82.7%	86.5%
한수원 전망단가	55.96	52.67	51.41	48.78

※ 자료: "2017~2021년 한전 중장기 재무관리계획" 및 한수원 제출자료 재구성

그런데, 앞서 살펴본 바와 같이 한수원 전망단가는 원전 이용률(한전의 원자력 구입량)과 역의 관계를 보이는데 실제 원전 이용률은 대부분 한전 중장기 재무관리계획 수립 시 적용한 원전 이용률보다 낮아 한수원 전망단가는 실제 판매단가보다 낮게 산정되는 경향[60]이 있다.

【참고】 한전 중장기 재무관리계획 수립 시 이용률(원자력 구입량) 반영 관련

● 한전 중장기 재무관리계획에 이용률(원자력 구입량)이 과다하게 반영되는 사유는, 한수원이 향후 5년간 원자력 판매량(전망치)을 제출하면서 계획예방정비기간 등 원전 정지기간이 장기화되는 최근 추세를 충분히 반영하지 못하여 실제 원전 이용률이 원자력 판매량 제출 당시 예상했던 이용률에 미치지 못하기 때문임

- 다음으로, 한전은 중장기 재무관리계획 수립 시 민간발전사로부터는 향후 5년간 전원별 판매계획을 제출받지 않은 채 발전자회사로부터 전원별 판매계획을 제출받은 다음, 향후 5년간 연도별 총 구입전력량 중 각 발전자회사로부터 제출받은 전원별 판매계획량을 모두 구입한 후 나머지 구입량을 민간 발전사로부터 구입하는 것으로 계획하고 있어 [표]와 같이 원자력 구입량은 실제보다 많게, 민간 발전사 등으로부터 구입하는 LNG 구입량[61]은 실제보다 적게 반영되어 있음

60) 이와 관련하여 한수원은 자체 경제성 평가를 수행하면서 한수원 전망단가를 적용하면 2021년 원전 판매단가가 48.78원/kWh까지 낮아지게 되는데, 이는 2017년 판매단가(60.76원/kWh), 과거 판매단가 추세, 물가상승률 등을 고려할 때 비현실적이라는 사유로 한수원 전망단가를 적용하지 않음

61) 2018년, 2019년 LNG 구입량 중 각각 69.8%, 73.8%를 민간 발전사로부터 구입

[표] 2017~2021년 한전 중장기 재무관리계획의 전원별 구입계획 및 실적

구분		원자력	석탄	LNG	신재생	기타	계
2018년	계획	29.3%	41.8%	20.0%	5.6%	3.3%	100%
	실적	23.1%	41.8%	27.5%	5.5%	2.1%	100%
2019년	계획	33.0%	42.7%	15.0%	6.3%	3.0%	100%
	실적	25.6%	40.2%	26.3%	6.1%	1.8%	100%

※ 자료: 한전 제출자료 재구성

이와 관련하여 연도별 한수원 전망단가를 산정해 보면, [도표 Ⅳ-4]와 같이 한수원 전망단가는 실제 판매단가보다 대체로 낮게 예측되는 경향을 보이고 있다.

그리고 한수원 전망단가 산정 시 적용된 원전 이용률 전망을 살펴보면, [도표 Ⅳ-5]와 같이 실제 이용률보다 높은 이용률 전망이 적용되는 경향을 보이고 있다.

[도표 Ⅳ-4] 한수원 전망단가 및 실제 판매단가(2013~2018년)

(단위: 원/kWh)

한수원 전망단가 실제 판매단가 전년도 판매단가

● 2013년 한수원 전망단가 기준

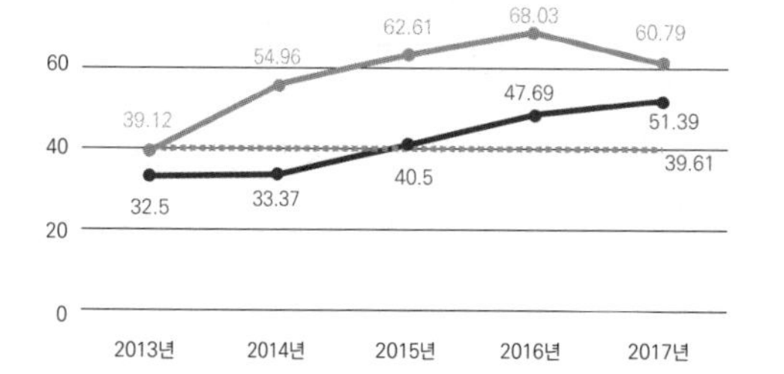

* 전년도 판매단가 : 2012년 판매단가 39.61원/kWh

● 2014년 한수원 전망단가 기준

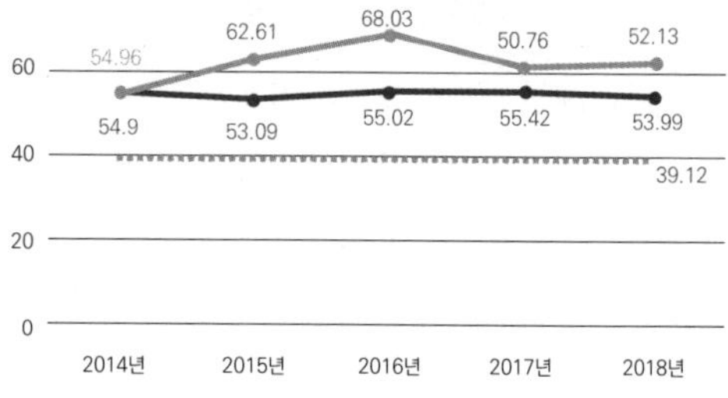

* 전년도 판매단가 : 2013년 판매단가 39.12원/kWh

● 2015년 한수원 전망단가 기준

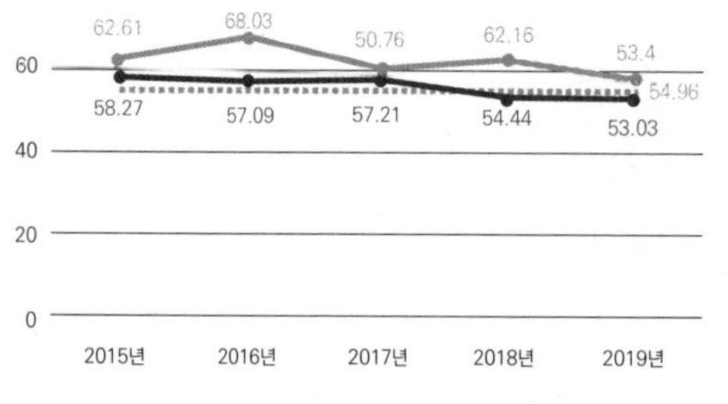

* 전년도 판매단가 : 2014년 판매단가 54.96원/kWh

● 2016년 한수원 전망단가 기준

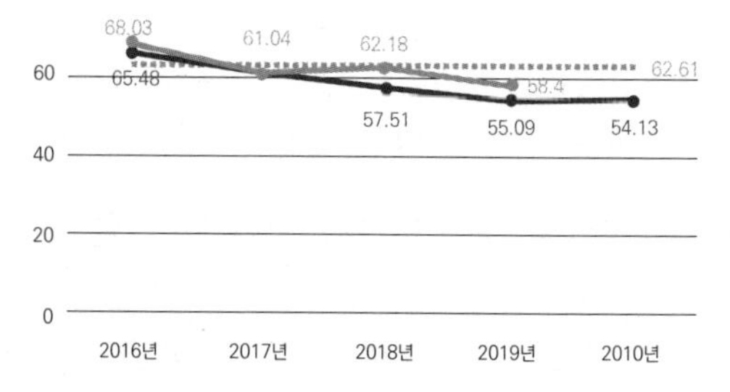

* 전년도 판매단가 : 2015년 판매단가 62.61원/kWh

● 2017년 한수원 전망단가 기준

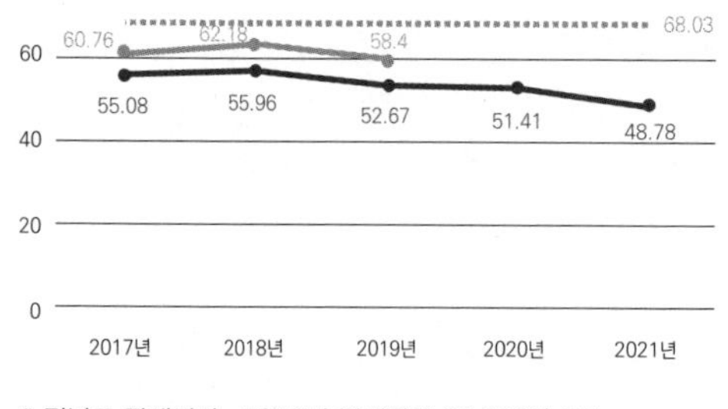

* 전년도 판매단가 : 2016년 판매단가 68.03원/kWh

● 2018년 한수원 전망단가 기준

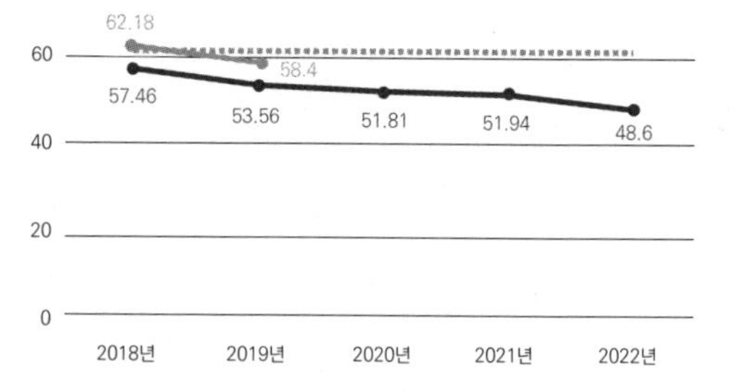

* 전년도 판매단가 : 2017년 판매단가 60.76원/kWh

※ 자료: 한전 전력통계속보, 한수원 제출자료 재구성

[도표 Ⅳ-5] 한수원 전망단가 적용 이용률 및 실제 이용률(2013~2018년)

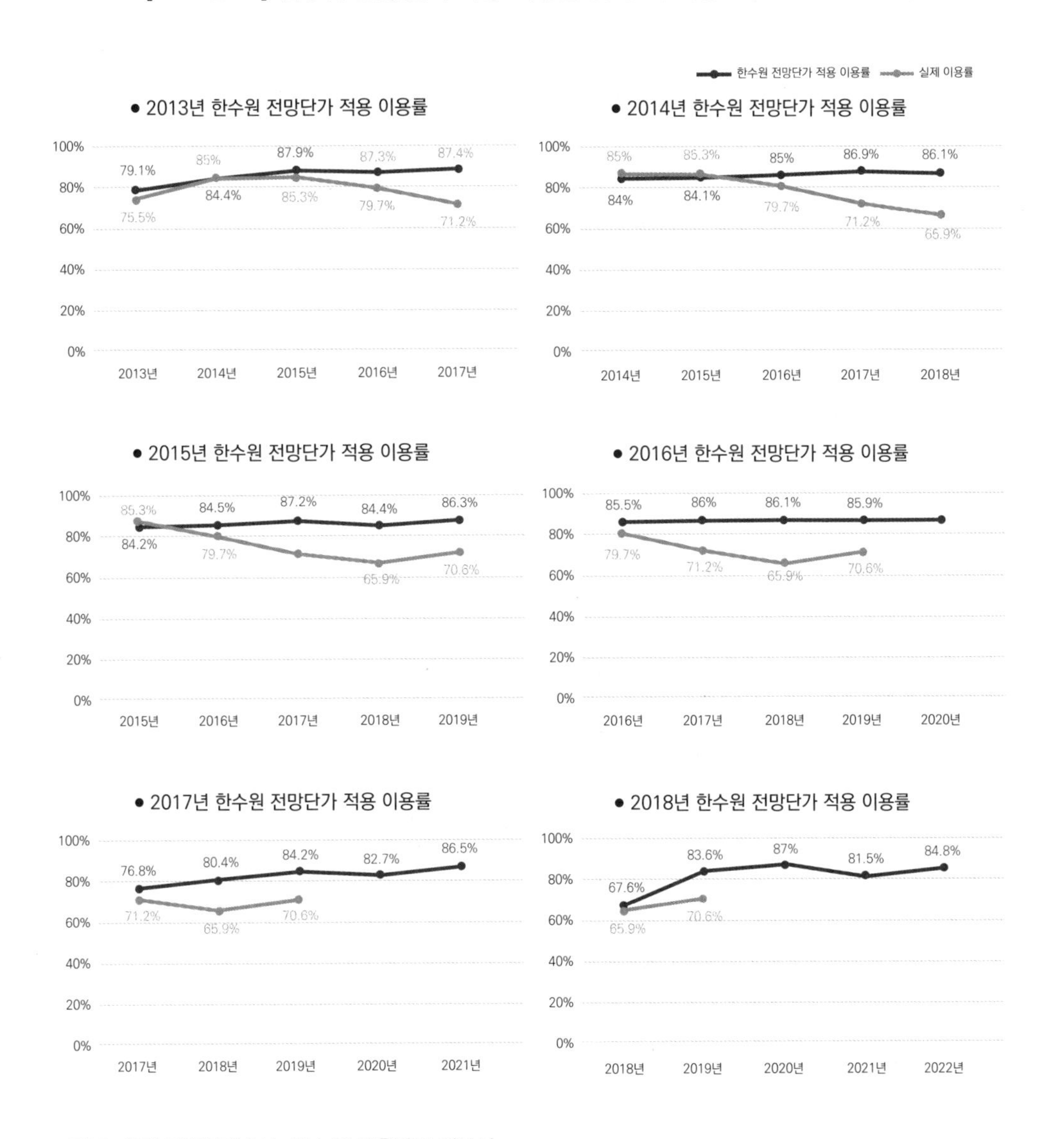

※ 자료: 한전 전력통계속보, 한수원 제출자료 재구성

5) 경제성 평가에 적용된 한수원 전망단가 산정 시 문제점

가) 실제 판매단가보다 낮은 한수원 전망단가를 보정하지 않고 사용

앞서 살펴본 바와 같이 실제 원전 이용률은 대부분 한전 중장기 재무관리계획 수립 시 적용한 원전 이용률보다 낮아 한수원 전망단가는 실제 판매단가보다 낮게 산정되는 경향이 있고 이와 관련하여 한수원은 경제성 평가를 수행하면서 한수원 전망단가가 실제 판매단가보다 낮게[62] 나타나는 등 한수원 전망단가가 현실을 반영하지 못하는 것을 알고 있었는데도, 한수원 전망단가를 보정하지 않고 그대로 경제성 평가에 사용하였다.[63]

나) 원자력 판매량 산정 시와 판매단가 산정 시의 이용률 적용 기준의 일관성 결여

한수원은 원자력 판매량 산정 시 정부정책 변화 및 안전규제 강화 등으로 하락한 최근 이용률 실적을 토대로 월성1호기 이용률 60%를 적용하였다고 주상한다. 그러나 "가-3)-나)항"에서 살펴본 바와 같이 정부정책 변화 및 안전규제 강화로 인한 이용률 저하는 월성1호기뿐만 아니라 전체 원전에 영향을 미친다고 보아야 한다.

즉, 정부정책 변화 및 안전규제 강화 등을 이유로 월성1호기 원자력 판매량 산정 시 이용률을 당초 한수원 ◗처가 예상한 85.8%보다 낮추어 60%로 적용하였다면, 판매단가 산정 시 적용되는 전체 원전 이용률 역시 같은 상황을 고려하여 당초 예측한 이용률 84%보다 낮추어 적용하는 것이 합리적[64]이다.

---

62) 2017년 기준으로 한수원 전망단가(55.08원/kWh)는 실제 2017년 판매단가(60.76원/kWh)보다 9.3%(5.68원/kWh) 낮음
- 이에 대해 한수원 실무자들과 OO회계법인 Y는 감사원 문답 시 한수원 전망단가가 실제 판매단가보다 10% 가량 낮게 산정된다고 진술

63) 한수원 사장 AM은 감사원 문답 시 한수원 전망단가를 사용하려면 실제 판매단가를 반영할 수 있도록 한수원 전망단가와 실제 판매단가의 차이와 다른 변수에 따른 영향을 감안하여 보정이 필요하다는 것을 인정한다고 진술
- OO회계법인 Y는 감사원 문답 시 산업부와 한수원에 한수원 전망단가는 실제 판매단가와 5원(10%) 정도 차이가 있어 이를 보정할 필요성이 있다고 이야기하였다고 진술

64) 이와 관련하여 한국회계학회(연구진)는 중립적 이용률을 하향 조정한 것과 달리 한수원 전망단가 추정 시 당초 전체 원전 이용률 84%를 그대로 적용하여 한수원 전망단가가 낮게 산출되는 방향으로 영향을 미친 것

그런데, 한수원은 [표 Ⅳ-27]과 같이 원자력 판매량 산정 시 정부정책 변화 및 안전규제 강화 등을 이유로 당초 예상한 월성1호기 이용률 전망 85.8%를 60%로 낮추어 적용하면서도, 판매단가 산정 시에는 월성1호기 이용률 84.8% 등 전체 원전 이용률 84%를 적용하여 산정된 한수원 전망단가를 그대로 적용함으로써 원전 판매단가가 실제 판매단가보다 과소 예측된 측면이 있다.

[표 Ⅳ-27] 원자력 판매량과 판매단가 이용률 적용 기준

구분		2018년	2019년	2020년	2021년	2022년	5년 평균
원자력 판매량 전망 시	월성1호기(B)	66.3%	57.8%	70.0%	56.7%	51.5%	60.0%
판매단가 전망 시	전체 원전	80.4%	84.2%	82.7%	86.5%	85.6%	84.0%
	월성1호기(A)	81.1%	84.1%	92.6%	85.8%	79.9%	84.8%
차이(A-B)		14.8%p	26.3%p	22.6%p	29.1%p	28.4%p	24.8%p

※ 자료: 한수원 제출자료 재구성

즉, 정부정책 변화 및 안전규제 강화 등을 고려하여 월성1호기 뿐만 아니라 전체 원전 이용률을 낮추어 일관성 있게 전망하고 이를 판매단가 산정 시 적용하였더라면, 한수원 전망단가는 ○○회계법인의 경제성 평가 시 적용한 판매단가보다 높게 산정[65]되어 전기판매수익이 축소되는 효과가 크지 않았을 것인데, 원자력 판매량 산정 시에는 정부정책 변화 및 안전규제 강화를 이유로 월성1호기 이용률을 85.8%에서 60%로 낮추어 적용하면서도 판매단가로 사용한 한수원 전망단가 산정 시에는 이와 같은 사정을 고려하지 않고 전체 원전 이용률을 당초 예측했던 84%를 낮추지 않고 그대로 적용함에 따라 전기판매수익이 불합리하게 과소 예측되는 결과를 초래하였다.

은 금액적 중요성을 떠나 한수원 전망단가 적용이 경제성 평가 결과를 왜곡하는 요인으로 작용되었다고 판단된다는 의견 제시

65) 원자력 판매량 추정 시 이용률을 낮게 전망하더라도, 판매단가 추정 시에도 이를 일관성 있게 적용하면 한수원 전망단가가 상승하므로 한수원 전망단가를 보정할 필요성도 낮아짐

6) 소결론

전년도 판매단가와 한수원 전망단가는 각각 장·단점을 갖고 있으나 그 외 더 나은 전망 방식이 확인되지 않은 상황에서는 두 가지 방식 모두 선택 가능하다고 판단된다.

그리고 전년도 판매단가를 사용하는 경우 연도별 판매단가 변동이 심할 때에는 과거 3년(또는 5년) 평균 판매단가 등을 대안으로 사용할 필요가 있고, 한수원 전망단가를 사용하는 경우에는 단가가 과소 추정되는 문제를 해결하기 위해 보정할 필요가 있다.

그러나 한수원은 실제 이용률이 한수원 전망단가 산정 시 예상했던 이용률 보다 낮아지는 경향이 있고 그에 따라 한수원 전망단가가 실제 판매단가보다 과소 예측되는 경향이 있을 뿐만 아니라, 정부정책 변화 및 안전규제 강화 등을 고려하여 월성1호기의 이용률을 당초 예상했던 이용률보다 낮게 추정하면서도 한수원 전망단가 산정에 사용한 전체 원전 이용률은 이와 같은 사정을 반영하지 않은 채 당초 예상했던 이용률을 그대로 사용하게 되면 한수원 전망단가가 실제 판매단가보다 낮게 추정된다는 등의 사정을 알면서도 한수원 전망단가를 보정하지 않고 ○○회계법인으로 하여금 그대로 사용하도록 하였다.

그 결과 ○○회계법인의 경제성 평가에서 월성1호기 계속가동 시의 경제성(전기판매수익)이 과소하게 산정되었다.

다. 기타 수익 추정 관련

1) 기준출력·소내 전력률 변동이 경제성 평가에 미치는 영향

○○회계법인이 수행한 경제성 평가에서는 판매단가 등 다른 가정이 동일하다는 전제 하에, 연도별 기준출력이 1㎿ 상승하는 경우 원자력 판매량이 22GWh증가하여 계속가동 시 전기판매수익이 11억 원 증가하는 효과가 발생한다.

그리고 소내 전력률이 1%p 상승하는 경우 원자력 판매량이 154GWh 감소하여 계속가동 시 전기판매수익이 79억 원 감소하는 효과가 발생한다.

즉, 기준출력이 상승하거나 소내 전력률이 하락하는 경우 원자력 판매량이 증가함에 따라 전기판매수익이 증가하고 계속가동의 경제성이 높아지게 된다.

2) 기준출력·소내 전력률을 잘못 적용하여 원자력 판매량 과소 추정

월성1호기와 같은 중수로 원전은 이용률(가동일수)이 증가하면 압력관의 내경이 확장하여 기준출력이 감소하므로, 경제성 평가 시 이용률에 따라 적정 기준출력을 산정하여야 한다.

그런데 한수원은 월성1호기의 중립적 이용률을 60%로 적용하면서도, 기준 출력 산출 시에는 "월성1호기 발전실적 전망"(2018. 3. 26.)상 이용률 89.8%를 적용함에 따라 기준 출력을 낮게 산정하였고, 이를 ○○회계법인에 제공하여 경제성 평가에 적용하도록 하였다.

또한, 한수원은 경제성 평가 당시 확인 가능하였던 월성1호기 소내 전력률 은 3.7%인데도, 25개 전체 원전의 평균 소내 전력률 4.8%를 ○○회계법인에 제공하여 경제성 평가에 적용하게 하였다.

이와 같이 계속가동 시 원자력 판매량이 과소 추정됨에 따라, 전기판매수익이 낮게 산정되어 월성1호기 계속가동의 경제성이 과소하게 산정되었다.

이에 대한 상세 내역은 [별표 6] "기준출력 적용 관련 상세 내역과 관계기 관 의견 및 검토결과" 및 [별표 7] "소내 전력률 적용 관련 상세 내역과 관계기관 의견 및 검토결과"와 같다.

1 - 2 . 경제성 평가의 비용 측면

원자력발전소 운영에 필요한 비용 항목에는 연료비, 핵연료 처분비, 수선비, 인건비 등이 있으며, 기타 고려해야 할 현금 흐름은 본사 판매관리비, 원전 해체비 등이 있다.

경제성 평가의 수익 측면이 월성1호기의 계속가동과 관련 있는 것과 달리, 인건비와 수선비 등 비용 항목의 경우 계속가동시에는 기존과 변동 없이 물가 상승률만 고려하므로 경제성 평가의 비용 측면은 월성1호기 즉시 가동중단 시 줄어드는 비용과 관련이 있다.

감사원 감사기간(2019. 11. 25.~2020. 1. 22.) 중 월성1호기 경제성 평가의 비용 측면에 대해 점검한 결과, 한수원은 경제성 평가 당시 한수원이 가지고 있거나 예측 가능하였던 객관적 자료를 제대로 검토하지 않거나 ○○회계법인에 충실히 제공하지 않는 등으로 아래와 같은 문제점이 있는 것으로 확인되었다.

가. 월성1호기 즉시 가동중단에 따른 인건비 감소분 과다 반영

1) 실태

가) 월성원자력본부 조직 및 인건비 구조

(1) 월성원자력본부 조직 및 인력

월성원자력본부는 [그림 Ⅳ-2]와 같이 본부 직할, ◔처 및 3개 발전소로 구성되어 있다. 3개의 발전소가 각각 2개 호기를 담당하고 있으며, ◔처와 본부 직할(이하 "월성본부"라 한다)은 발전소의 지원부서로서 급여, 회계, 인사, 홍보 및 자재구매나 시설보수, 보안 등의 업무를 하고 있다.

[그림 Ⅳ-2] 월성원자력본부 조직도

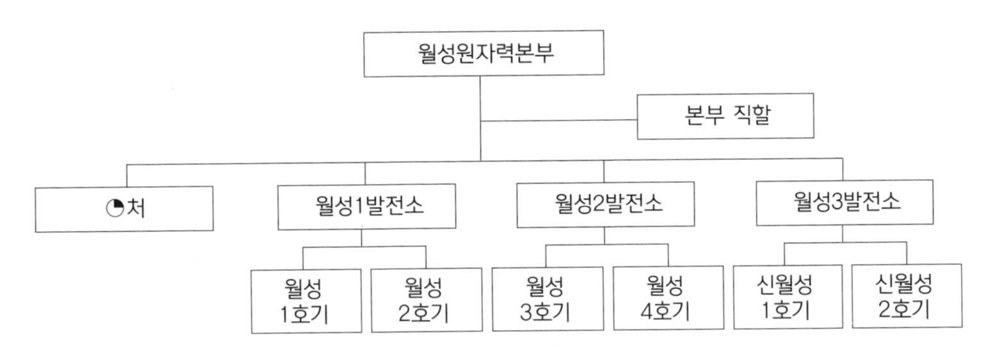

※ 자료: 한수원 제출자료 재구성

그리고 월성원자력본부(월성본부와 발전소 포함, 이하 같음)의 현원은 1,602~1,645명 수준으로 2017년 6월 이후의 인력 변동 내역은 [표 Ⅳ-28]과 같다.

[표 Ⅳ-28] 월성원자력본부 현원 변동 내역

(단위: 명)

구분	2017년 6월	2017년 12월	2018년 6월	2018년 12월	2019년 6월	2019년 12월
제1발전소	432	430	440	438	431	434
제2발전소	390	392	397	395	402	411
제3발전소	345	343	345	346	348	358
월성발전소 소계	1,167	1,165	1,182	1,179	1,181	1,203
월성발전소 증감		-2	17	-3	2	22
월성본부	435	444	425	466	429	425
월성본부 증감		9	-19	41	-37	-4
월성원자력본부 소계	1,602	1,609	1,607	1,645	1,610	1,628

※ 주: 임금피크제 직원 제외 자료: 한수원 제출자료 재구성

(2) 인건비성 비용 구성

한수원 직원의 인건비성 비용은 급여 및 상여, 퇴직급여, 그리고 복리후생비 등의 인건비성 경비로 구성되어 있다. ○○회계법인은 2018. 12. 31. 기준 월성원자력본부 직원

1인당 인건비성 비용을 000원으로 추정하였다.

(3) 인력 감소가 경제성 평가에 미치는 영향

월성원자력본부 인력 1명이 감소될 경우 경제성 평가 분석 기간인 4.4년간 000원의 인건비가 감소되므로 월성1호기 즉시 가동중단으로 감축되는 인력이 많아질수록 즉시 가동중단 시의 경제성이 높아지는 효과가 있다.

【참고】월성원자력본부 인력의 인건비 산정 내역

■ 인건비 내역

● 2018. 12. 31. 기준 한수원 월성원자력본부 직원 1인당 인건비성 비용은 [표]와 같이 000원(급여 및 상여는 000원, 퇴직급여는 000원, 인건비성 경비는 000원)임

- 급여 인상률을 2.16%로 적용하면 경제성 평가 분석 기간인 4.4년간의 인건비는 000원이고, 2018. 7. 1. 기준 현재가치는 000원임

[표] 월성원자력본부 인력의 인건비(1명 기준) 산정 내역

(단위: 원, 개월)

구분	2018년	2019년	2020년	2021년	2022년	계
급여 및 상여	000	000	000	000	000	000
퇴직급여	000	000	000	000	000	000
기타 인건비성 경비	000	000	000	000	000	000
연간 인건비	000	000	000	000	000	000
개월 수	6	12	12	12	11	53
기간 반영 인건비	000	000	000	000	000	000
현재가치	000	000	000	000	000	000

※ 주: 1. 급여 및 상여는 2017년 월성원자력본부 1인당 평균 급여 및 상여 기준임
2. 퇴직급여는 급여 및 상여의 12.33%로 가정
3. 인건비 평균 인상률은 한수원의 최근 5년(2013~2017년)간 인건비 평균 인상률인 2.16%를 적용 자료: 한수원 제출자료 재구성

나) 한수원과 ○○회계법인의 인건비 분석

○○회계법인은 [표 Ⅳ-29]와 같이 계속가동 시에는 월성본부 77명, 월성1호기 222명, 계 299명의 인건비가 4.4년간 발생하는 반면, 즉시 가동 중단 시에는 운영변경허가 기간에 월성본부 77명, 월성1호기 103명, 계 180명이 즉시 감소하여 119명의 인건비가 발생하고, 영구정지 이후에는 119명의 인건비가 추가로 감소된다고 가정하였다.[66]

[표 Ⅳ-29] 월성본부 및 월성1발전소의 연도별 인원 및 인건비

(단위: 명, 개월, 백만 원)

구분		2018년	2019년	2020년	2021년	2022년
계속가동	월성본부 인원	77	77	77	77	77
	월성1호기 인원	222	222	222	222	222
	소계	299	299	299	299	299
	개월 수	6	12	12	12	11
	인건비	000	000	000	000	000
즉시 가동중단	월성본부 인원	-	-	-	-	-
	월성1호기 인원	119	119	119	-	-
	소계	119	119	119	-	-
	개월 수	6	12	6	-	-
	인건비	000	000	000		

※ 주: 월성1호기 222명은 월성1발전소 444명을 절반으로 나눈 수치이고, 77명은 월성본부 464명의 1/6 자료: 경제성 평가 용역보고서(2018년 6월)

이에 따라 ○○회계법인은 월성본부(1호기 배부액)와 월성1호기 인건비를 산정하면서 계속가동 시에는 4.4년 동안 000원을, 즉시 가동중단 시에는 2년 동안 000원을 경제성 평가에 반영함으로써 월성1호기를 즉시 가동중단할 경우 계속가동 시보다 000원

66) ○○회계법인은 한수원 ■처가 2017년 7월 수립했던 "고리1발전소 조직개편 추진계획"(고리1호기는 고리1발전 소 인력의 18.6%인 66명 감소, 고리본부 인력감축 계획은 없음)을 참고하여 월성1호기 즉시 가동 중단시운영변 경허가 기간에 월성1발전소 인력(444명)의 23%인 103명이 감소하는 것으로 가정하였음

(82.4%)만큼의 인건비가 절감되는 것으로 추정하였다.[67]

2) 인건비 추정의 문제점

가) 월성1호기 즉시 가동중단으로 월성본부 인력의 1/6이 즉시 감소하는 것으로 가정

한수원은 고리1호기 영구정지 시 발전소 인력(1,062명) 중 66명(6% 정도)이 감소될 예정이었으므로 본부 인력(384명)도 일부 감축하는 것이 바람직하나 고리 본부 인력감축 계획을 수립하지 않았고, 실제 고리본부의 정원은 2018년 3월까지 감소되지 않았다.

그리고 ○○회계법인도 2018. 5. 3. 경제성 평가 결과(재무모델)에는 월성본부 인력이 감소되지 않는 것으로 가정하였으나, 같은 해 5. 4. 산업부 면담 후 한수원 실무자와 논의하여 월성1호기가 가동 중단되면 월성원자력본부 내 6개 호기 중 1개 호기가 가동중단되므로 [표 Ⅳ-29]와 같이 본부인력 464명의 6분의 1인 77명이 운영변경허가 기간이 시작되는 2018년 7월부터 즉시 감소[68]하는 것으로 가정하기로 하였다.

그러나 한수원 ■처의 의견[69] 및 한수원이 고리1호기를 영구정지하면서 본부 정원을 줄이지 않은 점 등을 종합해 보면 월성1호기가 가동중단된다고 해서 본부인력의 6분의 1이 즉시 감소하는 것으로 가정한 것은 과다한 측면이 있다.

나) 영구정지 기간에 월성1발전소의 인력이 50% 감소하는 것으로 가정

○○회계법인은 영구정지 기간의 인건비를 산정하면서 "고리1발전소 조직개편 추진계획" 및 "원전건설/시운전 표준직제"에 따르면 월성1호기가 영구정지되었을 때 기존 월

---

67) 연도별 인건비(법인세 효과와 현재가치 미반영) 외에도 복리후생비 등 인건비성 경비를 합산한 금액임

68) 한국회계학회(연구진)는 인건비성 경비 추정 시 월성1발전소뿐만 아니라 월성본부 인력의 인건비까지 고려하는 것이 합리적이지만, 고리1발전소 조직개편에 고리본부의 인력 감축 계획이 없는 점을 고려할 때 월성본부의 인력 감축을 반영하는 것은 타당하지 않으며, 월성본부 인력 감축을 반영하기 위해서라면 월성본부 임직원 464명 중 월성1호기의 가동중단으로 인해 감소할 인력을 객관적인 근거하에 직접 추산했어야 한다는 의견을 제시함

69) 한수원 ■처는 본부 직할 및 ?처 조직은 기획, 인사, 회계, 급여, 홍보 등 업무를 기능 단위로 수행하여야 하므로, 발전소 인원이 일부 감소하였다고 해서 본부 인원을 감축하기 어렵고, 중장기적으로 운영호기 수가 줄어들면 단계적으로 본부 정원을 감축할 계획이라는 의견 제시

성1발전소(444명) 인력의 약 61~63%[70](271~280명)가 월성2호기를 운영하는 것으로 가정하는 것이 합리적인데도 [표 Ⅳ-29]와 같이 월성1발전소의 인력이 50%(222명)[71]만 남는 것으로 가정하였다.

이에 따라 월성1발전소 인력의 약 11~13%(61~~63%의 잔류인력에서 50%에 해당하는 월성2호기 인력을 뺀 수치, 49~58명)에 해당하는 인건비가 영구정지 이후에 필요한 인건비에 반영되지 않음으로써 월성1호기 가동중단으로 감소되는 인건비가 과다 추정되었다.

3) 월성1호기 즉시 가동중단 이후 실제 정원 변화

참고로 월성1호기의 즉시 가동중단 이후 실제 정원 변동을 살펴보면 [표 Ⅳ-30]과 같이 월성본부의 정원은 2018년 6월 말 400명에서 2020년 6월 말 407명 으로 7명 증가한 반면, 월성1발전소의 정원은 같은 기간 462명에서 375명으로 87명 감소하였다.

[표 Ⅳ-30] 월성본부 및 발전소 정원 변동 내역

(단위: 명)

구분	2018년 6월	2018년 12월	2019년 6월	2019년 12월	2020년 6월
월성본부	400	407	422	407	407
월성1발전소	462	461	417	366	375
월성2발전소	406	405	408	417	417
월성3발전소	351	350	353	364	364

※ 주: 임금피크제 직원 제외
자료: 한수원 제출자료 재구성

70) 한수원이 2010년 개정한 "원전건설/시운전 표준직제"에 따르면 원전을 1개 호기만 운영할 때 필요한 발전소의 인력은 2개 호기를 운영할 때 필요한 인력의 63% 수준으로 되어 있고, 이는 "고리1발전소 조직개편 추진계획" 에서 고리1호기 영구정지 시 고리1발전소의 인력이 61% 수준으로 유지되는 것으로 계획한 것과 유사함

71) 월성1호기 인력을 월성1발전소 인력 444명의 절반인 222명으로 가정한 후 영구정지 시 모두 감축되는 것으로하여 월성1호기 영구정지 시 월성1발전소 잔류 인력을 222명으로 가정

나. 월성1호기 즉시 가동중단에 따른 수선비 감소분 과다 반영

1) 실태

가) 수선비의 구성 및 집행 현황

수선은 그 성격상 월성1호기 즉시 가동중단에 따라 더 이상 발생하지 않는 비경상 수선과, 가동중단 시에도 필요한 경상 수선으로 구분할 수 있다.

(1) 월성본부의 수선비 구성 및 집행 현황

월성본부 수선비는 [표 Ⅳ-31]과 같이 본부나 발전소의 폐수 및 하수처리 시설을 운영·유지하기 위한 "발전설비 계획수선" 등 4가지 항목으로 구성된다.

한수원은 2017년에 월성본부의 수선비로 000원을 집행하였다.

[표 Ⅳ-31] 2017년 월성본부 수선비 집행 내역

(단위: 백만 원)

구분	내용	집행실적
발전설비 계획수선	발전소나 본부의 폐수 및 하수처리시설 등 운영·유지	000
사옥/사택 계획수선	월성본부 사옥과 사택의 냉난방, 조명, 전기, 기계시설 등 운영·유지	000
건물토목 계획수선	월성본부 사옥과 사택의 도로, 조경, 토목시설물 등 운영·유지	000
전산통신 계획수선	본부사옥과 사택의 정보통신설비 등 운영·유지	000
기타		000
합계		000

※ 자료: 한수원 제출자료 재구성

(2) 월성1발전소의 수선비 구성 및 집행 현황

월성1발전소 수선비는 기계 전기공사, 계측설비용역, 연료이송용역, 수처리 설비공사, 방사선관리용역 등 5개 수선용역 공사와 기타 수선으로 구성되어 있다.

한수원은 [표 Ⅳ-32]와 같이 2013~2017년(5년간) 총 000원(연평균 000원)을 월성1발전소 수선비로 집행하였다.

[표 Ⅳ-32] 월성1발전소 수선비 현황

(단위: 백만 원)

기계, 전기공사	계측설비용역	연료이송용역	수처리설비공사	방사선관리용역	기타 수선	계
000	000	000	000	000	000	000

※ 자료: 한수원 제출자료 재구성

(3) 수선비의 변화가 경제성 평가에 미치는 영향

○○회계법인은 월성본부 수선비(1호기 배부액)의 경우 2017년 수선비를 기준으로, 월성1호기의 수선비는 2008~2017년 연평균 수선비를 기준으로 각각 물가상승률을 적용하여 경제성 평가 기간의 수선비를 추정하였다. 그리고 월성1호기가 가동중단될 경우 발생하지 않는 비경상 수선비의 비중이 높을수록 수선비의 감소율이 커지므로 즉시 가동중단 시의 경제성이 높아지는 효과가 있다.

○○회계법인은 월성본부(1호기 배부액)와 월성1호기 수선비로 계속가동 시 4.4년 동안 000원을, 즉시 가동중단 시에는 2년 동안 000원을 경제성 평가에 반영 함으로써 월성1호기를 즉시 가동중단하는 경우 계속가동 시보다 000원(90.4%)만큼의 수선비가 절감되는 것으로 추정하였다.[72]

나) 월성본부 수선비에 대한 분석

(1) 월성본부 수선비 항목의 성격에 대한 분석

[표 Ⅳ-31]과 같이 월성본부의 수선비는 발전소나 본부의 폐수[73] 및 하수처리, 본부 사옥 및 사택의 운영·유지와 관련된 비용으로서 월성1호기 인력이 일부 변동되어도 기존의 발전소나 본부의 폐수처리시설 등의 운영·유지업무나 기존의 본부사옥 및 사택 등과 관련한 기계·냉난방·폐수처리·조경 등의 운영·유지를 위한 업무의 규모가 변경되는 것

72) 연도별 수선비(법인세 효과와 현재가치 미반영)를 합산한 금액임

73) 한수원은 발전소 폐수처리설비(발전소별로 1~2호기 공통관리) 운전 및 유지관리를 외부에 위탁하고 있는데 이용역은 발전소 폐수량과 관련이 없음. 월성1발전소 폐수처리시설은 내부 기능직과 계약직원이 운영관리하다가 2018. 7. 1.부터 외부위탁운영으로 전환

은 아니므로 월성본부의 수선비에 미치는 영향은 크지 않으며,[74] 월성본부의 수선비가 월성1호기의 인력 변동에 비례하여 변동된다고 보기는 어렵다.

(2) 월성원자력본부의 인력 변동에 따른 월성본부 수선비의 변화 분석

과거 월성본부 수선비 집행 실적을 확인해보면 [표 Ⅳ-33]과 같이 월성원자력본부(발전소 포함)의 현원이 36명 및 38명 감소한 2014년과 2017년에도 월성본부의 수선비는 000원 및 000원 증가하는 등 발전소 인력의 증감에 상관없이 월성본부 수선비는 꾸준히 증가하여 왔다.

[표 Ⅳ-33] 월성1호기 즉시 가동중단 이전의 월성본부 수선비 집행금액 및 현원 변동 현황

(단위: 백만 원, 명, %)

구분	2013년	2014년	2015년	2016년	2017년	
월성본부 수선비	집행금액	000	000	000	000	000
	증가금액	-	000	000	000	000
	증감률	-	8.3	15.9	10.4	8.8
월성원자력본부 인력 (임금피크제 제외)	현원 수	1,483	1,447	1,581	1,644	1,606
	증감 인원	-	△36	134	63	△38
	증감률		-6.1	8.3	4.4	-2.6

※ 주: 현원 변동이 수시로 발생하기 때문에 6월 말과 12월 말 현원의 평균을 구한 것임
자료: 한수원 제출자료 재구성

다) 월성1호기 수선비 항목에 대한 분석

2013~2017년 5년간 수선비 집행 실적을 통해 항목별로 경상 및 비경상 수선비의 비중을 살펴보면, 월성1발전소 경상 수선비의 비중은 [표 Ⅳ-34]와 같이 60%이다.

74) 월성본부 수선비 예산편성을 담당하는 한수원 ■처(◤부) 역시 월성1호기 인력이 일부 감축된다는 사유로 월성 본부 수선비가 영향을 받는 것은 아니라는 의견을 제시하였음

[표 Ⅳ-34] 월성1발전소 경상 수선비 비중

(단위: 백만 원, %)

수선 항목	2013~2017년 수선비(A)	2013~2017년 경상 수선비(B)	경상 수선비 비중(A/B)
기계, 전기공사	000	000	54
계측설비용역	000	000	94
연료이송용역	000	000	89
수처리설비공사	000	000	100
방사선관리용역	000	000	100
기타 수선	000	000주)	36
계	000	000	60

※ 주: 2013~2017년 5년간 기타 수선의 경상 수선비 비중(36.1%)을 적용
자료: 한수원 제출자료 재구성

2) 수선비 추정의 문제점

가) 월성본부 수선비가 월성1호기 인력감축 비율(46%)만큼 감소하는 것으로 가정

○○회계법인은 당초 월성본부 수선비를 월성1호기 즉시 가동중단의 영향을 받지 않는 비관련원가로 분류하여 2018. 5. 4. 한수원에 보고하였다. 그런데 한수원은 같은 날 ○○회계법인에 월성1호기 가동중단으로 월성1호기 인력이 즉시 감소된다는 사유를 들어 월성본부 수선비(월성1호기 해당분)도 이에 비례하여 감소하는 것으로 경제성 평가에 반영하도록 하였다.

이에 따라 ○○회계법인은 월성본부 수선비(월성1호기 해당분)를 월성1호기 현원에 비례하여 감소하는 것으로 가정[75]한 후, 월성1호기가 가동중단되면 [표Ⅳ-29]와 같이 월성1호기 인력 222명 중 103명(46%)이 즉시 감소되므로 [표 Ⅳ-35]와 같이 월성1호기에 배부된 월성본부 수선비도 같은 비율(46%)만큼 즉시 감소[76]하는 것으로 가정하였다. 그 결

75) 월성본부는 총 6개 호기를 담당하고 있으므로 전체 월성본부 수선비의 1/6을 월성1호기에 배부함

76) 한국회계학회(연구진)는 월성본부 수선비는 임직원 사택 및 본부 사옥 등에 대한 수선비로서 월성1호기 인원이 일부 감소하는 것과 상관없이 유사한 수준의 수선비가 발생할 것으로 판단되므로 경제성 평가에서는

과 월성1호기 즉시 가동중단 시 감소되는 월성본부 수선비가 과다 추정된 측면이 있다.

[표 Ⅳ-35] 월성본부 수선비(월성1호기 해당분)

(단위: 백만 원, 개월)

구분		2018년	2019년	2020년	2021년	2022년	합계
계속가동	연간 비용	000	000	000	000	000	-
	적용 개월 수	6	12	12	12	11	-
	월성본부 수선비 배부액	000	000	000	000	000	000
즉시 가동중단 (46% 감소)	연간 비용	000	000	000	-	-	-
	적용 개월 수	6	12	6	-	-	-
	월성본부 수선비 배부액	000	000	000	-	-	000
차이		437	892	1,433	1,995	1,864	6,621

※ 자료: 경제성 평가 용역보고서(2018년 6월) 재구성

나) 월성1호기의 비경상 수선비 비중을 과다하게 산정

수처리설비는 월성본부 및 월성1발전소의 공용설비이기 때문에 월성1호기 즉시 가동중단과 무관하게 운영하여야 하고, 방사선관리용역도 감속재인 월성1호기 중수가 완전히 배수되는 2025년까지 필요하므로 전부 경상 수선에 해당한다.

그런데 ○○회계법인은 월성1발전소의 경상 수선비 비중을 월성1호기에도 그대로 적용하기로 하면서 ① 월성1호기가 즉시 가동중단되면 '수처리설비공사'와 '방사선관리용역'에 대한 수선비가 발생하지 않을 것으로 판단한 후 월성1·2호기의 수처리설비 공사 등을 모두 비경상 수선으로 분류하였고, ② 기타 수선(전체 수선비의 23.1%를 차지)의 경우 경상 수선비를 별도로 구분하지 아니한 채 모두 비경상으로 분류함으로써 경상 수선비 비중을 [표 Ⅳ-34]의 60%가 아닌 40%로 (비경상 수선비 비중을 40%가 아닌 60%로) 산출하였다. 그리고 월성1호기가 가동중단되면 비경상 수선비는 전부가 즉시 감소되

비관련원가로 분류하여 계속가동과 즉시 가동중단 시의 월성본부 수선비 추정액을 모두 제외하는 것이 바람직하다는 의견을 제시함

는 것으로 가정함으로써 감소되는 수선비가 과다 추정되었다.

다) 월성1호기 수선비에 월성본부 수선비 배부액(000원)을 중복 계상

○○회계법인은 월성1호기 즉시 가동중단에 따른 월성1호기 수선비의 현금흐름을 추정하면서 월성본부 수선비(월성1호기 해당분)를 "나-2)-가)항"과 같이 별도 항목으로 구분하여 산정하였는데도 월성1호기 수선비에 월성본부 수선비 배부액 (2017년 기준 000원)을 중복 계상하였다.

그 결과 월성1호기 가동중단에 따라 감소되는 수선비가 과다 추정되었다.

3) 소결론

이와 같이 한수원(♡처)은 수선비 예산편성을 담당하는 ■처 등 관련 부서의 검토도 거치지 않은 채 2018. 5. 4. ○○회계법인에 즉시 가동중단 시 수선비가 과다하게 줄어드는 내용으로 경제성 평가의 입력변수를 수정하도록 하였다. 또한 한수원은 ○○회계법인에 월성1호기 즉시 가동중단에 따른 수선비의 변동과 관련하여 수선비 세부 항목별 예산자료 등 검토자료를 제공하지 않았다.

그 결과 월성1호기 즉시 가동중단 시 감소되는 수선비가 과다하게 추정되어 즉시 가동중단 시의 경제성이 높게 평가되는 결과를 초래하였다.

다. 기타 비용 추정 관련

1) 본사 판매관리비·법인세 절감효과가 경제성 평가에 미치는 영향

본사 판매관리비는 한수원 본사의 기획 및 관리업무 등에서 발생하는 인건비성 경비, 지급수수료, 광고선전비 등으로 구성되어 있다. 월성1호기 즉시 가동 중단의 영향으로 본사 판매관리비가 감소한다면 즉시 가동중단의 경제성이 높아지는 효과가 있다.

그리고 월성1호기 유·무형자산의 폐기가 완료되면 월성1호기 세무상 장부가 액(2,719억 원)의 손금 산입으로 인해 법인세 비용(748억 원)[77]이 감소한다. 따라서 월성1호기의 즉시 가동중단으로 법인세 절감효과가 발생하는 시기가 앞당겨진다고 가정하면 즉시 가동중단의 경제성이 높아지는 효과가 있다.

2) 본사 판매관리비·법인세 절감효과를 잘못 적용하여 즉시 가동중단의 경제성을 높게 평가

○○회계법인은 2018. 5. 3. 월성1호기에 해당하는 본사 판매관리비 배부액은 그 특성상 월성1호기 가동중단에 따라 전액 감소한다고 보기 어렵다는 사유로 비관련원가로 분류하였다. 그런데 한수원이 같은 해 5. 4. 회의에서 ○○회계 법인에 즉시 가동중단 시 본사 판매관리비 배부액만큼 본사 판매관리비가 감소하는 것으로 수정하도록 하자 ○○회계법인은 이를 그대로 반영하여 같은 해 5. 7. 한수원에 경제성 평가 용역보고서 초안을 제출하였다.

한편, "고리1호기 해체사업 시행계획"에서 원전 해체 인허가를 승인받는데 5년이 소요된다고 한 점을 고려하면 월성1호기 즉시 가동중단 시 구조물 등에 대한 철거는 2025년[78]부터 가능한 것으로 추정된다. 그런데도 ○○회계법인은 월성1호기 영구정지 운영변

---

77) 2019년 말 기준의 잔여 장부가액(2,719억 원)에 법인세율(27.5%)을 적용

78) 경제성 평가에서 즉시 가동중단 시 영구정지 운영변경허가일로 가정한 2020. 6. 30. 기준 5년 후는 2025년 6월 경이나, "월성1호기 해체 기본계획"(2019. 1. 29.)에 따르면 철거작업은 2027년 1월 이후로 계획되어 있음

경허가 승인 예정일[79](2020. 7. 1.)부터 원전 해체가 진행되는 것으로 판단하여 2019년 말 기준의 월성1호기 유·무형자산의 세무상 장부가액 2,719억 원을 2020년 상반기에 손금 산입하는 것으로 가정하였다. 이에 따라 ○○회계법인은 즉시 가동중단의 2020년도 현금흐름에 법인세 절감효과 748억 원을 전액 반영함으로써 즉시 가동중단의 경제성을 높게 추정하여 2018. 5. 7. 한수원에 경제성 평가 용역보고서 초안을 제출하였는데, 한수원은 충분한 검토없이 이를 그대로 두었다.

이에 대한 상세 내역과 관계기관 의견 및 검토결과는 [별표 8] "본사 판매 관리비 배부액 추정 관련 상세 내역과 관계기관 의견 및 검토결과" 및 [별표 9] "감가상각비 등의 법인세 절감효과 추정 관련 상세 내역과 관계기관 의견 및 검토 결과"와 같다.

79) 경제성 평가 당시에는 영구정지 운영변경허가 승인 예정일로 2020. 7. 1.을 예상하였으나 실제로는 2019. 12. 24. 영구정지를 위한 운영변경허가를 받음

1- 3 . 종합결론 및 개선방안

가. 경제성 평가결과의 신뢰성 저하

○○회계법인이 2018. 6. 11. 제출한 경제성 평가 용역보고서에 월성1호기 이용률은 시나리오별로 제시되어 있고 중립적 이용률은 60%로 적용하였다. 그런데 최근 전체 원전 이용률이 하락하고 있고, 수명연장 무효 확인소송 등 월성1호기와 관련된 불확실성이 있는 점, 이용률 시나리오별(40%, 60%, 80%)로 경제성평가 결과가 제시되어 있는 점 등을 종합적으로 고려하면 중립적 이용률 가정 60%, 그 자체는 불합리하다고 단정하기 어렵다.

그리고 한수원과 산업부가 2018. 5. 11. ○○회계법인에 판매단가는 전년도 판매단가가 아닌 한수원 전망단가를 적용하도록 요구함에 따라, ○○회계법인은 한수원 전망단가를 적용하여 경제성을 평가하였다. 판매단가는 전년도 판매단가와 한수원 전망단가 모두 장단점이 있는 바, 한수원 전망단가는 단가 산정에 적용된 한수원 ◗처 산정이용률이 실제보다 높아 판매단가는 실제보다 낮게 산정되는 경향이 있다. 한편, 한수원은 전기판매량을 산정할 때는 한수원 ◗처가 산정한 월성1호기 이용률 85%를 낮추어 60%로 적용하면서 판매단가를 산정할 때는 한수원 ◗처에서 산정한 전체 원전 이용률 84%를 낮추지 않고 적용하였다. 이에 따라 실제 경제성 평가 시 적용된 한수원 전망단가의 경우 실제 판매단가보 다 낮게 추정됨에도 ○○회계법인은 이를 보정하지 않고 그대로 적용함으로써 계속가동의 경제성(전기판매수익)이 낮게 산정되었다.

그 밖에도 한수원은 월성1호기 즉시 가동중단에 따라 감소되는 월성본부나 월성1발전소의 인건비 및 수선비 등을 적정치보다 과다하게 감소하는 것으로 추정하였다. 그 결과, 월성1호기의 즉시 가동중단 대비 계속가동의 경제성이 불합리하게 낮게 평가되었다.

그리고 한수원 이사회는 위 경제성 평가결과 등을 근거로 2018. 6. 15. 한수원 이사회에서 월성1호기를 조기폐쇄 및 즉시 가동중단한다는 "월성1호기 운영계 획(안)"을 의결하였다.

나. 제도상 미비점: 원전의 계속가동 평가기준에 대한 명시적인 규정 부재

"1-1. 경제성 평가의 수익 측면" 및 "1-2. 경제성 평가의 비용 측면"에서 설시한 내용과 같이 원전의 계속가동에 대한 경제성 평가 시 판매단가, 이용률, 인건비, 수선비 등 입력변수를 어떻게 적용하느냐에 따라 경제성 평가결과에 많은 차이가 발생하게 된다.

그런데 신규 원전 건설 시 경제성 평가와 관련해서는 한수원 지침인 원전 경제성 평가 표준지침 (2008년 12월)이 있으나, 원전의 계속가동(설계수명 연장)과 관련된 경제성 평가에서는 적용할 수 있는 명시적인 규정이 없는 실정이다.

한편, 현재 우리나라에서 가동 중인 원전 24기 중 10기[80]가 향후 10년 내 설계수명이 만료되는 등 원전의 설계수명 만료 이후 계속가동 여부에 대한 경제성 평가가 중요한 현안으로 대두되고 있다.

따라서 향후 원전 계속가동과 관련된 경제성 평가에서 합리적인 평가기준을 설정하는 등 경제성 평가결과의 신뢰성과 객관성을 높일 수 있도록 관련 지침을 시급히 마련할 필요가 있다.

80) 2023~2029년 중 고리2~4호기, 한빛1~2호기, 월성2~4호기, 한울1~2호기의 설계수명이 만료됨

제3부

조기폐쇄 결정과정의 적정성

제3부 조기폐쇄 결정 과정의 적정성

산업부와 한수원은 에너지전환 로드맵 등에 따라 월성1호기 조기폐쇄를 추진하면서, 2018년 4월경 월성1호기 조기폐쇄 시기를 한수원 이사회의 조기폐쇄 결정과 동시에 즉시 가동중단하는 것으로 방침을 결정하고 이를 이행하기 위해 ○○회계법인에 계속가동하는 방안과 즉시 가동중단하는 방안만 비교하여 검토하도록 하였는 바, 주요 추진과정은 [별표 10] "월성1호기 조기폐쇄 관련 주요 추진 내용"과 같다.

〈 실태 〉

가. 에너지로드맵 등에 따라 월성1호기 조기폐쇄를 결정

국정기획자문위원회는 2017. 7. 19. 국정과제로 "탈원전 정책으로 안전하고 깨끗한 에너지로 전환"을 선정하면서 월성1호기를 전력수급 상황을 고려하여 가급적 조기에 폐쇄하는 것으로 정하였다.

그리고 정부는 2017. 10. 24. 개최된 제45회 국무회의에서 "에너지전환(탈원전) 로드맵"을 심의, 의결하였는데, 이에 따르면 ① 월성1호기는 전력수급 안정성 등을 고려하여 조기폐쇄하고, ② 적법하고 정당하게 지출된 비용에 대해서는 정부가 기금 등 여유재원을 활용하여 보전하되(관계부처 협의 및 국회 심의) 필요시 법령상 근거를 마련하여 추진한다고 되어 있다.

나. 제8차 전력수급기본계획 수립 과정 및 내용

산업부는 2017년 10월경 월성1호기 조기폐쇄를 법률 제정에 의한 방법으로 추진하는 것이 어렵자, 사업자인 한수원으로 하여금 경제성 등을 평가하여 스스로 조기폐쇄를 결정하는 방법으로 추진하는 것을 결정하였다.

그리고 산업부는 제8차 전력수급기본계획에 월성1호기를 경제성 등을 평가하여 조기폐쇄한다는 내용을 반영하기 위해, 2017년 11월경 한수원으로 하여금 전력수급기본계획 작성의 기초가 되는 현황조사표를 제출하도록 하면서 ① 2017. 10. 24. 국무회의에서 의결된 에너지전환 로드맵 이행을 위해서는 조기폐쇄가 불가피하나 원안위 승인이 필요하므로 정확한 폐쇄시기를 확정하기 곤란함, ② 운영변경 허가에 대한 소송 진행 중(2017. 2. 7. 1심 원안위 패소, 현재 항소심 진행 중)으로 결과를 예단하기 어렵고, 계속운전의 경제성, 전력수급 상황 등 에 대한 검토가 필요하여 폐쇄시기까지 수급기여 정도가 불확실함, ③ 에너지전환 로드맵 이행에 따라 발생한 정당한 비용에 대한 정부의 보전 필요 등의 문구를 기재하도록 하였다.

이후 한수원은 2017. 11. 21. [별표 11] “산업부의 요청에 따른 현황조사표 문구 수정내용”과 같이 작성한 현황조사표를 산업부에 제출하였다.

그리고 산업부는 2017. 12. 29. 위 현황조사표를 기초로 월성1호기와 관련된 내용을 포함하여 제8차 전력수급기본계획을 확정하였다.

다. 조기폐쇄 결정업무 추진 과정 및 내용

산업부는 2017. 12. 29. 제8차 전력수급기본계획을 확정하면서 ① 월성1호기는 조기폐쇄 전까지 수급기여가 불확실하다고 판단되어 2018년부터 공급에서 제외하고, ② 2018년 상반기 중에 경제성, 지역수용성 등 계속가동에 대한 타당성을 종합적으로 평가하여 폐쇄시기 등을 결정하는 것으로 하였다.

그리고 산업부는 2018. 1. 29. 한수원과 월성1호기 정부정책 이행 관련 정례 협의회[81]를 개최하여 주요 현안사항을 협의한 후, 같은 해 2. 20. “제8차 전력수급기본계획 확정에 따른 협조요청” 문서를 통해 한수원으로 하여금 월성1호기 조기 폐쇄를 이행하도록 하기 위해 필요한 조치들을 이행해 달라고 하였다.[82]

그리고 나서 산업부(▷과장 등)는 2018. 3. 2. 한수원 ◇본부(♡처장)와 만나, 월성1호

---

81) 산업부는 ▽관 E, ▷과장 F, ▷과 G 등이 참석하였으며, 한수원은 사장 직무대행 K, ◇본부장 O 등이 참석하였음

82) ▷과 G가 기안하고, 과장 F 및 국장 E의 결재를 받아 한수원에 통보하였음

기 조기폐쇄 이행을 위해 TF팀 구성, 경제성 평가용역 등을 활용하도록 한다는 등의 한수원 내부방침을 신임 사장이 취임하는 3월 말까지 수립하도록 하였다.

이에 따라 한수원은 2018. 3. 7. ◇본부장(O)을 팀장으로 하는 "월성1호기 정부정책 이행 검토 TF"를 구성하여 운영기간별 가동중단 시나리오[83]를 검토하는 등 월성1호기에 대한 조기폐쇄 정책을 이행하는 방안을 검토하였다.

【 참고 】산업부가 대통령비서실에 경영성과협약서와 관련하여 보고한 내용

● 산업부(▽관 E 등)는 2018. 3. 15. '민형사상 책임, 직원 반발에 대한 우려로 이사회, 사장의 결정 지연 가능성이 있어 신임 사장 경영계약 시 후속조치 이행을 명시, 이사회 설득 책임도 부여한다'는 내용 등을 포함 한 "에너지전환 후속조치 추진계획"을 대통령비서실 ♤비서관 L에게 보고
 - 실제로 산업부는 2018. 5. 29. 한수원 사장의 경영성과협약서에 월성1호기 조기폐쇄 이행 등을 포함하도록 함

이후 2018. 3. 19.에도 산업부(▷과장)는 한수원의 월성1호기 조기폐쇄 이행 상황을 파악하고자, 한수원 ◇본부(♡처장) 등을 산업부로 불러 2018년 3월 말까지 TF를 통한 내부방침을 결정하여 보고해 달라고 하는 등 [별표 12] "월성1호기 관련 회의 내용"과 같이 같은 해 1. 29.부터 3. 19.까지 4차례[84]에 걸쳐 한수원의 조기폐쇄 추진상황을 점검하면서 한수원에 내부방침 수립 등을 요청하였다.

---

83) 운영기간별 가동중단 시나리오는 ① 4.4년 운영(설계수명 시까지)하는 시나리오, ② 2.5년 운영(영구정지 운영변경허가 시까지)하는 시나리오, ③ 1년 운영(운영변경허가처분 무효확인 소송 판결 시까지)하는 시나리오, ④ 즉시 가동중단하는 시나리오 등으로 구분됨

84) 2018. 1. 29., 같은 해 2. 6., 같은 해 3. 2., 같은 해 3. 19. 등 4차례임

〈 문제점 〉

가. 조기폐쇄 시기 결정 및 추진과정에서의 부당 업무처리

1) 업무 개요

산업부와 한수원은 2018. 3. 19. 및 같은 해 3. 29.[85] 한수원이 자체적으로 수행한 경제성 평가 자료를 기초로 회의를 하면서 즉시 가동중단 시와 운영 기간 별 가동 중단 시나리오의 손익을 각각 비교한 결과, 월성1호기를 설계수명 시까지 계속가동하는 방안이 가장 경제적이지만 정부 정책으로 월성1호기 조기폐쇄 방침을 정한 점을 고려하여 원안위의 영구정지 운영변경허가 취득 시까지 2년 6개월간(2.5년) 운영하는 방안을 조기폐쇄 시기의 하나로 유력하게 검토하고 있었다.

2) 관계 법령 및 판단기준

산업부가 2017. 12. 29. 수립한 "제8차 전력수급기본계획"에 따르면 월성1호기는 2018년 상반기에 경제성, 지역수용성 등을 종합적으로 평가하여 폐쇄시기등을 결정하도록 되어 있고, 정부가 2017. 10. 24. 개최된 제45회 국무회의에서 심의, 의결한 "에너지전환(탈원전) 로드맵"에 따르면, 적법하고 정당하게 지출된 비용에 대해서는 정부가 기금 등 여유재원을 활용하여 보전한다고 되어 있다. 그리고 행정절차법 제48조 제1항에 따르면 행정지도는 그 목적 달성에 필요한 최소한도에 그쳐야 한다고 되어 있다.

또한 공공기관의 운영에 관한 법률 제17조 제1항 제4호, 제32조 제1항과상법 제2조,

85) 한수원 ◇본부가 자체적으로 작성하여 2018. 3. 29. 회의자료로 활용한 '월성1호기 경제성 평가' 보고서의 '2. 평가결과'에 따르면, "사후처리비 및 운전유지비 상승, 에너지정책 변화에 따른 이용률 저하로 이용률 85.8% 달성은 쉽지 않을 것으로 판단되며, 4.4년 운영 시와 즉시 정지 시 총비용을 비교해 볼 때 약 2,200억 원 수준으로 크지 않고, 비용에는 반영이 안 되지만 국민의 눈높이에 맞춘 심리적 안전성 강화비용 등을 고려해 볼 때 발전비용 증가가 예상되므로, 정부 정책 이행을 위해 즉시 정지하는 것도 바람직한 방법일 것으로 판단됨"이라고 되어 있는 등 한수원은 '즉시 가동중단' 역시 조기폐쇄 시기에 대해 선택 가능한 방안의 하나로 검토한 사실이 있었음

第382조의3, 第393조 제1항 및 한수원 이사회 규정 제5조 제1항 제6호에 따르면 기관장은 그 공기업을 대표하고 업무를 총괄하면서 임기 중 경영성과에 대하여 책임을 지고, 이사는 법령과 정관에 따라 회사를 위하여 그 직무를 충실하게 수행하여야 하며, 기본재산(발전소 등)의 처분 등 회사의 업무집행은 이사회가 심의·의결하도록 되어 있다.

한편, 한수원은 2015. 2. 27. 원안위로부터 월성1호기에 대한 계속운전 승인을 받아 2022. 11. 20.까지 계속 가동할 예정에 있었던 바, 한수원이 제8차 전력수급기본계획에 따라 경제성 평가를 실시하고 그 결과에 따라 선택할 수 있는 시나리오는 ① 설계수명 시까지 계속 가동하는 방안, ② 원안위의 영구정지 운영변경허가 시까지 가동하는 방안, ③ 즉시 가동중단하는 방안 등이 있었으며, 실제로 산업부와 한수원은 이러한 다양한 시나리오에 대하여 검토하고 있었다.

따라서 산업부는 월성1호기 조기폐쇄 시기에 대한 방침을 정할 경우, ① 경제성, 지역수용성 등을 종합적으로 평가하여 폐쇄시기를 결정하도록 되어 있는 제 8차 전력수급기본계획의 취지, ② 경제성 평가결과는 조기폐쇄에 따른 비용보전시 참고사항이 될 수 있는 점 등을 고려하여, 외부기관의 경제성 평가결과 등이 나온 후 정하는 것이 적정하며, 이를 집행하는 과정에서 한수원으로 하여금 해당 방침 외 다른 방안을 검토하지 못하도록 하여서는 아니된다.

또한 산업부는 국정과제와 관련된 사안과 같이 중요한 정부의 방침은 이해관계자(한수원 등)의 의견을 적절히 수렴하고, 그 방침 결정의 근거와 과정을 공식적으로 기록·보존되도록 할 필요가 있으며, 즉시 가동중단 방침과 같은 중요내용을 행정지도의 형식으로 공공기관에 전달할 때에는 공문[86]의 형식으로 투명하게 실행되도록 하여야 한다.

그리고 한수원은 공공기관이자 에너지사업자로서 정부의 에너지 시책에 협력하여 월

86) 우리나라의 유일한 원전 영구정지(폐쇄) 사례로 2015년 폐쇄 결정된 고리1호기의 경우, 한수원이 고리1호기의 2차 수명 연장 여부를 결정하는 과정에서 산업부는 2015. 6. 12. 에너지위원회의 논의 결과 등을 바탕으로 2015. 6. 15. 한수원에 고리1호기 영구정지를 권고하였는데, 이 경우에도 공문의 형식으로 투명하게 권고 내용을 전달한 바 있음

성1호기의 폐쇄시기 등을 결정하는 경우, 이사회가 공기업으로서의 역할(전력의 안정적이고 경제적인 공급 등)과 운영기간별 경제성 등을 종합적으로 고려하여 합리적인 의사결정을 할 수 있도록 하여야 한다.

3) 감사결과 확인된 문제점

가) 산업부의 조기폐쇄 시기 방침 결정 및 한수원 전달과정에서의 업무처리 부적정

산업부 ▷과장(F)은 2018. 4. 3. 산업부장관(AO)에게 '♧비서관실에서 월성1호기 조기폐쇄 추진방안 및 향후계획을 산업부장관에게 보고한 후 이를 ♧비서관실에 보고해달라'는 연락을 받았다고 보고하였다.

그리고 ▷과장(F)은 위 보고 시 기존에 장관과 대통령비서실에 보고(2017. 12. 6.[87]) 및 2018. 3. 15.[88])한 내용 및 한수원 "월성1호기 정부정책 이행 검토 TF"의 의사(2.5년 가동) 등을 고려하여, 한수원 이사회가 2018년 6월경에 월성1호기의 조기폐쇄 결정을 하되 "구체적인 조기폐쇄 시기는 원자력안전법과 고리1호기 사례를 참고로 원안위, 대통령비서실 등과 협의를 통해 추진"하겠다고 하는 한편, "한수원 이사회의 조기폐쇄 의결 이후에도 원안위의 영구정지 운영변경허가 전까지 가동하는 것이 가능하고, 한수원 이사회의 조기폐쇄 의결 이후 가동을 사실상 영구중단하는 방법은 별도의 이사회 의결이 필요하지만 이사들의 법적 책임과 연계될 수 있는 문제가 있어 추진이 어려운 상황"이라는 내용의 "월성1호기 조기폐쇄 추진현황 및 향후계획"을 보고하였다.[89]

---

87) 대통령비서실(▶비서관실)은 2017. 12. 6. 산업부 보고 시 2018년 초에 한수원 이사회의 의결 후 월성1호기를 조기 폐쇄한다면 고리1호기 선례처럼 원안위의 영구정지 운영변경허가 시까지 2년간 가동한 후 폐쇄하는 것도 문제없다고 하였음

88) E는 감사원 문답 시 ▷과장 F와 함께 2018. 3. 15. 대통령비서실 ♧비서관 L에게 '에너지전환 후속조치 추진계획'을 보고하면서 2017. 12. 6. 대통령비서실(▶비서관)에 보고한 것과 마찬가지로 즉시 가동중단하는 것보다 운영 변경허가 전까지 가동하는 안으로 보고하였다고 진술

89) ♧비서관 L이 2018. 4. 2. 행정관 N에게 산업부로부터 월성1호기를 즉시 가동중단하는 것으로 산업부장관까지 보고하여 확정한 보고서를 받아보라고 지시하였고, 이에 N은 4. 2. 및 4. 3. F에게 전화하여 L의 지시사항을 전달함

한편, 산업부장관(AO)은 위 보고 전인 2017. 12. 6. 및 2018. 3. 15. ▽관(E)으로부터 '월성1호기 조기폐쇄 추진방안' 및 '에너지전환 후속조치 추진계획'을 각각 보고받으면서, 한수원은 계속가동을 원하지만 부득이 조기폐쇄를 하더라도 운영변경허가 시까지 운영하기를 원한다는 입장이고, 월성1호기를 즉시 가동 중단하는 것보다 운영변경허가 기간(2년)까지 운영하는 것이 경제성이 있다고 보고받은 바 있다.[90)]

그리고 산업부장관(AO)은 2018. 4. 3. ▷과장(F)으로부터 대통령비서실(♤비서관실)에 보고하기 위한 "월성1호기 조기폐쇄 추진현황 및 향후계획"을 보고 받으면서도, 한수원이 조기폐쇄 결정을 하더라도 경제성, 안전성 등 여러 가지 사정을 고려하여 원안위의 영구정지 운영변경허가 시까지는 계속가동하는 방안이 가능하다는 것은 물론 제8차 전력수급기본계획에 따라 월성1호기의 폐쇄시기 등을 결정함에 있어 한수원이 선행하기로 한 외부기관의 경제성 평가가 아직 착수되지 않았다는 사실을 보고받았다.

그런데도 산업부장관(AO)은 2018. 4. 3. ▷과장(F)이 같은 해 4. 2. ♤비서관실 행정관(N)으로부터 전해 들었던 대로 ♧보좌관 U가 월성1호기를 방문하고 돌아와서 외벽에 철근이 노출되었다는 점을 청와대 내부보고망에 게시하자, 이에 대해 대통령이 월성1호기의 영구 가동중단은 언제 결정할 계획인지 질문하였다는 취지의 보고배경과 함께 보고서의 내용을 설명하자, "한수원 이사회가 경제성, 지역수용성 등을 고려하여 폐쇄를 결정한다고 하면 다시 가동하는 것이 이상하지 않느냐"라고 질책하면서[91)], 한수원 이사회

- 다만, F는 위와 같은 전화를 받고도 즉시 가동중단 외에 원안위의 영구정지 운영변경허가 시까지 계속가동하는 방안을 포함하여 장관에게 보고함

90) 이에 대해 산업부장관 AO는 2020. 9. 24. 개최된 감사원 직권심리 시 2017. 12. 6. 및 2018. 3. 15. E로부터 위 문서들을 보고받은 기억이 없다고 주장하였으나, E는 감사원 문답 및 2020. 9. 21. 개최된 감사원 직권심리 시 AO와 대통령비서실에 위 문서들을 보고하였다고 일관되게 진술하고 있고, 실제로 E의 출장기록에 보면 2017. 12. 6. 및 2018. 3. 15. 대통령비서실에 출장을 간 기록이 있는 바, 대통령비서실에 보고된 문서를 E로부터 보고받지 않았다는 AO의 주장은 받아들이기 어려움

91) 산업부 ▷과장 F는 감사원 문답 시 '2018. 4. 3. 장관이 이사회의 조기폐쇄 결정 이후에도 운영변경허가 전까지 가동할 수 있다는 뜻으로 대통령비서실에 보고할 수 없다고 하면서 한수원 이사회의 조기폐쇄 결정과 동시에 즉시 가동중단을 하는 방안으로 재검토하도록 지시하였다'고 진술

의 조기폐쇄 결정과 동시에 즉시 가동중단하는 것으로 재검토하도록 지시하였다.

이와 같은 산업부장관(AO)의 지시를 받은 ▷과장(F)은 2018. 4. 3. ▽관(E)및 □실장(B)에게 산업부장관의 위 지시 내용을 보고한 후 조기폐쇄 결정과 동시에 즉시 가동을 중단하는 방안으로 보고서를 수정하였다.

그러고 나서 ▷과장(F)은 2018. 4. 4. 한수원 ◇본부장(O) 등을 산업부로 불러 산업부장관의 위 재검토 지시에 따라 운영변경허가 시까지 가동하는 방안은 어렵게 되었다고 하였고, 이에 대해 ◇본부장(O) 등이 원안위의 영구정지 운영 변경허가 시까지 가동하는 시나리오를 검토해달라고 하였으나, 산업부는 월성1호기 조기폐쇄 추진방안을 조기폐쇄 결정과 동시에 즉시 가동중단하는 방안으로 방침을 결정하고 이를 대통령비서실(♤비서관)에 보고할 예정이라고 하였다.

산업부가 조기폐쇄 및 즉시 가동중단을 결정한 경위 및 이를 전달받은 한수원의 입장

● 산업부장관의 2018. 4. 4. 조기폐쇄 및 즉시 가동중단 결정과 관련된 진술

- 산업부장관 AO는 감사원 문답 시 한수원 이사회가 경제성, 지역수용성 등을 고려하여 폐쇄를 결정한다고 하면 다시 가동하는 것이 이상하다고 생각하여, 조기폐쇄와 동시에 즉시 가동중단하는 것으로 결정을 하였으며, 이와 관련하여 한수원의 입장이 무엇인지는 확인해보거나 확인하도록 지시한 사실이 없다고 진술함

● 2018. 4. 4. 산업부장관의 조기폐쇄 및 즉시 가동중단 결정을 전달한 경위

- 산업부 ▽관 E는 감사원 문답 시 "장관의 즉시 가동중단 결정에 따라 F 과장이 한수원 임직원들을 세종시로 호출하여 장관의 뜻을 분명하게 전달하였습니다. (중략) 한수원의 입장이 정부의 입장과 반대편에 있기 때문에, 제가 실무자(F 과장, G)를 통해 위와 같이 적극적으로 정부정책 이행을 요구해야 월성1호기의 즉시 가동중단이 이행된다는 것은 장관 AO가 알고 있는 것이며, 제가 구두로 ▷과 업무 보고 시 추진과정을 보고하였으므로 한수원은 산하 공기업으로서 산업부의 요구에 부담을 느낄 수밖에 없다는 것을 인지하고 있었습니다. (중략) 결과적으

로 AO 전 장관이 월성1호기 즉시 가동 중단을 결정하면서 한수원이 폐쇄시기 등을 결정할 수 있는 경영상의 자율성을 침해했을 수 있고, 의사결정에 부담을 준 것입니다"라고 진술

- 산업부 ▷과장 F는 감사원 문답 시 "E 국장과 상의하여 한수원 ◇본부장(O) 등 한수원 직원들도 2018. 4. 4. 산업부에 오도록 하여 장관이 즉시 가동중단으로 결정하였고, 이를 대통령비서실에도 보고할 것이라고 하였습니다. O 본부장 등 한수원 직원들은 기존의 조기폐쇄 추진 방안(원안위의 영구정지 운영변경허가시까지 가동)과 달라져서 부담스러워 했으나, 장관이 단호하게 즉시 가동중단하는 것으로 결정한 상황을 전달 하자, 이를 거부하지는 못하였던 것으로 기억합니다"라고 하면서 "저도 장관의 지시를 거부하기 어려웠는데, 한수원 직원들도 동일하게 느꼈을 것이라고 판단됩니다"라고 진술

● 2018. 4. 4. 산업부장관의 조기폐쇄 및 즉시 가동중단 결정을 전달받은 한수원의 입장

- 한수원 ◇본부장 O는 감사원 문답 시 당초 ▷과장 F와 영구정지 운영변경허가 시까지 가동하는 방안에 공감대를 가지고 추진하고자 하였으나, F가 2018. 4. 4. 장관 보고 시 장관이 강력하게 즉시 가동중단하는 것으로 지시하였다는 것을 전해 듣고 즉시 가동중단하는 방안 외에 다른 방안은 현실적으로 추진하기 어려웠다고 진술
- 한수원 P는 감사원 문답 시 "산업부 F 과장이 2018. 4. 4. 월성1호기에 대해 재가동은 안된다고 하면서 1.4년, 2.5년 시나리오는 진행하지 못하게 하였습니다. 그런데 4.4년 운영 시나리오는 조기폐쇄라는 정부정책에 위배되므로 처음부터 산업부가 허용하지 않았습니다. 그래서 한수원은 즉시 가동중단만 선택 가능한 상태였습니다"라고 하면서 "2018. 4. 4. 회의에서 산업부 F 과장이 장관 AO의 지시로 월성 1호기는 조금이라도 재가동이 안된다고 한수원측에 전달하였으므로 용역은 즉시 가동중단이 가장 경제성이 있다는 결과를 도출하는 방향으로 진행된 것입니다"라고 진술

그리고 산업부장관(AO)은 2018. 4. 4. ▷과장(F)으로부터 [그림 Ⅳ-3]과 같이 한수원 이사회가 2018년 6월 월성1호기 조기폐쇄 및 즉시 가동중단을 의결하면 한수원이 즉시 가동을 중단하는 등으로 수정된 "월성1호기 조기폐쇄 추진방안 및 향후계획"과 함께 이

에 따른 비용보전 방안을 보고받고 이를 산업부의 방침으로 결정하고는 ▷과장(F)에게 위 문서를 그대로 대통령비서실(♤비서관)에 보내도록 지시하였다.

[그림 Ⅳ-3] 산업부의 월성1호기 조기폐쇄 추진절차 및 향후계획

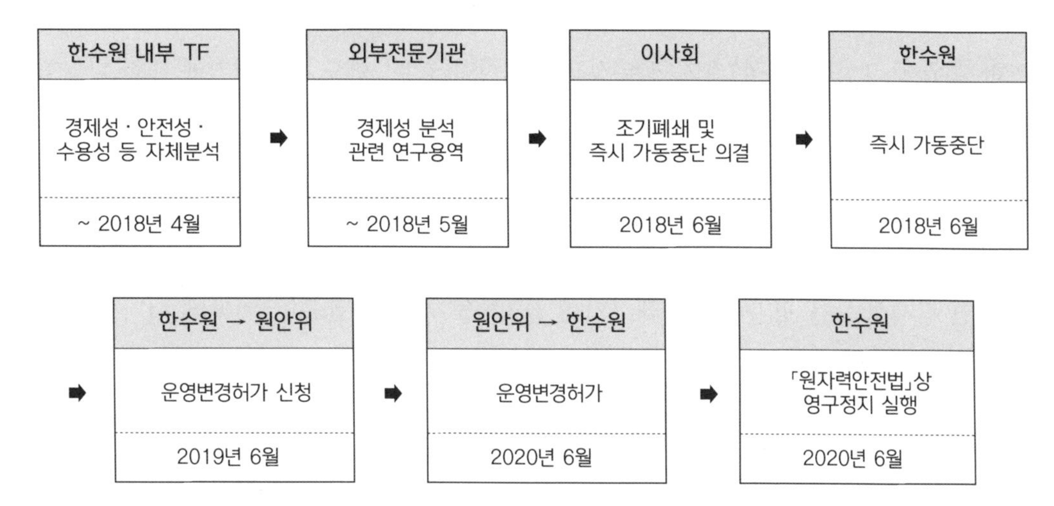

※ 자료 : 산업부 제출자료 재구성

이와 같이 산업부가 월성1호기 조기폐쇄 시기를 즉시 가동중단하는 것으로 방침을 결정하고 이를 한수원에 전달함에 따라, 한수원은 2018. 4. 10. ○○회계 법인과 "월성1호기 운영정책 검토를 위한 경제성 평가" 용역 계약을 체결하면서 당초 용역설계서에서 제시되었던 영구정지 운영변경허가 시까지 가동하는 시나리오를 제외하도록 하고는 즉시 가동중단 방안과 설계수명 시까지 계속가동하는 방안만 비교하여 경제성 평가를 실시하도록 하였다.[92]

---

92) 당초 용역설계서에는 경제성 평가용역 시나리오에 즉시 가동중단, 영구정지 운영변경허가 시까지 가동하는 시나리오 등에 대해서도 검토하도록 되어 있었으나, 산업부장관의 조기폐쇄 및 즉시 가동중단 결정에 따라 운영변경허가 시까지 가동하는 시나리오는 삭제함
- ○○회계법인 Y는 감사원 문답 시 "P 부장은 착수 회의 시 산업부 방침이 즉시 가동중단이므로 운영변경허가 기간 동안의 운영 시나리오에 대해서는 할 필요가 없다고 이야기를 했습니다. 그래서 용역설계서에 있었음에도 수행하지 않았습니다"라고 진술

나) 한수원의 월성1호기 조기폐쇄 시기 검토 업무처리 부적정

한수원(정부정책 이행 검토 TF)은 산업부의 즉시 가동중단 방침에 따라 2018. 4. 5. 수행한 자체 경제성 평가 시부터는 기존에 포함되었던 영구정지 운영변경 허가 시까지 가동하는 방안은 제외하고 경제성 평가를 실시하였으며, 같은 해 4. 11. 사장(AM)에게 보고하기 위해 작성한 "월성1호기 정부정책 이행방안 검토" 에도 폐쇄시기에 대한 다양한 시나리오를 기재하지 않았다.

한편, 한수원 사장(AM)은 2018. 3. 23. 한수원 사장으로 내정93)[93)]된 이후, 같은 해 3월 말경 ◁부사장 K 및 산업부 ▽관 E, ▷과장 F로부터 월성1호기는 한수원이 계속가동에 대한 경제성 등을 평가하여 폐쇄시기를 결정하도록 되어 있고, 조기폐쇄 시기는 즉시 가동중단하는 방안과 영구정지 운영변경허가 시까지 가동하는 방안 등으로 검토하고 있다는 사실을 보고받거나 전달받았다.

특히, 한수원 사장(AM)은 2018. 4. 4. 산업부 ▷과장(F)으로부터 직접 '산업부장관에게 월성1호기를 원안위의 영구정지 운영변경허가 시까지 가동하는 방안으로 보고하였으나 장관이 즉시 가동중단하는 것으로 지시하여 이를 대통령비서실 (♧비서관실)에도 보고할 것'이라는 사실을 전달받았으며, 같은 해 4. 5. ◇본부장 (O)으로부터도 위 동일한 내용을 보고받았다.

그런데 한수원 사장(AM)은 2018. 4. 11. ◇본부장(O)으로부터 "월성1호기 정부정책 이행방안 검토"를 보고받으면서, 위 보고 내용에 월성1호기 조기폐쇄 시기에 대한 여러 방안이 검토 가능하다는 사실이 포함되어 있지 않았는데도, 원안위의 영구정지 운영변경허가 시까지 가동하는 방안 등 가동중단 시기에 대한 여러 방안을 이사회가 심의할 수 있도록 보완할 것을 지시하지 않았다.

또한 한수원 사장(AM)은 이후 경제성 평가용역 진행 과정에서 한수원 실무자에게 원안위의 영구정지 운영변경허가 시까지 가동하는 방안 등 가동중단 시기에 대한 다른 대

93) 한수원 사장 AM은 2018. 3. 23. 개최된 주주총회에서 사장으로 내정됨

안에 대해서도 경제성 평가용역에 포함하도록 하지 않음에 따라, 한수원 직원들은 조기 폐쇄 결정과 동시에 즉시 가동중단하는 방향으로 업무를 추진하게 되었다.

이상과 같이, 산업부가 외부기관의 경제성 평가결과가 나오기 전 폐쇄시기에 대한 방침을 결정한 것은 경제성 등을 종합적으로 평가하여 폐쇄시기를 결정하기로 한 제8차 전력수급기본계획의 취지 및 경제성 평가결과가 조기폐쇄에 따른 비용보전 시 참고사항이 될 수 있는 점 등을 고려할 때 절차적 합리성을 갖춘 것으로 보기 어렵다.

또한 산업부가 즉시 가동중단 방침을 결정하는 과정에서 한수원의 입장을 고려하지 않았으며, 그 방침 결정의 근거와 과정을 공식적으로 기록·보존되도록 하지도 않았는 바, 절차적 정당성을 갖추지 못한 것으로 판단되며, 한수원에 장관 (AO)의 즉시 가동중단 방침 내용을 전달할 때에도 공문이 아닌 구두로 전달하고, 해당 방침 외 다른 대안을 검토하지 못하게 하였다.

그리고 한수원은 ○○회계법인과 경제성 평가용역을 실시하면서 즉시 가동 중단 외 다른 방안은 검토하지 않음에 따라, 한수원 이사회가 월성1호기 폐쇄 시기를 즉시 가동중단 외에 다른 대안은 검토하지 못하고 심의·의결하게 되는 결과를 초래하게 되었다.

4) 관계기관 의견 및 검토결과

가) 산업부 의견 및 검토결과

산업부는 월성1호기 조기폐쇄 결정을 할 경우 즉시 가동중단하는 것이 바람직하다는 정책적 판단 및 배경에 대해 한수원 실무자에게 설명하였고, 그 과정에서 산업부의 정책적 판단을 부당하게 요구한 사실은 없다고 주장한다.

그러나 "2-〈문제점〉-가-3)-가)항"에서 설시한 '산업부가 조기폐쇄 및 즉시 가동중단을 결정한 경위 및 이를 전달받은 한수원의 입장'과 같이 한수원 실무자들(O, P, T)은 산업부가 장관의 지시사항을 전달하면서 단호하게 즉시 가동 중단하도록 지시하여 이를 거부하기 어려웠다고 하고 있고, 특히, 산업부 업무담 당자들(E, F, G)도 한수원이 2018. 4. 4. 산업부장관의 조기폐쇄 및 즉시 가동중단 결정을 전달받고 이를 거부하기 어려웠을 것이라고 진술하고 있으므로 위 주장은 받아들이기 어렵다.

나) 한수원 의견 및 검토결과

한수원은 정부가 월성1호기를 행정계획상 공급설비에서 제외한 것은 발전 설비로 고려하지 않겠다는 의미이므로 규제의 대상이 되는 사업자 입장에서는 가동을 중단하라는 것으로 해석할 수밖에 없으며, 만약 조기폐쇄를 이행하지 않았을 경우 발전공기업으로서 제8차 전력수급기본계획 불이행에 따른 논란이 발생하였을 것이라고 주장한다.

그러나 제8차 전력수급기본계획에는 "수급기여 불확실성으로 확정설비용량에서 제외된 설비의 경우, 추후 불확실성 해소 시에는 차기 계획 등에서 확정설비로 반영 가능"하다고 기재되어 있어 월성1호기도 수급 기여의 불확실성이 해소되면 계속가동할 수 있고, 산업부와 한국전력거래소는 제8차 전력수급기본계획에서 공급제외되었다고 하더라도 해당 발전소를 폐지하기 전까지는 별도의 절차없이 거래가 가능하다고 하고 있으므로 월성1호기가 공급설비에서 제외되었다는 사유로 이를 즉시 가동중단하는 것으로 해석하기는 어렵다고 보이며, 조기 폐쇄 미이행으로 논란이 발생할 것을 우려한 점도 조기폐쇄를 결정한 합리적 근거라고 보기는 어려우므로 위 주장은 받아들이기 어렵다.

나. 경제성 평가 관련 업무처리 부적정

1) 업무 개요

한수원은 2018. 4. 10. ○○회계법인과 "2-〈문제점〉-가-3)-가)항"과 같이 경제성 평가 용역계약을 체결하면서 즉시 가동중단과 계속가동에 대한 경제성 평가를 수행하도록 하였다.

그리고 한수원은 2018. 6. 11. 산업부에 월성1호기 조기폐쇄 등과 관련하여 정부의 향후 비용보전을 요청하는 공문을 보냈으며, 산업부는 같은 해 6. 14. 한수원에 개정될 법령의 규정이 정하는 바에 따라 비용보전 조치가 이루어질 예정이라는 내용 등으로 회

신하였다.[94]

이후 한수원은 2018. 6. 15. 이사회에 “월성1호기 운영계획(안)”을 상정하여 안전성, 경제성 및 정부의 에너지전환 정책 등을 종합 검토하여 월성1호기를 조기폐쇄하는 것으로 의결하였다.

2) 관계 법령 및 판단기준

공공기관의 운영에 관한 법률 제17조 제1항 제4호와 한수원 이사회 규정 제5조 제1항 제6호에 따르면 기본재산(발전소 등)의 처분 등 회사의 업무집행은 이사회가 심의·의결하도록 되어 있으며, “제8차 전력수급기본계획”에 따르면 월성1호기는 2018년 상반기에 경제성, 지역수용성 등을 종합적으로 평가하여 폐쇄 시기 등을 결정하도록 되어 있다.

그리고 행정절차법 제48조 제1항에 따르면 행정지도는 그 목적 달성에 필요한 최소한도에 그쳐야 한다고 되어 있다.

한편, “2-〈문제점〉-가-3)-가)항”에서 언급한 바와 같이 산업부는 외부기관의 경제성 평가가 이루어지기 전에 월성1호기 조기폐쇄 시기를 즉시 가동중단 하는 것으로 방침을 결정한 바 있다.

따라서 산업부는 산하기관인 한수원과 회계법인의 경제성 평가용역 과정에 관여하더라도 필요한 최소한도에 그쳐야 하고, 산업부의 즉시 가동중단 방침이 한수원 이사회에서 부결되지 않도록 하기 위해 월성1호기 계속가동의 경제성을 낮추기 위한 목적으로 부적정한 의견을 제시함으로써 경제성 평가업무의 신뢰성을 저해하여서는 아니 된다.

---

94) 산업부가 2018. 6. 3., 6. 12. 각각 작성한 “에너지전환 비용보전 소요 추정”에 따르면 월성1호기를 경제성이 없다는 사유로 조기폐쇄할 경우 고정자산 잔존가치 등 5개의 비용보전 항목에 대한 비용보전 금액은 모두 ‘0원’이 라고 되어 있는 등 경제성이 없다는 사유로 폐쇄할 경우 비용보전 금액이 없다고 검토하였음
- 그리고 산업부는 2018. 6. 4.부터 같은 해 6. 11. 사이에 [별표 13] “한수원 비용보전 요청 공문 문구 수정 관련 주요 내용”과 같이 한수원으로 하여금 산업부에 보낼 비용보전 요청 공문 문구를 삭제 및 수정하도록 요구하였음

또한 한수원은 이사회가 정부 정책과 회사의 이익 등을 종합적으로 고려하여 합리적으로 월성1호기의 폐쇄시기 등을 결정할 수 있도록 다양한 대안별 경제성 평가결과와 관련 자료를 이사회에 제공하여야 하고, 정부 정책을 이행한다는 명목으로 이사회의 월성1호기 즉시 가동 중단 결정을 용이하게 하고자 합리성에 대한 충분한 검토 없이 실제 판매단가보다 낮게 추정되는 한수원 전망단가 등 입력변수를 보정하지 않고 적용함으로써 경제성 평가업무의 신뢰성을 저해하여서는 아니 된다.

3) 감사결과 확인된 문제점

○○회계법인은 2018. 5. 3. 한수원으로부터 제공받은 자료와 한수원 관련자들과의 인터뷰(2018. 4. 23. ~ 4. 24.) 등을 통해 월성1호기의 이용률을 85%로, 판매 단가는 2017년도 판매단가(60.76원/kWh)에 물가상승률 1.9%를 적용하여 즉시 가동중단 대비 계속가동의 경제성이 3,427억 원이고, 분기점 이용률은 20~30%라는 경제성 평가 재무모델을 작성하였다.

\산업부(▽관실)가 2018. 5. 2. 작성한 "에너지전환 후속조치 추진현황"95)[95]에 따르

---

95) E는 감사원 문답 시 2018. 5. 2. 작성한 "에너지전환 후속조치 추진현황" 문서와 관련하여 "G가 작성하고 F와 E가 검토하여 장관 AO의 결재를 받아 대통령비서실에 전달하였다"고 진술하였다가, 감사원 직권심리 시(2020. 9. 21.)에는 □실장 B가 주재하는 현안점검 회의용 자료였다고 진술을 번복

- F는 감사원 문답 시 2018. 5. 2. 작성한 "에너지전환 후속조치 추진현황" 문서를 대통령비서실(♤비서관실)에도 공직자메일을 통해 전달했을 가능성이 있으며, 문서내용을 대통령비서실에 보고했던 것으로 기억한다고 진술
- 산업부가 작성한 위 "에너지전환 후속조치 추진현황" 문서에 따르면 "월성1호기 조기폐쇄 이사회 의결을 삼척 및 영덕 예정구역 해제와 함께 지방선거 이후 6월 중 일괄처리 추진(6. 13.~6. 18.), ※ 한수원 입장: 노조 반발, 이사회 구성(비상임이사 3명 교체 5월 초, 의장교체 6월 초) 등을 고려할 때, 월성, 영덕, 삼척 후속조치들을 일괄 의결하는 것이 바람직"이라고 되어 있는 등 이사회 개최시기나 안건 상정방식 등에 대해 기재되어 있는데, 이에 대해 F는 감사원 문답 시 장관이나 대통령비서실에 보고하고 방침을 확정할 필요성이 있는 내용이라고 진술
- 참고로, 위 "에너지전환 후속조치 추진현황"에 따르면 이용률 외에도 "영구정지 허가 시까지 비용을 회계법인은 동 기간에 유지해야 하는 인력, 장비 관련 비용을 즉시정지의 추가비용으로 인식 ? 규제에 따른 불가피한 비용이므로 비용에서 제외되어야 함을 설명"이라는 내용도 기재되어 있는데, ○○회계법인이 위 내용을 경제성 평가에 반영하지는 않음

면, ① 한수원이 과거 이용률 실적을 기준으로 경제성을 분석하는데 이는 무의미하므로 ▽관(E)과 한수원 사장(AM) 간에 객관적 기준으로 이용률이 검토되도록 협의한다고 하였고, ② ▷과장(F)이 2018. 5. 4. ○○회계법인과 면담 시 안전규제 강화 등 향후 경제성 저하요인을 적극 설명하겠다고 되어 있다.

이후 산업부(▷과장 F)는 장관의 즉시 가동중단 방침을 이행하기 위해 2018. 5. 4. ○○회계법인과의 면담에서 판매단가와 이용률 등 입력변수와 관련하여 월성1호기의 경제성이 낮게 나오는 방향으로 적극적으로 의견을 제시하였다.[96]

산업부와 ○○회계법인의 2018. 5. 4. 면담과 관련된 관련자 진술 내용

- 산업부 ▷과장 F는 감사원 문답 시 "월성1호기의 경우 이용률이 높을 때는 90% 정도였고 낮을 경우는 30~40% 정도 되는 것으로 설명을 했던 것 같은데, 아마 Y는 제가 설명한 30~40%를 기억하고 그렇게 진술하는 것 같습니다"라고 하면서, "장관의 즉시 가동중단 결정을 이행하기 위해서는 경제성이 높게 나오면 부담이 되는 상황이었습니다. 이에 저와 G는 - (중략) - 실무자로서 ○○회계법인과의 인터뷰 과정에서 경제성이 낮게 나오는 요인에 대해 적극적으로 설명할 수 밖에 없었던 상황이었습 니다. 당시 국정과제와 장관의 조기폐쇄 및 즉시 가동중단 결정을 이행할 수밖에 없었던 제 입장도 이해를 해주셨으면 합니다. 장관이 즉시 가동중단을 결정하지 않았다면 당연히 개입하지 않았을 것입니 다"라고 진술
- 한수원 P는 감사원 문답 시 2018. 5. 4. ○○회계법인과의 면담에서 F 과장이 한수원 직원들을 참석하지 못하게 한 것에 대해 "발주처를 제외하고 회의를 진행한다는 것이 상식적으로 이해가 되는 상황은 아닙니다. 산업부가 감독기관으로서 갑의 지위에 있으므로 저는 산업부에 이의를 제기할 수 없었습니다"라고 하면서 "한수원 입장에서는 월성1호기에 대한 계속가동을 원했습니다.

96) 한수원은 2018. 5. 4. ○○회계법인으로부터 산업부의 위 입장을 전달받고 [별표 2] "○○회계법인 경제성 평가 변동 명세"와 같이 계속가동의 경제성을 낮추기 위해 판매단가는 2017년도 판매단가에서 물가상승률을 적용하지 않도록 하는 등 주요 입력변수를 변경함

그런데 산업부는 이미 월성1호기에 대한 즉시 가동중단을 추진하고 있었습니다. 다시 말해 산업부는 ○○에 계속 가동이 경제성이 없다는 방향으로 용역을 추진하라고 말하고 싶었을 것으로 예상됩니다. 이런 내용을 한수원이 듣는다면 산업부는 불편했을 것입니다"라고 진술

- ○○회계법인 Y는 감사원 문답 시 "산업부 F 과장은 월성1호기의 이용률이 30~40% 정도 될 것이라고 아주 비관적으로 얘기하면서 탈원전이 정책 기조인데, 우리(산업부)가 막말로 원전을 못 돌리게 하면 월성1 호기의 이용률이 나올 수 없다는 취지로 말한 것 같습니다"라고 진술

특히, 산업부 ▽관(E)은 장관(AO)의 즉시 가동중단 방침을 이행하기 위해 2018년 5월(날짜 모름) 국회 등에서 한수원 사장(AM)을 만나거나 전화를 통해 수시로 "경제성 평가 부분을 잘 살펴봐달라"는 당부를 하였다.[97]

가) 2018. 5. 10. 긴급 임원회의를 통해 판매단가 등 입력변수 수정 방안을 결정

한수원은 2018. 5. 7. ○○회계법인으로부터 [별표 2] "○○회계법인 경제성 평가 변동 명세"와 같이 계속가동의 경제성이 1,704억 원으로, 분기점 이용률이 39.3%로 분석된 경제성 평가 용역보고서 초안을 제출받고, 다음 날(2018. 5. 8.) 분기점 이용률이 즉

---

97) ▽관 E가 2018. 5. 2. 대통령비서실에 본인이 한수원 사장과 이용률에 대해 협의하겠다는 내용으로 "에너지 전환 후속조치 추진현황"을 보고한 이후임
- E는 감사원 감사 시 "제가 특정한 날에 한수원 사장 AM과 직접 만나서 이용률에 대한 의견을 요청한 것인지는 기억나지 않습니다. 그러나 제가 한수원 사장과 면담 또는 전화 통화 등으로 월성1호기 조기폐쇄 및 즉시 가동중단이라는 정부정책 이행을 위해 이용률이 높게 나와서는 곤란하다는 이야기를 전달한 것은 사실입니다. 한수원 AM 사장도 이용률을 낮추는 데 반대하지 않았습니다. AM 사장은 이용률을 낮추는 것에 대해 검토해 보겠다고 하였습니다. 제가 한수원 AM 사장에게 이용률을 낮추어 달라고 전화 통화를 하였습니다. 산업부와 한수원 간 원자력 등 관련 행사에서 AM 사장을 만날 일이 종종 있었고, 티타임 등을 가지면서 월성1호기 조기폐쇄 및 즉시가동 중단 정책 이행을 위해 이용률 조정 등을 부탁하였습니다"라고 진술
- 다만 ▽관 E는 2020. 9. 21. 개최된 감사원 직권심리 시에는 사장 AM에게 경제성 평가부분을 살펴봐달라고 연락한 사실이 없다고 진술을 번복
- 그리고 AM은 감사원 문답 시 "E 국장이 포괄적으로 저에게 산업부와 후배들의 입장을 봐서 정부정책 이행을 잘 부탁한다, 잘 살펴봐 달라 등의 포괄적인 표현을 하였습니다"라고 진술하면서 경제성 평가와 관련하여 부탁을 직접적으로 받은 사실은 부인함. 다만 AM은 감사원 문답 시 E 국장의 요청을 AO 전 장관의 뜻으로 받아들였다고 진술

시 가동 중단하는데 비관적으로 나왔다는 사실을 산업부에도 전달하였다.

한편, 한수원 사장(AM)은 2018. 5. 10. 산업부 ▽관(E)으로부터 경제성 평가 용역 초안결과가 나왔다는 전화 연락을 받았다. 그리고 같은 날(2018. 5. 10.) 한수원 사장(AM)은 ◁부사장(K)으로부터도 판매단가 등 경제성 평가 입력변수를 수정할 필요가 있다는 보고를 받고, ◁부사장(K)으로 하여금 임원들(◁부사장, ◇ 본부장 등)을 비롯한 처·실장이 모두 참석하는 회의를 소집하도록 지시98)[98]하였다. 그리고 사장(AM)은 위 회의에서 ◁부사장(K)이 이용률은 최근 추세를 고려하여 낮게 반영할 필요가 있고, 판매단가는 한수원 전망단가를 사용하여야 한다고 주장하자, 위 주장이 합리적인지에 대해 제대로 검토하지 않은 채 그대로 받아들이고는 이를 ○○회계법인에 전달하여 경제성 평가에 반영하기로 하였다.

2018. 5. 10. 사장 주재 긴급 임원회의와 관련된 관련자 진술 내용

● 한수원 사장 AM은 감사원 문답 시 2018. 5. 10. 긴급 임원회의에서 판매단가 등 입력변수를 변경하도록 지시한 사실을 부인하면서, 다만 "K 부사장이 회의에서 한수원 전망단가를 사용하고, 이용률을 낮추는 것이 맞다는 의견을 여러 차례 주장한 것은 사실이고, 제가 사장으로서 고개를 끄덕이며 K 부사장의 의견을 청취한 것도 사실입니다. 따라서 회사의 ◁부사장의 직에 있는 K가 의견을 제시하고 사장인 제가 고개를 끄덕이 는 등의 모습이 있었으므로 R 등의 직원들이 저(사장 AM) 또는 ◁부사장(K)의 뜻으로 느꼈을 가능성은 있다고 봅니다"라고 진술

- 또한 AM은 "제가 □실장을 해서 중장기 재무 전망단가가 실제 판매단가보다 낮다는 것을 알고 있었으며, 이용률과 판매단가가 낮아지면 경제성 평가결과가 낮아진다는 것은 인지하고 있었습니다"라고 진술

98) T가 회의를 소집하면서 직원들에게 보낸 알림 문서에도 "금일 임원회의 시 사장 지시사항 관련입니다. 월성 1호기 정부정책 이행 검토와 관련하여 사장 주재의 긴급회의 개최를 알려드리니 참석해주시기 바랍니다"라고 되어 있음

- 한수원 ◁부사장 K는 감사원 문답 시 "2018. 5. 10. 회의에서 한수원 전망단가를 사용하자는 의견을 강하게 주장한 것은 사실"이라고 진술
- 한수원 처장 R은 감사원 문답 시 "사장 AM이 고개만 끄덕인 것이 아니라 K 부사장이 말한 판매단가를 한수원 전망단가로 사용하도록 하고, 이용률을 최근 실적(3년)으로 수정할 필요가 있다는 의견에 동의하면서 이를 경제성 평가에 반영하도록 하였다"라고 진술
- 한수원 P는 감사원 문답 시 "사장 AM이 중장기 전망단가와 최근 실적 기준 이용률을 사용하는 것으로 결정하고 이를 업체에 전달하라고 지시하였다"라고 진술
- 한수원 T는 감사원 문답 시 사장이 판매단가는 한수원 전망단가를, 이용률은 최근 이용률을 반영하여 재검토하는 것으로 결정하였다고 하면서 "사장이 단순히 고개만 끄덕인 것이 아니라 판매단가는 한수원 전망단가를 사용하자는 것과 이용률도 최근 실적을 기준으로 수정하자는 K 부사장의 의견에 동의하시면서 이런 의견이 용역업체(○○)에 제시되어야 한다는 말씀을 하였습니다"라고 진술

나) 2018. 5. 10. 긴급 임원회의 결정 내용을 경제성 평가에 그대로 적용

한수원은 2018. 5. 10. 회의 결과를 경제성 평가에 반영하기 위해 바로 다음 날인 2018. 5. 11. ○○회계법인 사무실에서 산업부 업무담당자들과 함께 ○○회계법인과의 용역보고서 초안 검토회의를 하였다.[99]

위 회의에서 한수원이 판매단가는 사장 주재 긴급 임원회의(2018. 5. 10.)에서 결정한 한수원 전망단가를 사용할 것을 ○○회계법인에 요구하자, 산업부도 계속 가동의 경제성을 낮출 목적으로 한수원 전망단가가 합리적인 단가라고 주장하면서 ○○회계법인에 판매단가의 변경을 요구하였다. 이에 ○○회계법인이 한수원 전망단가가 실제 판매단가보다 낮아[100] 경제성 평가에 그대로 적용하기 어렵다는 의견을 제시하였으나, 산업부와 한

99) 한수원은 경제성 평가 용역보고서에 대한 검토회의 개최를 산업부와 ○○회계법인에 제안함

100) Y는 감사원 문답 시 "2018년 1분기 판매단가는 한수원 전망단가보다 5원 정도 높은 것으로 알았습니다. 그리고 실제 판매단가가 한수원 전망단가보다 높다는 것은 산업부와 한수원 모두 알고 있었습니다. 산업

수원이 한수원 전망단가를 사용할 것을 요구하자 이를 수용하였다.[101)]

그 후에도 산업부와 한수원은 [별표 14] "월성1호기 경제성 평가 관련 회의 내용"과 같이 2018. 5. 18.까지 총 3차례에 걸쳐 ○○회계법인과 회의102)[102)]를 하였고, 이에 ○○회계법인은 계속가동의 경제성을 1,779억여 원(2018. 5. 10. 기준)에서 164억여 원(2018. 5. 18. 기준)으로, 분기점 이용률은 39.9%(2018. 5. 10. 기준)에서 55.9%(2018. 5. 18. 기준)로 재산정하였다.

그 과정에서 한수원 사장(AM)은 2018. 5. 15. 부장(P) 등으로부터 위 임원회의에서 결정된 한수원 전망단가 및 이용률(60%)을 반영하여 경제성 평가를 다시 한 결과, 월성1호기의 분기점 이용률이 39.3%에서 55.8%(2018. 5. 14. 기준)로 높아졌다는 내용을 보고("월성1호기 계속가동 경제성 평가 용역진행 경과" 문서) 받으면서도, '한수원 전망단가' 등 변경·적용된 입력변수의 합리성 · 타당성을 제대로 검토하였는지에 대해 확인하지는

부와 한수원 같이 한 회의에서 제가 얘기했기 때문에 실제 판매단가가 한수원 전망단가보다 높다는 것은 산업부와 한수원이 알고 있다고 생각합니다"라고 하면서 "2018년 1분기 실제 판매단가와 '한수원 중장기 전망단가'가 차이는 있으나 용역 수행시점인 2018년 5월 기준에서는 2018년 전체 평균단가와 '한수원 중장기 전망단가'가 얼마나 차이가 있는지 알 수 없습니다. 2017년도 이전의 한수원 전망단가와 실제 판매단가를 비교해 볼 생각을 해보지 않았습니다"라고 진술

101) Y는 감사원 문답 시 "한수원, 산업부가 제시하는 한수원 전망단가와 60%의 중립 이용률이 합리적인 근거가 있다고 보기 어렵지만, 타당성이 없다고 반론을 제시하기도 어려웠습니다. 또한 제가 원전 운영에 대한 전문적인 지식이 있는 것도 아니었기 때문에 감독기관인 산업부와 발주처인 한수원 요구사항의 타당성을 검토하여 반영한 것입니다"라고 진술

102) 산업부 ▷과 G는 감사원 문답 시 "2018. 5. 14. 회의에서 ○○회계법인이 준비한 회의자료에 '2018. 5. 11. 산자부 미팅결과 수정'이라고 기재되어 있자 위 문구는 산자부가 다 바꾸라고 한 것처럼 보일 수 있기 때문에 '중간 미팅결과 수정'이라고 문구변경을 요구하였다"고 진술

- 또한 "2018. 5. 14. 회의에서 원전과세, 추가투자비, 안전규제비, 보험료 등을 경제성에 악영향을 주는 요소라서 정성적으로라도 기술을 하면 보고서에 월성1호기의 경제성이 안좋게 보일 것이라고 생각하여 원전과세, 추가 투자비, 안전규제비, 보험료 등을 보고서에 정성적으로 기술해달라고 요구하였다"고 진술
- 그리고 G는 감사원 문답 시 2018. 5. 18. 회의에서 한수원이 준비한 참석자 명단에 이름을 기재하지 않은 사유는 "산업부가 참석했다는 것을 남기면 마치 산업부가 경제성 평가에 개입한 것처럼 보일 수 있기 때문"이고 하면서 "2018. 5. 18. 회의 후 과장 F에게 분기점 이용률이 55% 정도 나왔다는 것을 보고하자 F는 더 이상 회의에 참여하지 말라고 지시하였다"라고 진술

않았다.[103)]

2018. 5. 18. 회의 이후 산업부가 한수원의 경제성 평가와 관련하여 작성한 문서 내용

- 산업부가 2018. 5. 30. 작성한 "한수원 사장에게 요청할 사항"에는 월성1호기 경제성 평가와 관련하여 '경제성이 없는 것으로 결론이 나올 필요'라고 하면서 그 이유로 '경제성은 있으나 정부 정책을 고려하여 폐쇄할 경우 비용 보상과 관련하여 국회, 언론 등에서 논란 소지'라고 되어 있으며, 다만 위 문서가 실제로 한수원 사장에게 실제로 전달되지는 않음
- 다만, 한수원 사장 AM은 감사원 문답 시 "당시(5. 30.) 공공기관장 회의에 E 국장이 왔다갔다가 하면서 저에게 국회 및 원자력 관련 행사 등에서 통상적으로 하듯이 산업부 입장을 고려해서 정부정책 이행(월성1호기 조기폐쇄 및 신한울 3.4호기 등)에 대해 한수원의 협조를 당부한 것으로 기억합니 다. 그러자 저는 E에게 '알았어요' 정도로 짧게 대답한 것으로 기억합니다"라고 진술

○○회계법인이 경제성 평가와 관련하여 한수원에 보낸 메일 및 이에 대한 진술

- ○○회계법인 Y는 용역보고서 초안 검토회의 후, 2018. 5. 24. 한수원 Q에게 "처음에는 정확하고 합리적인 평가를 목적으로 일했는데 어느 순간부터 한수원과 정부가 원하는 결과를 맞추기 위한 작업이 되어 버린 것 같아서 기분이 조금 씁쓸합니다"라는 내용의 메일을 전송
  - 이에 대해 Y는 감사원 감사 시 "이용률(70%→60%)이나 판매단가(과거 실적단가 60.76 → 한수원 전망단가 51.52원)를 변경하여 보고서를 작성할 경우 경제성이 없어 조기폐쇄를 하기 위한 용도로 사용될 수 있다고 판단하였기 때문"이라는 확인서를 제출

---

103) 한수원 ♡처장 R과 함께 당시 사장 AM에게 보고를 한 P는 감사원 문답에서 "저와 R이 사장실에 가서 사장 AM에게 보고를 하였습니다. 산업부, ○○과의 용역 입력변수 관련 업무회의를 통해 경제성 평가결과를 분석, 예측해 보니 손익분기점 이용률이 기존 39.3%에서 55.8%로 높아졌고, 산업부가 원하는 즉시 가동중단 이라는 정책 이행 논리를 뒷받침한 결과가 만들어졌습니다. 그래서 사장 AM에게 보고를 드렸습니다"라고 하고는 위 보고를 받은 사장 AM은 "보고된 결과를 보니 산업부가 요구한 대로 즉시 가동중단을 추진하기 위해 한수원 이사회에 보고하는데 문제가 없을 것으로 생각된다고 말씀하셨습니다"라고 진술함

- 또한 감사원 문답 시 "제가 '한수원 중장기 전망단가'는 실제 단가와 5원(10%) 정도 차이가 있어 가격이 타당하다는 근거를 보정의 필요성이 있다고 얘기했습니다. 그리고 실제 판매단가가 한수원 전망단가 보다 높다는 것은 산자부와 한수원 모두 알고 있었습니다"라고 진술하였으며, "최종적으로 한수원이 시나리오 중에서 판매단가와 이용률을 선택해서 최종 결정하도록 한 것입니다"라고 진술

이후 ○○회계법인은 위 3차례 회의결과를 반영한 용역보고서(2018. 5. 19.)에 대해 외부기관의 자문·검증 과정 등을 거쳐 2018. 6. 11. 중립적인 이용률 60%에서 계속가동의 경제성이 224억원 이익이고, 분기점 이용률을 54.4%로 확정한 최종 보고서를 한수원에 제출하였다. 이에 한수원(◇본부)은 같은 날(2018. 6. 11.) 이를 사장에게 보고하고 이사회104)에 상정하는 부의안에도 반영하였다.

이와 같이 산업부는 제8차 전력수급기본계획에 따른 객관적인 경제성 평가[104] 결과가 나오기 전에 월성1호기 폐쇄시기를 즉시 가동중단하는 것으로 산업부의 방침을 정하고 위 방침을 집행하는 과정에서 한수원이 즉시 가동중단 결정을 하는데 유리한 내용으로 경제성 평가가 나오도록 평가과정에 관여함으로써 경제성 평가의 신뢰성을 저해하였다.

또한 한수원은 정부 정책을 이행한다는 명목으로 이사회의 월성1호기 즉시 가동중단 결정을 용이하게 하고자 실제 판매단가보다 낮게 추정되는 한수원 전망 단가를 보정하

---

104) 한편, AM은 2018. 5. 31. ◇본부로부터 '산업부는 한수원이 생각하는 만큼 비용보전이 어렵다는 입장'이라는 내용을 보고 받았음에도, 같은 해 6. 15. 이사회에서 이를 언급하지 않음
- 산업부는 2018. 4. 4., 4. 12., 5. 11. 한수원에 월성1호기를 경제성이 없다는 사유로 조기폐쇄하면 비용보전이 어렵다고 하였음. 또한 E는 2018. 7. 13. 한수원에 '월성1호기 조기폐쇄는 경영상 의사결정으로 정부정책과 무관하므로 비용보전(5,652억 원)이 불가능하다'고 하였고, AM은 이를 같은 해 7. 16. 보고받음
- 다만, 한수원은 2018. 6. 15. 월성1호기 조기폐쇄 의결 이후 비용보전 TF를 운영하였고, 산업부는 2020년 7월 『전기사업법 시행령』의 '전력산업기반기금 사용 사업'에 국무회의에서 심의·의결된 에너지전환 정책 이행과 관련하여 산업부장관이 인정하는 전기사업자의 비용보전을 위한 사업을 신설하겠다고 입법예고함

지 않고 적용하는 등 합리성에 대한 충분한 검토 없이 판매단가 등 입력변수를 경제성 평가에 적용함으로써 경제성 평가의 신뢰성을 저해하였다.

4) 관계기관 의견 및 검토결과

가) 산업부 의견 및 검토결과

산업부는 2018. 5. 11. 용역보고서 초안 검토회의는 ○○회계법인이 경제성 평가 보고서 작성 과정에서 산업부와 한수원의 의견을 청취할 목적으로 이루어졌고, 산업부와 한수원 담당자들은 경제성 평가의 기초가 되는 입력변수를 바꾸라고 요구한 적이 없다고 답변하였다.

그러나 산업부 및 한수원 업무담당자들은 ○○회계법인과의 회의 시 판매단가 등을 변경하도록 요구하였다고 진술하고 있으므로 위 답변은 받아들이기 어렵다.

나) 한수원 의견 및 검토결과

한수원은 2018. 5. 10. 개최된 회의에서 논의한 내용을 기초로 ○○회계법인에 판매단가, 이용률 등 주요 입력변수를 수정할 필요가 있다는 의견을 제시하였을 뿐 채택 여부는 ○○회계법인의 판단에 맡겼으며, ○○회계법인의 경제성 평가에 부정적인 영향을 미친 사실은 없다고 답변하였다.

그러나 ① 한수원과 ○○회계법인이 체결한 용역 특기시방서에 따르면 "계약상대자는 용역을 수행함에 있어 발주자의 업무요청에 따라야 한다"라고 기재 되어 있는 점, ② 한수원 업무담당자들은 계속가동의 경제성을 낮추기 위해 ○○회계법인에 판매단가, 이용률 등을 수정하도록 요구하였다고 하고 있는 점, ③ ○○회계법인도 감사원 감사 시 한수원의 요청에 따라 판매단가, 이용률 등을 수정하였으며 최종 판단은 한수원이 결정할 사항이라고 진술하고 있는 점 등을 고려할 때 위 답변은 받아들이기 어렵다.

다. 감사방해 등과 관련된 사항

1) 사건 개요

국회(산업통상자원중소벤처기업위원회)는 2019. 10. 1. 국회법 제127조의2에 따라 감사원에 "한수원의 월성1호기 조기폐쇄 결정의 타당성 및 한수원 이사회 이사들의 배임행위에 대한 감사"를 요구하였다.

이에 따라 감사원은 2019. 10. 14.부터 자료수집에 착수하는 등 국회감사 요구사항을 확인하기 위해 산업부 등을 대상으로 감사를 실시하였다.

2) 관계 법령 및 판단기준

『감사원법』 제27조 제1항 제2호와 제32조 제1항 및 제51조 제1항에 따르면 감사원은 감사에 필요하면 증명서, 변명서, 그 밖의 관계 문서 등의 제출을 요구할 수 있고, 정당한 사유 없이 자료의 제출을 게을리한 공무원에 대하여 그 소속 장관에게 징계를 요구할 수 있으며, 감사원의 자료제출 요구에 따르지 않는 공무원과 이 법에 따른 감사를 방해한 자의 경우에는 1년 이하의 징역 또는 1천만 원 이하의 벌금에 처한다고 되어 있다.

따라서 산업부는 감사원으로부터 월성1호기 조기폐쇄와 관련해 자료제출 요구가 있으면 해당 자료의 제출을 게을리하지 말아야 하고, 산업부장관에게 보고 되는 등 공공기록물[105]로서 중요성이 높은 전자문서 등을 무단으로 삭제·파기하거나 은닉·유출함으로써 감사원 감사를 지연시키는 등의 방해행위를 하여서는 아니 된다.

3) 감사결과 확인된 문제점

산업부 전 ▽관(E)[106]은 2019년 11월경(날짜 모름) 과거 ▽관실에서 같이 근무하였던

---

105) 『공공기록물 관리에 관한 법률』 제3조 제1호·제2호에 따르면 이 법에 따르는 '기록물'에는 국가기관 등이 업무와 관련하여 생산·접수한 전자문서 등 모든 형태의 기록정보 자료가 포함됨

106) E는 2019. 2. 1.부터 2019. 12. 15.까지 국립외교원으로 국내훈련 파견가 있다가, 2019. 12. 16.부터 산업부 ▨국장으로 근무 중

부하직원(G)[107]으로부터 '월성1호기 조기폐쇄'에 대한 감사원 감사가 진행되고 있다는 사실을 보고받고,[108] 부하직원들(전 ▷과장 F, G)을 ▲▲센터 내 회의실로 불러 감사원 감사에 대한 대책을 논의하였다.

그러고는 전 ▽관(E)은 부하직원(G)에게 지시하여 ▷과 컴퓨터 등에 저장된 월성1호기 관련 문서는 물론 이메일·휴대전화 등 모든 매체에 저장된 월성1호기 조기폐쇄 관련 자료를 삭제하도록 하였다.

한편, 산업부는 2019. 11. 26. 감사원으로부터 '월성1호기와 관련된 최근 3년 간의 내부 보고자료·BH 협의 및 보고자료·한수원과 협의자료 일체' 등을 온나라 공문으로 요구받자, 같은 해 11. 27.과 11. 28. 감사원의 담당 감사관에게 이메일로 "월성1호기 및 신고리5,6호기 소송 동향" 등 일부 자료를 제출하면서 2018. 4. 3. 대통령비서실에 보고한 문서 등 대부분의 문서를 누락하였다.

그 뒤 산업부는 감사원의 추가 자료제출 요구가 2019. 12. 2.(월)로 예상되자,[109] 같은

---

107) G는 2019. 8. 3.부터 2020. 7. 26.까지 산업부 ♨실 ▤관 ▥과에서 근무하다가 2020. 7. 27.부터 현재까지 국가균형발전위원회에 파견 중임

108) G는 감사원 자료수집이 진행되던 2019년 11월경 확인서 작성을 요구받고 그 내용과 관련하여 E에게 전화로 연락함

109) G는 감사원 문답 시 "제가 2019. 12. 1.(일) 22시가 넘어서 산업부 ▷과 사무실에 들어가 I의 컴퓨터에서 월성1호기 감사 관련 폴더를 비롯한 각종 업무용 폴더를 삭제한 사유는, 다음 날인 2019. 12. 2.(월) 오전(시간은 모름) 감사원 감사관과 면담이 약속되어 있었기 때문입니다. 감사관과 면담 시 월성1호기 관련 자료 제출을 그 자리에서 요구할 수도 있고, 아니면 관련 자료가 있냐고 물어볼 수도 있을 것인데, 감사 관련 자료가 있는데도 없다고 말씀드리면 마음에 켕길 수 있을 것(양심에 가책을 느낄 것)이라 생각했고, 자료 요구를 하면 제출을 안해야겠다는 생각도 있었습니다. 그래서 저는 감사관에게 이건 감사 관련 자료를 제출하지 않기 위해, 그리고 관련 자료가 없다고 이야기하기 위해 월성1호기 관련 업무용 폴더들을 삭제한 것입니다"라고 진술

- 그리고 G는 "2019. 11. 15. E 국장님과 F 과장님과 회의를 하기 전에 이미 감사원에서 확인서(자료) 제출 요구가 있어서 회의를 한 것이었고, 11. 15.부터 12. 1. 사이에 I 컴퓨터에 보관된 자료를 삭제하려고 몇 번이나 마음을 먹었지만, 평일 낮에는 I가 업무 중이라 안되고, 평일 밤에도 야근하는 사람들이 많아서 부담이 되었습니다. 그리고 11. 15. 회의할 때에 F 과장이 저에게 자료 삭제하는 것은 주말에 하는 것이 좋겠다고 말씀하셔서 주말에 삭제를 하려고 했는데 기회가 잘 나지 않았습니다. 그러던 중 12. 2. 오전에 감사원 감사관과 면담이 잡히는 바람에 이제는 진짜 삭제해야 겠다는 마음을 먹고 12. 1. 밤늦게 급한 마음으로 ▷과 사무실로 들어가서 삭제를 한 것이었습니다. 12. 1. 낮이나 그 전날에 감사원에서 컴퓨터 제출 요구가 올 것이

해 12. 1. 23시 24분 36초부터 다음 날 01시 16분 30초까지 약 2시 간 동안 ▷과 사무실 컴퓨터(현재 I가 사용[110])에 저장되어 있던 월성1호기 관련 자료(총 122개 폴더)를 삭제한 후, 산업부는 위 자료를 감사원에 제출하지 않았다.

산업부의 자료 삭제 과정 [111]

- G의 구체적인 자료 삭제 과정은 다음과 같음
  - ① 산업부에 중요하고 민감하다고 판단되는 문서는 우선적으로 삭제
  - ② 처음에는 삭제 후 복구되어도 원래 내용을 알아볼 수 없도록 파일명 등을 수정하여 다시 저장 후 삭제[112]

라고 누군가 알려준 사실은 없습니다"라고 진술

110) G는 2019. 12. 1. 19시경 본인의 컴퓨터를 인계받은 I에게 연락하여 컴퓨터에 있는 월성1호기 관련 자료를 삭제하겠다는 말을 하고, 컴퓨터 접속 비밀번호를 받음

111) G는 감사원 문답 시 "전에 산업부에서 '자원개발' 관련하여 검찰수사를 받은 적이 있어서 산업부 내에서 자료를 지울 때는 그냥 지워서(단순 delete 키 사용)는 전부 복구되니 지울거면 제대로 지워야 된다는 말이 있었습니다. 그래서 처음에는 문서를 열어서 다른 내용을 적은 후 저장한 후 삭제하여 복구하여도 원래 문서의 내용을 알 수 없게 하였으나, 워낙 문서의 양이 많아 이렇게 삭제하면 시간이 오래 걸릴 것 같아서 이후에는 그냥 지웠(shift+delete 키 사용)습니다"라고 하면서,
- "2019. 12. 1. 파일을 삭제하면서 처음에는 월성1호기 조기폐쇄 등 에너지전환과 관련된 중요한 파일의 경우 나중에 복구되어도 파일명과 파일내용을 알 수 없도록 파일명과 파일 내용을 모두 수정한 후 삭제하였습니다. 그런데 시간이 지나면서 파일명과 파일 내용을 모두 수정하여 삭제할 수 없어서 이후에는 파일 제목은 그대로 둔 채 나중에 복구되어도 파일내용을 알 수 없도록 파일 내용만을 수정하여 삭제하였습니다. 그러나 삭제하는데 시간이 너무 오래 걸려 이후 삭제한 파일은 파일명 또는 파일내용의 수정 없이 그냥 폴더째로 삭제하였습니다"라고 진술

112) G는 "한수원 사장에게 요청할 사항" 문서가 디지털 포렌식 결과 "4234"파일의 백업파일("4234.BAK")에서 확인되자 감사원 문답 시 "보통 저는 파일작성 일자와 문서 내용의 제목을 파일명으로 사용합니다. 따라서 '4324' 파일명은 '파일 작성일자_한수원 사장에게 요청할 사항'으로 되어 있었을 것으로 생각합니다. 정리하면 저는 '파일 작성일자_한수원 사장에게 요청할 사항'으로 되어 있었던 파일명을 '4234'으로 수정하여 삭제하였습니다"라고 하면서 "파일이 복구되었을 때 파일명으로는 어떤 문서인지를 확인하지 못하게 하기 위함이었습니다"라고 진술
- 또한 "161201-신에너지정책 작업반 운영 계획(안)" 파일의 경우 그 내용이 "ㄴㅇㄹ"만 표시된 채로 복구되었는데, G는 해당 문서파일이 복구되어도 문서내용을 알 수 없도록 내용을 변경하여 삭제하였다고 진술

③ 그러다 삭제할 자료가 너무 많다고 판단하여 단순 삭제(shift+delete 키 사용)방법 사용

④ 이후에는 폴더 자체를 삭제

이에 감사원이 이번 감사기간 중 G가 산업부 ▷과 근무 당시 사용하던 업무용 컴퓨터를 제출받아 디지털 포렌식을 한 결과 위 122개[113] 폴더에는 [별표 15] "산업부 G가 삭제한 주요 문서파일 복구 내역 중 주요 파일 내역"과 같이 '에너지 전환 후속조치 추진계획'(2018. 3. 15., 장관 및 대통령비서실 보고) 등 총 444개(중복 파일 10개 포함)의 문서가 있었던 것으로 확인되었는데 그중 324개는 문서의 내용까지 복구가 되었고 나머지 120개의 경우 내용은 복구되지 아니하였다.[114]

4) 관계기관 의견 및 검토결과

산업부는 월성1호기 경제성 평가 등은 한수원이 추진하는 사안이라 주로 구두로 보고가 이루어졌으며, 이번 감사와 관련하여 감사원의 요청 자료에 대해 최대한 성실히 제공하려고 노력하였으나, 감사원 요구사항에 다소 미치지 못했던 점이 있었다면 양해해주시기 바란다고 답변하였다.

그러나 산업부는 감사원의 자료제출 요구에 대비하여 "2-〈문제점〉-다-3) 항"과 같이 '한수원 사장에게 요청할 사항' 등 총 444개의 문서를 삭제하였으므로 위 답변은 인정하기 어렵다.

---

113) 디지털 포렌식 결과 122개의 폴더 중 8개의 폴더가 중복되나, 중복되는 동일 폴더라도 폴더별 삭제 시점과 폴더에서 복원된 파일은 각기 다른 것으로 나타남

114) G는 E의 지시대로 자신의 이메일과 스마트워크센터 클라우드 등에 저장된 월성1호기 관련 자료도 모두 삭제함

조치할 사항

산업통상자원부장관은

① AO의 비위행위는 국가공무원법 제56조에 위배된 것으로 엄중한 인사조치가 필요하다고 판단되나 AO는 2018. 9. 22. 퇴직한 바 있어 그 비위내용을 통보하오니 재취업, 포상 등을 위한 인사자료로 활용하고, 인사혁신처에 통보하여 공직후보자 등의 관리에 활용될 수 있도록 하며[통보(인사자료)]

[개별 처분요구와 통보(인사자료)사항 명세 1번 참조]

② 월성1호기 계속가동에 대한 경제성 평가를 실시하면서 운영변경허가 시까지 가동하는 방안 등 다양한 대안을 검토하도록 지시하지 않거나, 한수원 직원들이 외부기관의 경제성 평가과정에 부적정한 의견을 제시하여 경제성 평가의 신뢰성을 저해하는 것을 제대로 관리·감독하지 못한 한국수력원자력주식회사 사장 AM에게 엄중 주의를 촉구하고(주의)

[개별 처분요구와 통보(인사자료)사항 명세 1번 참조]

③ 월성1호기 관련 자료를 무단 삭제하도록 지시하거나 삭제함으로써 감사를 방해한 E와 G를 국가공무원법 제82조에 따라 징계처분(경징계 이상)하며(징계)

[개별 처분요구와 통보(인사자료)사항 명세 2번 참조]

④ 앞으로 원자력발전소의 폐쇄 여부 및 폐쇄시기 등을 결정함에 있어 한국수력원자력주식회사로 하여금 특정 방안(즉시 가동중단 방안 등)을 이행하도록 하거나, 즉시 가동중단 결정을 하는데 유리한 내용으로 경제성 평가가 나오도록 외부기관이 수행하고 있는 경제성 평가과정에 관여함으로써 경제성 평가의 신뢰성을 저해하는 일이 없도록 관련 업무를 철저히 하고

⑤ 국가의 중요 정책을 결정하거나, 집행과정에서 산하 공공기관의 의사결정에 영향을 미칠 수 있는 행정지도 등을 하는 경우, 관련 근거와 자료 등을 문서에 기록하고 이를 문서등록시스템에 등록하는 등 정부의 정책 결정과 집행 과정이 투명하고 책임 있게 이뤄질 수 있도록 관련 업무를 철저히 하시기 바랍니다.(주의)

한국수력원자력주식회사 사장은

① 앞으로 원자력발전소의 폐쇄 여부 및 폐쇄시기 등을 결정하기 위해 외부기관의 경제성 평가 등을 실시하는 과정에서, 폐쇄시기와 관련된 다양한 대안을 검토하지 않거나 합리적인 검토 없이 입력변수를 수정하도록 하는 등 부적정한 의견을 제시함으로써, 경제성 평가의 신뢰성을 저해하고, 이사회의 합리적인 의사결정에 지장을 초래하는 일이 없도록 관련 업무를 철저히 하며(주의)

② 산업통상자원부장관과 협의하여 향후 원자력발전소 계속가동 등과 관련된 경제성 평가 등이 합리적이고 객관적으로 수행될 수 있도록 관련 지침을 구체적으로 마련하는 방안을 강구하시기 바랍니다.(통보)

제4부

한수원 이사들의 배임성립 여부

제4부 한수원 이사회 이사들의 배임 성립 여부 분야

〈 현황 〉

가. 이사회 개최 경위

산업부는 2017. 12. 29. "제8차 전력수급기본계획"을 전력정책심의회에 상정하여 월성1호기는 2018년 상반기 중에 경제성, 지역수용성 등 계속가동에 대한 타당성을 종합적으로 평가하여 폐쇄시기 등을 결정하기로 확정하였고, 2018. 2. 20. 한수원에 "제8차 전력수급기본계획 확정에 따른 협조요청" 문서를 송부하면서 월성1호기 조기폐쇄 사항 등과 관련하여 필요한 조치들을 해달라고 하였다.

그러자 한수원은 "2 조기폐쇄 결정 과정의 적정성 분야"에서 언급한 내용과 같이 2018. 4. 10. ○○회계법인과 경제성 평가 용역 계약을 체결하여 같은 해 6. 11. 중립적인 이용률 60%에서 계속가동하는 것이 224억 원 이익이고 분기점 이용률은 54.4%라고 확정된 내용의 용역보고서를 제출받은 후, 같은 해 6. 14. 산업부로부터 비용보전과 관련된 공문을 회신받고 바로 다음 날인 같은 해 6. 15. "월성1호기 운영계획(안)"을 심의·의결하기 위해 이사회를 개최하였다.

나. 이사회 개최 이전 이사들에게 사전 설명한 내용

한수원은 2018. 6. 1.부터 같은 해 6. 7.까지 5차례[115]에 걸쳐 [표 Ⅳ-36]과 같이 ○○회계법인이 수행한 경제성 평가 보고서 등을 기초로 사외이사 7명에게 이사회에 상정할 "월성1호기 운영계획(안)"에 대해 사전 설명을 하였다.

---

115) 한수원은 2018. 6. 1.(서울), 6. 4.(경주), 6. 4.(대전), 6. 5.(부산), 6. 7.(경주) 등에서 사외이사들에게 "월성1호기 운영계획(안)"을 설명

[표 Ⅳ-36] 사외이사에게 사전 설명한 내용

항목	세부 내용
경제성	• 운영기간 만료일(2022년 11월)까지 계속가동 시 즉시 가동중단과 대비하여 이용률 54.4% 미만일 경우 손실이 발생
법률검토	• 조기폐쇄 결정 시 이사들이 선량한 관리자의 주의의무를 다한 경우에는 이사들의 민사상, 형사상 책임은 성립하기 어려울 것으로 보임
정책 이행방안	• 안전성, 경제성 및 정부 에너지전환 정책 등을 종합 검토한 결과 월성1호기의 조기폐쇄를 추진함. 단, 조기폐쇄 이행으로 인해 발생하는 적법하고 정당한 비용은 정부에 보전 요청

※ 자료: 한수원 제출자료 재구성

다. 한수원이 업무상 배임 성립 여부과 관련하여 검토한 내용

한수원은 2018년 6월경 법무법인(◩◩, □□)에 월성1호기 조기폐쇄를 결정할 경우 이사들이 민·형사상 책임을 지는지 여부에 대해 법률검토를 의뢰하여, 이사들에게 민·형사상 책임이 발생할 가능성은 낮다고 판단된다는 검토결과를 제출받았다.

법무법인의 법률검토 내용

● 법무법인 ◩◩, □□

- 이사회가 제8차 전력수급기본계획 등에 따라 조기폐쇄를 결정하고, 이러한 결정이 한수원의 이익을 위한 것임을 전제로 하여 판단한 이상 이사들에게 민·형사상 책임이 발생할 가능성은 낮다고 판단됨

● 법무법인 ◩◩, □□

- 이사들이 월성1호기 조기폐쇄 결정에 찬성함으로써 타인에게 손해를 가하거나 제3자에게 재산상의 이익을 취득하게 할 고의나 과실이 있다고 인정될 수 없으므로 업무상배임죄는 성립하지 않음

그리고 한수원 **실장은 이사회에서 이사들에게 월성1호기 조기폐쇄와 관련된 법률검토 결과를 보고하면서, "이사회 결의로 월성1호기 조기폐쇄 결정을 하더라도 회사에 손해를 가하거나, 자신 또는 제3자에게 재산상 이익을 취득하게 할 의사가 있다고 인정되지 않고, 또한 이사 자신이나 제3자가 이익을 취득한 것도 아니므로, 형사상 배임죄도 성립하지 않을 것으로 보입니다"라고 발언하였다.

〈감사 결과〉

한수원 이사회는 2018. 6. 15. "월성1호기 운영계획(안)"을 심의한 후, 월성1호기를 조기폐쇄하는 것으로 의결[116)]하였다.

『형법』 제355조와 제356조에 따르면 타인의 사무를 처리하는 자가 업무상의 임무에 위배하는 행위로써 재산상의 이익을 취득하거나 제3자로 하여금 이를 취득하게 하여 본인에게 손해를 가한 경우 10년 이하의 징역 또는 3천만원 이하의 벌금에 처한다고 되어 있다.

업무상배임죄 관련 대법원 판례

- 업무상배임죄는 본인에게 재산상 손해를 가하는 외에 배임행위로 인하여 행위자 스스로 재산상의 이익을 취득하거나 제3자로 하여금 재산상의 이익을 취득하게 할 것을 요건으로 하므로 본인에게 손해를 가하였다고 할지라도 행위자 또는 제3자가 재산상 이익을 취득한 사실이 없다면 배임죄가 성립할 수 없음(대법원 2010. 5. 27. 선고 2010도1345 판결)
- 업무상배임죄에 있어서의 '고의'는 업무상 타인의 사무를 처리하는 자가 본인에게 재산상의 손해를 가하고 그로 인하여 자기 또는 제3자의 재산상 이득을 취한다는 의사와 그러한 손익의 초래가

116) 재적이사 13명 중 12명이 참석하여 1명을 제외하고 11명이 월성1호기 조기폐쇄 결정에 찬성함

자신의 임무에 위배된다는 인식이 결합되어 성립함 (대법원 2014. 6. 26. 선고 2014도753 판결)

이에 한수원 이사들에게 업무상배임죄가 성립하는지에 대해 검토한 결과, 한수원 이사는 한수원 이사회 규정 제5조 등에 따라 한수원 중요자산의 처분 등을 심의·의결하는 자들로 타인의 사무를 처리하는 자에는 해당하나, 이사들이 월성1호기 조기폐쇄를 의결함에 따라 ① 이사 본인 또는 제3자가 이익을 취득한 사실은 인정되지 않고, ② 본인 또는 제3자로 하여금 재산상 이익을 취득하게 하고 한수원에 재산상 손해를 가할 의사가 있었다고 보기도 어려워 업무상배임 죄의 고의가 있었다고 보기도 어렵다.

따라서 한수원 이사들이 월성1호기 조기폐쇄를 의결한 것이 업무상배임죄에 해당한다고 보기는 어렵다고 판단된다.

검찰의 업무상배임에 대한 불기소 결정(각하) 사유

● 서울중앙지검은 2019. 4. 29. 한수원 노조가 한수원 이사들을 업무상 배임으로 고소한 사건에 대해 각하하고 불기소 결정을 하는 등 검찰은 한수원 노조 6건, ♬♬당 1건, ⁑ ⁑ 변호사 모임 1건 등 총 8건의 고소·고발 사건에 대해 업무상 배임행위 구성요건을 검토하여 '각하'하고 불기소 결정

- 검찰의 불기소 결정 사유는 월성1호기 조기폐쇄를 국정과제로 확정한 점, 산업부에서 월성1호기 조기폐 쇄 등에 대한 협조 요청을 한 점, 정당하게 지출된 비용은 보전한다는 취지로 공문을 발송한 점, 한수원 이사회 가 경제성·안전성 등에 대해 논의한 후 의결한 점을 종합하면, 제3자에게 재산상 이익을 취득하게 하고 한수원에 손해를 가한 행위로 보기 어려움 등임

별표 목차

[별표 1]

월성1호기 주요 추진 경과

일자	구분	주요 내용
1982. 11. 21.	최초 임계 도달	
1983. 4. 22.	상업운전 개시	
2009. 4. 1.~ 2011. 7. 18.	압력관 교체 등 대규모 설비공사	• 제21차 계획예방정비기간 동안 대규모 설비개선공사가 수행되었 으며, 계속운전을 위한 설비개선뿐만 아니라 발전소 운영을 위한 설비 교체작업도 수행
2009. 12. 30.	계속운전 인허가 신청 (한수원 → 구 교육과학기술부)	• 설계수명 만료 약 3년 전에 신청
2012. 11. 20.	설계수명 만료	
2015. 2. 27.	수명연장 승인(원안위)	• 제35회 원안위에서 월성1호기 계속운전 운영변경허가 승인
2015. 5. 18.	계속운전 무효소송 제기	• 주위적으로 월성1호기 수명연장을 위한 운영변경허가 처분 무효 확인을 구하고, 예비적으로는 수명연장허가 처분의 취소를 구하는 소송을 제기함
2015. 6. 23.	월성1호기 재가동	
2016. 9. 12.	경주지진(리히터 규모 5.8) 발생 (2016. 12. 8. 재가동)	• 정밀점검을 위해 월성1~4호기 수동정지
2017. 2. 7.	월성1호기 계속운전 무효소송 1심 판결(원안위 패소), 원고와 피고(원안위) 모두 항소	• 1심 재판부는 주위적 청구(무효 확인)는 기각하고 예비적 청구(취소 청구)는 인용
2017. 5. 28.	제25차 계획예방정비 착수	
2017. 7. 19.	국정과제 포함	• 월성1호기는 전력수급 상황을 고려하여 가급적 조기에 폐쇄
2017. 10. 24.	정부 에너지전환 로드맵 발표 (국무회의 의결)	• 월성1호기는 전력수급 안정성 등을 고려하여 조기 폐쇄
2017. 12. 29.	제8차 전력수급기본계획 확정 (산업부)	• 월성1호기는 조기폐쇄 전까지 수급기여가 불확실하다고 판단되어 2018년부터 공급 제외 • 내년(2018년) 상반기 중 경제성, 지역수용성 등 계속가동에 대한 타당성을 종합적으로 평가하여 폐쇄시기 등 결정 → 원안위에 영구정지를 위한 운영변경허가 신청 등 법적 절차 착수

2018. 2. 20.	제8차 전력수급기본계획 확정에 따른 협조요청 (산업부 → 한수원)	• 제8차 전력수급기본계획 확정에 따라 이와 관련된 필요한 조치 요청
2018. 4. 10.	경제성 평가 용역 시행	• 용역명: 월성1호기 운영정책 검토를 위한 경제성 평가 • 용역기간: 2018. 4. 10.~6. 22. • 계약금액: 130,765천 원 • 계약자: ○○회계법인
2018. 6. 15.	월성1호기 조기폐쇄 의결	• 2018년 제7차 한수원 이사회
2018. 6. 20.	전기설비 시설계획(변경) 신고 (한수원 → 산업부)	• 근거: 한수원 이사회 의결
2018. 6. 20.	월성1호기 설비등록 말소 신청 (한수원 → 전력거래소)	• 월성1호기에 대한 설비등록 말소 신청
2018. 6. 21.	월성1호기 설비등록 말소 신고 수리 (전력거래소)	• 월성1호기에 대한 설비등록 말소 시행(적용일: 2018. 6. 20.)
2019. 2. 28.	월성1호기 영구정지 운영변경허가 신청 (한수원 → 원안위)	• 『원자력안전법』 제21조에 따라 월성1호기 영구정지를 위한 운영 변경허가 신청
2019. 12. 24.	월성1호기 영구정지 승인 (원안위)	• 제112회 원안위에서 월성1호기 영구정지를 위한 운영변경허가 승인 자료: 한수원 제출자료 재구성

※ 자료: 한수원 제출자료 재구성

[별표 2]

○○회계법인 경제성 평가 변동 명세

재무모델 작성일		'18. 5. 3.	'18. 5. 4.	'18. 5. 5.	'18. 5. 6.	'18. 5. 10.
보고서 반영 일자				'18. 5. 7.	'18. 5. 7.	'18. 5. 10.
판매 단가	판매단가 (원/kWh) 적용기준	'17년 판매단가 60.76 (연간상승률 1.9% 적용)	'17년 판매단가 60.76	'17년 판매단가 60.76	'17년 판매단가 60.76	'17년 판매단가 60.76
이용률	이용률 (%)	84.98	60.04	70.00	70.00	70.00
	추가 정지일수 (일)	10	110	70	70	70
인건비	월성1발전소 인원 감소율(%)	40	40	40	40	20
	월성본부 인원 감소율(%)			16.7(77명)	16.7(77명)	16.7(77명)
	월성1호기 감소 인원(명)	182	182	182	182	128
	월성1호기 발전팀 감소인원(명)	60	60	60	60	60
수선비	경상 비중(%)	40	40	40	40	40
	경상 수선비 감소율(%)	0	100	50	50	50
	월성본부 수선비 감소율(%)	0	82	82	41	29
	월성본부 수선비 감소기준	비관련	월성1호기 인원 감소율	월성1호기 인원 감소율	월성1발전소 인원 감소율	월성1발전소 인원 감소율
본사 판매관리비 (억 원)		미반영	194	194	194	194
NPV (억 원)	계속가동(A)	2,772	543	1,095	1,225	1,380
	즉시정지(B)	-654	-459	-588	-479	-399
	차이(A-B)	3,427	1,002	1,683	1,704	1,779
분기점 이용률 (%)		20~30 범위	41.90	39.60	39.28	39.9
비고		산업부, 한수원 회의자료 (재무모델)	산업부, 한수원 회의 후 작성		최초 경제성 평가 보고서 초안	'18. 5. 9. 한수원과의 중간보고 회의 후 자료

재무모델 작성일	'18. 5. 14	'18. 5. 15.	'18. 5. 19.	'18. 5. 28.	'18. 6. 7.
보고서 반영 일자	'18. 5. 16.	'18. 5. 16.	'18. 5. 19.	'18. 5. 28.	'18. 6. 11.

판매 단가	판매단가 (원/kWh) 적용기준	한수원 전망 단가51.52 (5년 평균)	한수원 전망단가51.52(5년 평균)	한수원 전망단가51.52(5년 평균)	한수원 전망단가51.52(5년 평균)	한수원 전망단가51.52(5년 평균)
이용률	이용률 (%)	60.04	60.04	60.04	60.04	60.04 (낙관 80, 비관 40)
	추가 정지 일수 (일)	110	110	110	110	110
인건비	1발전소 인원 감소율(%)	20	20	20	20	20
	월성본부 인원 감소율(%)	16.7(77명)	16.7(77명)	16.7(77명)	16.7(77명)	16.7(77명)
	월성1호기 감소 인원(명)	128	103	103	103	103
	월성1호기 발전팀 감소인원(명)	60	30	30	30	30
수선비	경상 비중(%)	40	40	40	40	40
	경상 수선비 감소율(%)	50	50	50	50	50
	월성본부 수선비 감소율(%)	29	29	29	29	46
	월성본부 수선비 감소기준	월성1발전소 인원 감소율	월성1발전소 인원 감소율	월성1발전소 인원 감소율	월성1발전소 인원 감소율	월성1호기 인원 감소율
본사 판매관리비 (억 원)		194	194	194	194	194
NPV (억 원)	계속가동(A)	-61	-189	-185	-237	-91
	즉시정지(B)	-277	-357	-348	-368	-315
	차이(A-B)	216	168	164	131	224 (낙관 1,010, 비관 △563)
분기점 이용률 (%)		54.58	55.9	55.9	56.7	54.4
비고		'18. 5. 11. 산업부 및 한수원과의 회의결과 반영	'18. 5. 14. 산업부 및 한수원과의 회의결과 반영	'18. 5. 18. 산업부 및 한수원과의 회의결과 반영	○○회계법인 자체 최종안	◑◑회계법인 및 △△대 교수의 자문결과 반영 후 최종안

※ 자료: ○○회계법인 제출자료 재구성

[별표 3]

선행 원전 계속운전 경제성 평가 사례

연번	구분	요청 기관	수행기관	수행 시기	분석 방법	경제성 평가결과
1	월성 1 호기	한수원	한전 전력연구원	2009년 9월	NPV법: 계속운전(10년, 20년) 시행 및미시행 시 경제성 효과	20년 계속운전 시 계속운전 미시행 대비 경제적 가치(NPV 4,889억 원, 할인율 7%)가 가장 높음
2		한수원	한수원 중앙연구원	2013년 4월	NPV법: 계속운전(10년, 20 년) 시행 및 미시행 시 경제성 효과	20년 계속운전 시 중단대비 경제 가치(NPV 3,490억 원, 할인율 6%)가 가장 높음
3		한수원	한수원 중앙연구원	2013년 11월	NPV법: 계속운전(8.8년, 10 년) 시행 및 미시행 시 경제성 효과	10년 계속운전 시 중단대비 경제적 가치(NPV 2,885억 원, 할인율 6%)가 가 장 높음
4		산업부	에너지 경제연구원	2013년 11월	균등화비용법: 계속운전(10 년, 20년) 시 타 전원 및 신규원전 발전비용 비교	계속운전은 LNG발전 대비 경제성이 있으나 석탄발전보다 경제성이 있다고 보기는 무리이며, 신규원전과 비교할 때는 경제성이 없음
5		AT 의원실	국회예산 정책처	2014년 8월	NPV법: 계속운전(2022년까 지) 시행 및 미시행 시 경제성 효과	계속운전 대안이 계속운전 미실시 대비 경제성(NPV 1,395억~3,909억 원, 할인율 4.49%)이 있음
6		한수원	에너지 경제연구원	2014년 9월	균등화비용법: 계속운전(9년,10년) 시 신규 원전, 석탄발전과의 발전비용 비교	일부 시나리오에서는 신규 원전 대비 경제성이 있으나 나머지 경우에서는 비경제적이며, 기투자비용을 매몰비용으로 처리하는 모든 시나리오에서 석탄발전 대비 경제성이 있음
7	고리 1 호기	한수원	한전 전력연구원	2006년 12월	NPV법: 계속운전(20년) 시행 및 미시행 시 경제성 효과	계속운전 시 계속운전 미시행 대비 경제적 가치(NPV 4,337억~9,060억 원, 할인율 7%)가 높음
8		한수원	한전 전력연구원	2007년 6월	NPV법: 계속운전(10년, 20년) 시행 및 미시행 시 경제성 효과	20년 계속운전 시 계속운전 미시행 대비 경제적 가치(NPV 3,440억 원, 할인율 7%)가 높음

9		한수원	에너지 경제 연구원	2015년 5월	1.NPV법: 계속운전(10년) 시행 및 미시행 시 경제성 효과 2.균등화비용법: 계속운전(10 년) 시 신규 원전, 석탄발전과의 발전비용 비교	계속운전은 신규원전 및 신규석탄발전 대비 경제성은 있으며, 계속운전하는 경우 미시행하는 경우보다 경제적 가치(NPV 1,792억~2,688억 원, 할인율 4.49%)가 높음
10		BA·BB 의원실	국회예산 정책처	2015년 5월	NPV법: 계속운전(10년) 시행 미시행 시 경제성 효과	계속운전 대안이 계속운전 미실시 대안 대비 경제성(NPV 2,505억~3,267 억 원, 할인율 4.49%)이 있음
11	월성·고리 2~4 호기	한수원	에너지 경제연구원	2018년 2월	균등화비용법: 계속운전(10 년, 20년) 시 신규 원전, 석탄 및 LNG발전과의 발전비용 비교	월성2~4호기는 신규원전 및 석탄 대비 경제성이 낮으나, LNG보다는 경제성이 클 수 있음. 고리2호기는 신규 원전보다 경제성이 탁월하다고 보기 어려운 측면이 존재하나, 고리3호기 및 4호기 의 경우 신규 원전보다 경제성이 높음

※ 자료: “월성1호기 계속운전 경제성 분석” (한전 전력연구원, 2009년 9월)보고서 등

[별표 4]

경제성 평가를 위한 주요 항목별 가정

구분	평가항목		가정
기본사항	-		• 2017년 영구정지한 고리1호기 사례 참고 • 월성1호기 영구정지 이후에는 해체비용이 사용되는데, 계속가동과 즉시 가동중단의 해체비용은 발생시점만 다를 뿐 동일하게 발생하므로 두 대안의 현재가치의 차이를 즉시 가동중단 시의 현금유출액에 반영
매출	중립적 이용률		• 가장 낙관적 시나리오를 과거 평균 이용률인 80%, 가장 비관적인 시나리오 를 최근 가동률인 40%로 판단하고 이용률 중간값인 60%를 중립적인 시나리오로 적용
	판매단가		• 한수원 전망단가(2018~2022년 평균 51.52원/kWh)
	기준출력		• 중장기 원전 발전계획(이용률 89.8%)의 기준출력을 중립적 시나리오(이용 률 60%)에도 그대로 적용
	소내 전력률		• 중장기 원전 발전계획(6.3%), 한국전력통계(2017년)의 월성1호기(3.7%), 원전 전체 평균(4.8%)의 중간값인 4.8% 사용
매출원가	인건비	월성본부	• 즉시 가동중단 시 월성본부(6개 원전 운영) 인원(464명)의 1/6이 즉시 감소
		월성1발전소	• 영구정지 기간에 월성1발전소 인력의 50%가 감소
	수선비	월성본부	• 월성본부 수선비는 인원과 관련된 것으로 가정한 후, 월성1호기 즉시 가동 중단 시 월성1호기 인원 감축비율(46%)만큼 월성본부 수선비 즉시 감소
		월성1발전소	• 월성1호기 즉시 가동중단 시 월성1호기 관련 수처리설비공사와 방사선관리 용역 및 기타수선이 발생하지 않는 것으로 가정하여 비경상 수선비 비중을 60%로 가정
기타 현금흐름	본사 판매관리비 배부액		• 월성1호기 즉시 가동중단에 따라 본사 판매관리비 배부액만큼 본사 판매관 리비가 감소하는 것으로 가정
	감가상각비 등의 법인세 절감효과		• 월성1호기 영구정지 운영변경허가 예상 시점인 2020년 7월부터 월성1호기가 사실상 폐기되는 것으로 판단하여 월성1호기 잔여 장부가액(세무상) 전액을 2020년 상반기에 손금 처리

※ 자료: 한수원 제출자료 재구성

[별표 5]

호기별 추가 손실일수(2001~2019년)

(단위: 일)

연번	구분	추가 손실일수			
		불시정지	중간정지	파급정지	계
1	고리1호기	37.9	180.6	11.2	229.7
2	고리2호기	64.7	4.6	3.4	72.7
3	고리3호기	7.1	15.4	2.9	25.4
4	고리4호기	17.2	8.2	2.7	28.1
5	월성1호기	72.7	20.6	87.0	180.3
6	월성2호기	5.6	39.0	85.2	129.8
7	월성3호기	61.8	95.1	85.6	242.5
8	월성4호기	0.3	7.2	51.1	58.6
9	한빛1호기	80.6	-	1.6	82.2
10	한빛2호기	38.4	19.5	9.1	67
11	한빛3호기	58.7	5.1	-	63.8
12	한빛4호기	8.2	-	-	8.2
13	한빛5호기	32.1	72.6	-	104.7
14	한빛6호기	14.5	6.5	-	21
15	한울1호기	165.7	30.3	2.6	198.6
16	한울2호기	70.9	29.1	2.7	102.7
17	한울3호기	20.9	-	- 20.9	
18	한울4호기	13.5	28.2	1.7	43.4
19	한울5호기	77.5	46.1	-	123.6
20	한울6호기	33.1	1.5	2.1	36.7
평균		44.1	30.5	17.5	92.0

※ 자료: 한수원 제출자료

[별표 6]

기준출력 적용 관련 상세 내역과 관계기관 의견 및 검토결과

□ 기준출력 적용 부적정

• 월성1호기와 같은 중수로 원전은 이용률이 증가하면 기준출력이 감소주)하므로 경제성 평가 시 이용률에 따라 적정 기준출력을 산정하여야 함

- ○○회계법인은 중립적 시나리오의 이용률을 60%로 산정하면서도 기준출력은 "월성1호기 발전실적 전망"(2018. 3. 26.)에서 적용한 이용률 89.8%에 따라 산출된 기준출력을 사용

- 중립적 시나리오의 이용률 60%를 기준으로 기준출력을 산정하면 [표]와 같이 이용률 89.8%일 때보다 기준출력이 3~16MW 상향 조정된 660~686MW로 확인

- 참고로, 이용률 70%를 기준으로 기준출력을 산정하면 655~684MW로 확인

[표] 월성1호기 기준출력 전망

(단위: MW, %)

구분		2018년	2019년	2020년	2021년	2022년	평균
용역보고서	기준출력(A)	683	682	665	657	644	-
	이용률	75.6	89.9	100.0	88.8	87.6	89.8
재산정(이용률 60%)	기준출력(B)	686	685	680	668	660 -	
	이용률	66.3	57.8	70.0	56.7	51.5	60.0
기준출력 차이(B-A)	3	3	15	11	16	-	
재산정(이용률 70%)	기준출력(C)	684	682	676	662	655	-
	이용률	66.3	68.8	80.9	67.7	63.9	70.0
기준출력 차이(C-A)		1	-	11	5	11	-

※ 자료: 한수원 제출자료 재구성

• 이용률 89.8%에 따라 산출된 기준출력을 이용률 60%로 조정한 기준출력으로 변경하여 발전량(기준 출력×발전소 가동시간)을 재계산하면 계속가동 시의 경제성이 높아짐

□ 관계기관 의견 및 검토결과

• 한수원은 중장기 원전 발전계획이 경제성 평가와 같이 다년간의 전망이므로 중장기 원전 발전계획의 이용률을 고려하여 기준출력을 적용하였다고 답변

- 그러나 한수원은 경제성 평가 시 중립적 이용률을 가정할 때는 중장기 원전 발전계획의 이용률 85.8%를 사용하지 않고 60%를 적용하면서 기준출력 산정 시에는 이용률 89.8%를 적용한 것은 논리적 일관성이 없어 한수원의 주장은 신뢰하기 어려움

※ 주: 월성1호기와 같은 중수로 원전은 압력관이 수평으로 배열되어 있어 가동일수(이용률)가 증가하면 압력관의 내경이 확장하여 기준출력이 감소함
자료: 한수원 제출자료 재구성

[별표 7]

소내 전력률 적용 관련 상세 내역과 관계기관 의견 및 검토결과

□ 소내 전력률 적용 부적정

- 경제성 평가 당시 확인주) 가능하였던 월성1호기의 소내 전력률은 3.7%인데도 25개 전체 원전의 평균 소내 전력률 4.8%를 적용하여 [표]와 같이 계속가동 시의 전기 판매량을 169,228MWh 과소 추정

[표] 소내 전력률에 따른 월성1호기 소내 전력량

(단위: MWH)

구분	2018년	2019년	2020년	2021년	2022년	합계
용역보고서 소내 전력량 (소내 전력률 4.8%)	95,992	165,775	196,116	56,671	123,895	738,449
적정 소내 전력량 (소내 전력률 3.7%)	73,993	127,785	151,173	120,767	95,503	569,221
차이	21,998	37,990	44,943	35,904	28,393	169,228

※ 자료: 한수원 제출자료 재구성

- 전체 원전의 평균 소내 전력률을 월성1호기의 소내 전력률로 변경하면 계속가동 시의 경제성이 높아짐

□ 관계기관 의견 및 검토결과

- 한수원은 2017년 중장기 원전 발전계획의 월성1호기 소내 전력률이 6.3%, 2017년 한국전력통계에 전체 원전의 평균 소내 전력률이 4.8%, 월성1호기는 3.7%로 되어 있어 중간값 4.8%를 적용하였다고 답변
  - 그러나 월성1호기 소내 전력률이 있는데도 전체 원전 평균값을 사용하는 것은 타당하지 않음

※ 주: 한전은 매년 발전·전력설비 부문 등의 36개 지표에 대한 통계자료를 공시하고 있으며, 2017. 6. 2. 발행한 한국전력통계의 '발전소별 발전실적'을 적용
자료: 한수원 제출자료 재구성

[별표 8]

본사 판매관리비 배부액 추정 관련 상세 내역과 관계기관 의견 및 검토결과

□ 본사 판매관리비 배부액 추정 부적정

• 한수원은 본사 공통비용을 인원수와 발전량 등 배부기준에 따라 개별 원전에 배부하면서 본사 판매관리비도 인원수를 기준으로 5개 발전본부에 배부하고, 발전본부는 발전설비 용량을 기준으로 개별 원전에 호기별로 배부

- 본사 판매관리비는 발전원가에 속하지 않는 영업비용으로 본사의 기획 및 관리업무 등에서 발생하는 인건비성 경비, 지급수수료, 감가상각비, 광고선전비, 임차료, 수선비 등으로 구성되어 있어 월성1호기 가동중단으로 인하여 본사의 인원이 감축되는 등으로 본사 판매관리비가 감소하는 것으로 예상할 합리적인 근거가 없음

- 이에 따라 ○○회계법인은 2018. 5. 3. 본사 판매관리비를 비관련원가로 분류한 재무모델을 작성하였음

- 그런데 한수원은 2018. 5. 4. ○○회계법인과의 회의 시 즉시 가동중단의 경제성을 높이기 위해 즉시 가동중단 시 월성1호기에 배부되는 본사 판매관리비를 전액 감소주)하는 것으로 수정하도록 지시

• 월성1호기 즉시 가동중단 시 본사 판매관리비가 감소하지 않는 것으로 가정하면 즉시 가동중단의 경제성이 낮아짐

□ 관계기관 의견 및 검토결과

• 한수원은 본사 판매관리비에서 가장 큰 비중을 차지하는 인건비에 대해 월성1호기 중단에 따른 본사 인원 감소를 제시하기는 어렵지만 발전소 가동이 중단되면 본사의 업무량이 감소하는 것으로 가정하는 것은 합리적이며, 고리1호기 영구정지 후 고리1호기에 배부되는 판매관리비가 없었기 때문에 월성1호기 즉시 가동중단 직후 월성1호기에 배부되는 판매관리비가 없을 것으로 가정하는 것은 타당하다고 답변

- 그러나 고리1호기 영구정지 이후 본사 인원은 지속적으로 증가하고 있는 등 발전소 가동 중단으로 본사 인력이 감소한다고 볼만한 근거가 없고, 경제성 평가는 즉시 가동중단으로 인해 한수원 현금 흐름에 미치는 영향을 고려해야 하기 때문에 월성1호기에 배부되는 비용이 없어도 한수원 전체의 비용이 감소하지 않는다면 이는 즉시 가동중단 대안의 현금흐름에 영향을 미치는 것으로 볼 수 없으므로 이와 같은 주장은 받아들이기 어려움

※ 주: 한국회계학회(연구진)는 본사 판매관리비 중 월성1호기의 정지로 인해 명백하게 식별되는 비용이 확인되지 않는 한 한수원 본사에 발생하는 급여 등 고정성 경비는 월성1호기의 계속가동이나 즉시 가동중단에 따라 유의미한 차이가 발생하는 항목이 아닐 가능성이 높다는 의견을 제시함

자료: 한수원 제출자료 재구성

[별표 9]

감가상각비 등의 법인세 절감효과 추정 관련 상세 내역과 관계기관 의견 및 검토결과

□ 감가상각비 등의 법인세 절감효과 추정 부적정

- 경제성 평가 당시 확인이 가능하였던 한수원의 "고리1호기 해체사업 시행계획"(2017년 5월)에 따르면 고리1호기는 2017년 6월 영구정지된 후, 2022년 6월경 원안위의 해체승인에 따라 건물철거 등이 시작되어 2030년 6월경 완료되는 것으로 되어 있음
  - 따라서 고리1호기의 해체승인 소요기간(5년)을 고려할 때 월성1호기 즉시 가동중단 이후 철거작업은 영구정지 승인 예정일(2020. 7. 1.)로부터 5년 후인 2025년부터 가능할 것으로 추정되므로 2018년부터 2022년까지는 생산설비의 폐기를 사유로 「법인세법 시행령」 제31조 제7항에 따라 유·무형자산의 세무상 장부가액[1])을 손금에 산입하기 곤란
  - 그런데 ○○회계법인은 즉시 가동중단 시 월성1호기 영구정지 승인 예정일(2020. 7. 1.)부터 원전 해체가 시작되어 월성1호기가 폐기되는 것으로 판단하고, 이에 따라 월성1호기 세무상 장부가액(2,719억 원)의 손금 산입으로 인한 법인세 절감효과(748억 원)를 2020년도 현금흐름에 전액 반영[2])
  - 그 결과 [표]와 같이 경제성 평가에서 즉시 가동중단 시 2020년에는 법인세 절감효과가 491억 원 과대 계상되고 2021년과 2022년은 각각 256억 원과 235억 원 과소 계상

[표] 법인세 절감효과 내역

(단위: 백만 원)

구분	2018년	2019년	2020년	2021년	2022년
계속가동 시 감가상각비(A)	46,608	93,215	93,215	93,215	85,447
즉시 가동중단 시 감가상각비(B)	46,608	93,215	271,878	-	-
감가상각비 차이(C=A-B)	-	-	△178,663	93,215	85,447
법인세 절감효과 차이(C×법인세율)	-	-	49,132	△25,634	△23,498

※ 자료: 한수원 제출자료 재구성

- 두 대안에서 법인세 절감효과에 차이가 발생하지 않는 것으로 가정하면 계속가동의 경제성이 높아짐

□ 관계기관 의견 및 검토결과

- 한수원은 ○○회계법인이 2020년에 월성1호기가 사실상 폐기된 것으로 판단하여 세무상 잔여 장부가액을 전액 손금으로 처리하였다고 답변
  - 그러나 감사기간 중 국세청에 의뢰한 유권해석(법인세과-688, 2020. 3. 6.)에 따르면 월성1호기 영구정지 운영변경허가를 받은 것은 「법인세법 시행령」 제31조 제7항에 따른 '폐기'에 해당하지 않으며
  - 고리1호기 영구정지 이후 고리1호기의 유형자산 장부가액을 「법인세법 시행령」 제23조 제1항에 따라 상각범위액 이내에서 손금으로 처리하고 있는 한수원의 그간 업무 처리와도 배치

※ 주: 1. 2018년 결산 시 유형자산 손상차손으로 계상하였으나 손금 부인된 금액임
2. 한국회계학회(연구진)는 월성1호기 유·무형자산의 장부금액이 잔여 가동기간이나 운영변경허가 기간 중 모두 손금으로 인정된다는 가정은 「법인세법」 상 비현실적이며, 두 대안 간에 감가상각비 등에 의한 법인세 절감효과는 유의한 차이를 발생시키지 않아 경제성 평가에서 배제하는 것이 적정하다는 의견을 제시함

※ 자료: 한수원 제출자료 재구성

[별표 10]

월성1호기 조기폐쇄 관련 주요 추진 내용

추진단계	시기	추진내용	관계기관
경제성 평가를 통해 한수원 스스로가 조기폐쇄하는 것으로 결정	2017. 10.	• 산업부(▽관실)는 법률 제정에 의한 월성1호기 조기폐쇄가 어렵자, 한수원으로 하여금 경제성을 평가하여 조기폐쇄하도록 하기로 결정	산업부
	2017. 11.	• 산업부가 제8차 전력수급기본계획에 월성1호기 경제성을 평가하여 조기폐쇄를 추진한다는 내용을 반영하기 위해, 한수원이 한국전력 거래소에 제출하는 현황조사표에 '계속운전의 경제성을 검토할 필요' 등의 문구를 기재하도록 요구	산업부
조기폐쇄 이행요구 (2.5년 가동 등 다양한 시나리오 검토)	2018. 1.~3.	• 산업부는 한수원과 회의 시 월성1호기 조기폐쇄를 이행하도록 지속적으로 요구	산업부
즉시 가동중단 방침 결정·요구	2018. 4. 2.	• 대통령비서실(☆비서관실)이 산업부에 월성1호기 조기폐쇄 추진방안에 대해 보고하도록 지시	대통령 비서실
	2018. 4. 3.~4. 4.	• 산업부장관이 월성1호기 즉시 가동중단 방침 결정 산업부	한수원
	2018. 4. 11.	• 한수원 사장은 '월성1호기 정부정책 이행방안 검토'를 보고받고, 즉시 가동중단 외 다른 시나리오를 검토하도록 지시하지 않음	
즉시 가동중단을 뒷받침하기 위해 ○○회계법인의 경제성 평가 등에 관여	2018. 5. 2.	• 산업부가 작성한 "에너지전환 후속조치 추진현황"에 따르면 ○○ 회계법인에 경제성 저하요인을 적극 설명하겠다고 되어 있음	산업부
	2018. 5. 4.	• 산업부가 ○○회계법인과 면담을 하면서 이용률 등에 대한 정부 의견 제시	산업부
	2018. 5. 10.	• 한수원은 사장 주재 긴급 임원회의를 통해 판매단가, 이용률 등을 수정하는 것으로 결정	한수원
	2018. 5. 11. ~5. 18.	• 산업부와 한수원이 ○○회계법인에 판매단가 등 주요 입력변수를 수정하도록 요구	산업부, 한수원
	2018. 6. 4.	• 산업부 ▽관 E는 장관에게 경제성이 없어서 조기폐쇄할 경우 비용 보전 대상이 없다고 보고	산업부
	2018. 6. 11.	• 한수원이 산업부에 비용보전 요청 공문 발송	한수원
	2018. 6. 14.	• 산업부가 한수원에 비용보전 공문 회신	산업부
	2018. 6. 15.	• 이사회 개최 시 경제성이 없는 등의 이유로 조기폐쇄하는 것으로 결정	한수원

※ 자료: 산업부 및 한수원 제출자료 재구성

[별표 11]

산업부의 요청에 따른 현황조사표 문구 수정 내용

구분	당초 산업부가 요구한 안 (2017년 11월 초)	임원회의 후 산업부에 전달한 안 (2017. 11. 14.)	산업부와 최종 합의 후 이사회에 보고한 안 (2017. 11. 16.)
월성 1호기	• 2017. 10. 24. 국무회의에서 의결된 에너지전환 로드맵 이행을 위해서는 조기폐쇄가 불가피하나 원안위의 승인이 필요하므로 정확한 폐쇄시기를 확정하기 곤란함 • 운영변경 허가에 대한 소송 진행 중으로 결과를 예단하기 어렵고 계속 운전의 경제성, 전력수급 상황 등에 대한 검토가 필요하여 폐쇄시기까지 수급 기여 정도가 불확실함 • 에너지전환 로드맵 이행에 따라 발생한 정당한 비용에 대한 정부의 보전 필요	• 2017. 10. 24. 국무회의에서 의결된 에너지전환 로드맵 이행을 위해서는 조기폐쇄가 불가피하나 원안위의 승인이 필요하므로 정확한 폐쇄시기를 확정하기 곤란함 • 운영변경 허가에 대한 소송 진행 중으로 결과를 예단하기 어렵고 계속 운전의 경제성, 전력수급 상황 등에 대한 검토가 필요하여 폐쇄시기까지 수급 기여 정도가 불확실함	• 2017. 10. 24. 국무회의에서 의결된 에너지전환 로드맵 이행을 위해서는 조기폐쇄가 불가피하나 원안위의 승인이 필요하므로 정확한 폐쇄시기를 확정하기 곤란함 • 운영변경 허가에 대한 소송 진행 중으로 결과를 예단하기 어렵고 계속 운전의 경제성, 전력수급 상황 등에 대한 검토가 필요하여 폐쇄시기까지 수급 기여 정도가 불확실함
신규 원전 6호기 (신한울 3, 4호기 등)	• 2017. 10. 24. 국무회의에서 의결된 에너지전환 로드맵 이행을 위해서는 건설공사 중단 불가피 • 에너지전환 로드맵 이행에 따라 발생한 정당한 비용에 대한 정부의 보전 필요	• (1안) 국무회의에서 의결된 에너지전환 로드맵 상 신규원전 건설 계획은 백지화하기로 되어 있음 • (2안) 국무회의에서 의결된 에너지전환 로드맵 상 신규원전 건설 계획에 따르면 정상적인 사업추진이 어려울 것으로 예상 • (3안) 2017. 10. 24. 국무회의에서 의결된 에너지전환 로드맵 이행을 위해서는 건설공사 중단 불가피	• 국무회의에서 의결된 에너지전환 로드맵 상 신규원전 건설 계획은 백지화하기로 되어 있어 정상적인 사업 추진이 어려울 것으로 예상 ⇒ 산업부가 2안으로 결정

※ 자료: 한수원 제출자료 재구성

[별표 12]

월성1호기 관련 회의 내용

연번	일시 및 장소	참석자	회의내용
1	2018. 1. 29. ▲▲센터	• 산업부: ▽관 E, ▷과장 F 등 • 한수원: 사장 직무대행 K, ◇본부장 O 등	• 월성1호기 정책 이행 관련 한수원 내부방침을 2018년 3월 말까지 수립해달라고 하는 등 주요 업무 현안 협의
2	2018. 2. 6. 산업부	• 산업부: ▷과장 F, G • 한수원: ♡처장 R, 팀장 BR, P 등	• ▷과장 F 주요 발언 요지 - 이용률에 따른 시나리오별 현금 유입·유출을 고려해서 정지시점을 잡는 것이 필요 - 정부도 법적인 근거가 없으므로 공기업인 한수원이 정부정책에 협조하는 차원에서 검토를 요청드리는 것임 - 실무자가 불필요한 손해를 보지 않고 리스크를 분담하는 차원에서 TF 등을 활용할 것을 권고 드림
3	2018. 3. 2. 여의도 국회 인근 (■■)	• 산업부: ▷과장 F, G • 한수원: ♡처장 R	• ▷과장 F 주요 의견 및 당부사항 - 고리1호기 폐로기념 1주년(2018. 6. 19.) 이전까지 의사결정 필요 - 한수원은 공기업으로 정부정책을 이행해야만 하는 역할과 위치에 있음 - 산업부 관계직원들도 관심이 많은 점을 이해해주시기 바라며, 한수원 관계직원들이 인사상 피해가 없기를 바람 - 일정상 용역은 4~5개월 걸리더라도 내부방침은 신임 사장이 취임하는 3월 말 시점까지 수립 요망함
4	2018. 3. 19. 산업부	• 산업부: ▷과장 F, G • 한수원: ♡처장 R, 팀장 BR, T 등	• ▷과장 F 주요 의견 및 당부사항 - 제8차 전력수급기본계획과 배치되는 이야기가 나오지 않도록 각별히 주의 요함 - 월성1호기 조기폐쇄 관련 결정을 항소심 이후(하반기 이후)로 결정을 미루자는 의견이 한수원 내부에서 신임 사장에게 전달되었다는 얘기를 들었음 - 대통령비서실에서 6. 19. 1주년 행사 관련 민감하게 지켜보고 있음 - 3월 말까지 태스크포스(TF)를 통한 내부방침을 결정하여 보고 요함

※ 자료: 한수원 제출자료 재구성

[별표 13]

한수원 비용보전 요청 공문 문구 수정 관련 주요 내용

구분	한수원 공문 초안	비고
2018. 5. 31.	• 우리 회사는 월성1호기 조기폐쇄 시 아래와 같은 항목을 비용보전 요청 항목으로 고려하고 있는 바, 이에 대한 정부의 보전 방안을 수립하여 알려주시기 바랍니다. • 비용보전 요청 후보 항목 가. 월성1호기 설비 잔존가치 나. 월성1호기 계속운전 투자비용 잔존가치 다. 구매 진행 중 자재 계약 잔액 라. 지역지원금 미지급금 및 계속운전 가산금 마. 운영변경허가 승인 시까지 운전유지비 바. 월성1호기 해체충당금 미적립 잔액 사. 계속운전시 즉시정지 대비 기대수익 등	• 구체적인 비용 항목 삭제 • 사유: 한수원이 '가~사'와 같은 구체적인 비용보전 항목을 열거한 공문을 송부하면 한수원이 경제성이 없어 월성1호기를 조기폐쇄하는 상황에서 산업부는 열거된 상당 부분에 대하여 비용보전은 어렵다고 회신하여야 하는데, 산업부에서 비용 보전이 어렵다는 공문을 보내면 한수원 이사회에서 월성1호기 조기폐쇄 등이 어려울테니 구체적인 비용보전 항목은 제외
2018. 6. 5.	• 우리 회사는 월성1호기 조기폐쇄 및 신규원전 사업종결과 관련하여 투입비용 보전 요청을 검토하고 있는 바, 이에 대한 정부의 보전 방안을 알려주시기 바랍니다.	• '투입비용' 삭제 • 사유: 한수원이 산업부에 투입비용에 대해서 비용 보전을 문의하더라도 산업부로서는 월성1호기는 경제성이 없어 조기폐쇄하기 때문에 법적 근거가 없던 당시로서는 잔존가치(투입비용) 등에 대해 보전해줄 수 없다고 회신해야 하는데, 산업부가 비용보전이 안 된다는 공문을 보내면 한수원 이사회에서 월성1호기를 조기폐쇄하는 것으로 결정하기 어려워지므로 '투입비용' 문구는 삭제
2018. 6. 11.	• 우리 회사는 에너지전환정책 이행을 위한 월성1호기 조기폐쇄 및 신규원전 사업종결과 관련하여 정부의 에너지전환 로드맵(2017. 10. 24., 국무회의)에 의거 비용 보전을 요청하고자 하오니, 이에 대한 정부의 보전방안을 알려주시기 바랍니다.	• "비용 보전을 요청하고자 하오니"를 "향후 비용 보전을 요청하고자 하오니"로 수정
2018. 6. 11.	• 우리 회사는 에너지전환정책 이행을 위한 월성1호기 조기폐쇄 및 신규원전 사업종결과 관련하여 정부의 에너지전환 로드맵(2017. 10. 24., 국무회의)에 의거 향후 비용 보전을 요청하고자 하오니, 이에 대한 정부의 보전방안을 알려주시기 바랍니다.	• "월성1호기 조기폐쇄 및 신규원전 사업종결과 관련하여"를 "월성1호기 조기폐쇄 및 신규원전 사업종결 등과 관련하여"로 수정
2018. 6. 11.	• 우리 회사는 에너지전환정책 이행을 위한 월성1호기 조기폐쇄 및 신규원전 사업종결 등과 관련하여 정부의 에너지전환 로드맵(2017. 10. 24., 국무 회의)에 의거 향후 비용 보전을 요청하고자 하오니, 이에 대한 정부의 보전방안을 알려주시기 바랍니다.	• 한수원이 2018. 6. 11. 산업부로 보낸 공문의 최종 문구

※ 자료: 한수원 제출자료 재구성

[별표 14]

월성1호기 경제성 평가 관련 회의 내용

연번	일시 및 장소	관련자	주요 내용	경제성 평가결과
1	2018. 5. 11. ○○회계법인	• 산업부: G, J • 한수원: ♡처 P, Q 등 • ○○회계법인: Y	• 경제성 평가 입력변수 보완 - 이용률: 70 → 60% - 판매단가: 전년도 판매단가 → 한수원 전망단가 - 운영변경 허가기간: 2.5년 → 2년	※ 참고사항 • 5. 10. 용역보고서 초안 - 계속가동 시 경제성이 177,860백만 원 이상 - 분기점 이용률: 39.9%
2	2018. 5. 14. 서울역 회의실	• 산업부: G • 한수원: 처장 R, P 등 • ○○회계법인: Y	• 경제성 평가 입력변수 보완 - 즉시정지 시 연료인출 시점: 2018년 → 2020년 - 안전규제비, 원자력보험료 등 반영	• 계속가동 시 경제성이 16,762백만 원 이상 • 분기점 이용률: 55.8%
3	2018. 5. 18. ◍◍ 빌딩 회의실 (서울)	• 산업부: G, J • 한수원: P, Q 등 • ○○회계법인: Y	• 이용률 시나리오 추가 - 낙관 80%, 중립 60%, 비관 40% • 정부 보전방안 추가	• 계속가동 시 경제성이 16,355백만 원 이상 • 분기점 이용률: 55.9%

※ 자료: 한수원 제출자료 및 문답서 등 재구성

[별표 15]

산업부 G가 삭제한 주요 문서파일 복구 내역 중 주요 파일 내역

연번	폴더명	폴더 내 파일	삭제 일시
1	Q&A	170723_탈원전 주요 쟁점(장관 보고).BAK	2019. 12. 2. 01:11:01
2	40 실장님 현안점검 회의	180628 에너지전환 관련 지역 및 이해관계자 동향-과수 최종.BAK	2019. 12. 2. 00:55:46
		180628 □실 주요현안 회의 - 장님주재(참고자료양식)_ ▽국_안건추가_참고삭제_환경과 삭제.BAK	
3	34 국장님 귀국후보고	180327 주요현안 및 향후계획.BAK	2019. 12. 2. 00:54:49
		180327 주요현안 및 향후계획-▽국 취합.BAK	
4	Q&A	장관님 보고 문자안.BAK	2019. 12. 2. 00:53:41
		장관님 보고 문자안_과수.BAK	
5	02 Q&A	171127 장관님 지시사항 조치계획(안).hwp	2019. 12. 2. 00:50:08
6	참고자료	180523 전기사업법 시행령 등 개정관련 검토의견rev1.3.BAK	2019. 12. 2. 00:40:46
		전기사업법 시행령 개정안 법률자문 의뢰.BAK	
7	11 한수원	영업외비용 손실처리 예상규모.BAK	2019. 12. 2. 00:26:42
8	07 에너지 전환 논리	180210_에너지전환(탈원전)의 필요성(본보고서)_v1.BAK 등 2개	2019. 12. 2. 00:26:12
		180210_에너지전환의 논리(요약본)_v1.BAK	
9	01 ♩과	171204 전기사업법 개정 방향.BAK	2019. 12. 2. 00:23:12
		171017 전기사업법 개정 방향- 과장님 수정.BAK	
10	법률자문	180205_법률자문.BAK	2019. 12. 2. 00:20:30
11	참고자료	180117_에너지전환 로드맵 후속조치 및 지역 산업 보완대책 추진 계획_v1.1.BAK	2019. 12. 2. 00:20:13
		180124_에너지전환 로드맵 후속조치 및 지역산업 보완대책 추진계획(요약본)_v1.2.BAK	
12	참고자료	자료 송부.BAK	2019. 12. 2. 00:19:41
13	참고자료	180313_에너지전환 후속조치 추진계획_v1.BAK	2019. 12. 2. 00:19:26
14	참고자료	180502_에너지전환 후속조치 추진현황.BAK	2019. 12. 2. 00:18:50
15	참고자료	180315_에너지전환 후속조치 추진계획_v1	2019. 12. 2. 00:18:16
16	참고자료	180417_에너지전환 후속조치 추진 방안_v0.3.BAK	2019. 12. 2. 00:17:48

17	171124_ 정부업무 평가	171127 60. 탈원전정책으로 안전하고 깨끗한 에너지로 전환 (기본양식)-최종.BAK	2019. 12. 2. 00:13:02
		161127 60.탈원전정책으로 안전하고 깨끗한 에너지로 전환 (추진실적보고서, 정책효과)-촤종.BAK	
18	요청사항	4234.BAK("한수원 사장에게 요청할 사항" 문서)	2019. 12. 1. 23:59:32
		180524_한수원 사장에게 요청할 사항(과수).BAK	
		180530_한수원 사장 면담 참고자료.BAK	
		참고.BAK	
19	기재부 협의	180603_비용보전 소요_v2.1.BAK	2019. 12. 1. 23:58:23
		180612_비용보전 소요_v2.2.BAK	
20	234	180523_에너지전환 보완대책 추진현황 및 향후 추진일정 (BH송부).BAK	2019. 12. 1. 23:55:55
계	**폴더 총 122개(파일 총 444개 중 내용 복구파일 324개, 미복구파일 120개)**		

※ 자료: 산업부 제출자료 재구성

제5부

감사원의 감사결과 통보

감 사 원

통보(인사자료) 및 주의요구

제목 월성1호기 즉시 가동중단 방침 결정업무 등 부당 처리

소관기관 산업통상자원부

조치기관 산업통상자원부

내용

1. 전체 사건 개요

한국수력원자력주식회사(이하 “한수원”이라 한다)는 월성1호기의 당초 설계수명 (30년)이 2012. 11. 20. 만료[1]됨에 따라 설계수명을 연장하기 위해 2009. 12. 30. 원자력안전위원회[2](이하 “원안위”라 한다)에 계속운전허가 신청을 하여 2015. 2. 27. 계속운전 승인(설계수명이 2022. 11. 20.까지 연장됨)을 받은 후 2015. 6. 23. 가동을 재개하였다.[3]

1) 에너지로드맵 등에 따라 월성1호기 조기폐쇄를 결정

국정기획자문위원회는 2017. 7. 19. 국정과제로 “탈원전 정책으로 안전하고 깨끗한

1) 월성1호기는 1982. 11. 21. 최초 임계(臨界, 원자로에서 원자핵 분열의 연쇄반응이 일정한 비율로 유지되는 것에 도달하여 1983. 4. 22.부터 상업운전을 개시함

2) 2009년 12월 당시 허가권자는 교육과학기술부장관이었음

3) 원안위가 2017. 5. 28. 계획예방정비(제25차)에 착수한 이후부터 가동을 중단함

에너지로 전환"을 선정하면서 월성1호기를 전력수급 상황을 고려하여 가급적 조기에 폐쇄하는 것으로 정하였다.

그리고 정부는 2017. 10. 24. 개최된 제45회 국무회의에서 "에너지전환(탈원전) 로드맵"을 심의, 의결하였는데, 이에 따르면 ① 월성1호기는 전력수급 안정성 등을 고려하여 조기폐쇄하고, ② 적법하고 정당하게 지출된 비용에 대해서는 정부가 기금 등 여유재원을 활용하여 보전하되(관계부처 협의 및 국회 심의) 필요시 법령상 근거를 마련하여 추진한다고 되어 있다.

2) 제8차 전력수급기본계획 수립과정 및 내용

산업부는 2017년 10월경 월성1호기 조기폐쇄를 법률 제정에 의한 방법으로 추진하는 것이 어렵자, 사업자인 한수원으로 하여금 경제성 등을 평가하여 스스로 조기폐쇄를 결정하는 방법으로 추진하는 것을 결정하였다.

그리고 산업부는 제8차 전력수급기본계획에 월성1호기를 경제성 등을 평가하여 조기폐쇄한다는 내용을 반영하기 위해, 2017년 11월경 한수원으로 하여금 전력수급기본계획 작성의 기초가 되는 현황조사표를 제출하도록 하면서 ① 2017. 10. 24. 국무회의에서 의결된 에너지전환 로드맵 이행을 위해서는 조기폐쇄가 불가피하나 원안위 승인이 필요하므로 정확한 폐쇄시기를 확정하기 곤란함, ② 운영변경 허가에 대한 소송 진행 중(2017. 2. 7. 제1심 원안위 패소, 현재 항소심 진행 중)으로 결과를 예단하기 어렵고, 계속 운전의 경제성, 전력수급 상황 등에 대한 검토가 필요하여 폐쇄시기까지 수급기여 정도가 불확실함, ③ 에너지전환 로드맵 이행에 따라 발생한 정당한 비용에 대한 정부의 보전 필요 등의 문구를 기재하도록 하였다.

이후 한수원은 2017. 11. 21. [별표 1] "산업부의 요청에 따른 현황조사표 문구 수정 내용"과 같이 작성한 현황조사표를 산업부에 제출하였다.

그리고 산업부는 2017. 12. 29. 위 현황조사표를 기초로 월성1호기와 관련된 내용을 포함하여 제8차 전력수급기본계획을 확정하였다.

3) 조기폐쇄 결정업무 추진 과정 및 내용

산업부장관은 2017. 12. 29. 제8차 전력수급기본계획을 확정하면서 월성1호기를 조기폐쇄하는 것을 전제로 경제성, 지역수용성 등 계속가동에 대한 타당성을 종합적으로 평가하여 폐쇄시기를 결정하도록 하였다.

이후 산업부 ▽관 E 등은 2018. 2. 20. "제8차 전력수급기본계획 확정에 따른 협조요청" 문서를 통해 한수원으로 하여금 월성1호기 조기폐쇄를 이행하도록 하기 위해 필요한 조치들을 이행해 달라고 하였다.[4)]

그러고 나서 산업부는 2018. 3. 2. 한수원 ◇본부(♡처장)와 만나, 월성1호기 조기폐쇄 이행을 위해 TF팀 구성, 경제성 평가용역 등을 활용하도록 한다는 등의 한수원 내부방침을 신임 사장이 취임하는 3월 말까지 수립하도록 하였다.[5)]

이에 따라 한수원은 2018. 3. 7. ◇본부장(O)을 팀장으로 하는 "월성1호기 정부정책 이행 검토 TF"를 구성하여 운영기간별 가동중단 시나리오[6)]를 검토하는 등 월성1호기에 대한 조기폐쇄 정책을 이행하는 방안을 검토하였다.[7)]

---

4) ▷과 G가 기안하고, 과장 F 및 국장 E의 결재를 받아 한수원에 통보하였음

5) ▷과장(F)은 한수원 ◇본부 ♡처장(R)에게 인사상 불이익이 있을 수 있다는 취지의 언급을 하면서 조기폐쇄를 추진하도록 함

6) 운영기간별 가동중단 시나리오는 ① 4.4년 운영(설계수명 시까지)하는 시나리오, ② 2.5년 운영(영구정지 운영 변경허가 시까지)하는 시나리오, ③ 1년 운영(운영변경허가처분 무효확인 소송 판결 시까지)하는 시나리오, ④ 즉시 가동중단하는 시나리오 등으로 구분됨

7) 한수원 사장이 2020. 3. 16. 감사원에 제출한 답변서에도 산업부가 제8차 전력수급기본계획을 수립하는 것과 관련하여 한수원은 월성1호기 조기폐쇄에 대해 동의한 사실이 없다고 답변하였음

【 참고 】 산업부가 대통령비서실에 경영성과협약서와 관련하여 보고한 내용

● 한편, 산업부(▽관 E 등)는 2018. 3. 15. '민형사상 책임, 직원 반발에 대한 우려로 이사회, 사장의 결정 지연 가능성이 있어 신임 사장 경영 계약 시 후속조치 이행을 명시, 이사회 설득 책임도 부여한다'는 내용 등을 포함한 "에너지전환 후속조치 추진계획"을 대통령비서실 ♤비서관 L에게 보고

- 실제로 산업부는 2018. 5. 29. 한수원 사장의 경영성과협약서에 월성1호기 조기폐쇄 이행 등을 포함하도록 함

이후 2018. 3. 19.에도 산업부 ▷과장[8]은 한수원의 월성1호기 조기폐쇄 이행 상황을 파악하고자, 한수원 ◇본부 ♡처장 R 등을 산업부로 불러 2018년 3월말 까지 TF를 통한 내부방침을 결정하여 보고해 달라고 하는 등 [별표 2] "월성1호기 관련 회의 내용"과 같이 같은 해 1. 29.부 터 3. 19.까지 4차례[9]에 걸쳐 한수원의 조기폐쇄 추진상황을 점검하면서 한수원에 내부방침 수립 등을 요청하였다.

---

8) 산업부 G는 감사원 문답 시 "F 과장이 청와대에서 2018. 6. 19. 고리1호기 영구정지 1주년 행사와 관련하여 월성1호기 조기폐쇄를 민감하게 지켜보고 있다고 말씀하시면서, 한수원 분들에게 2018년 3월 말까지는 한수원 TF에서 월성1호기를 언제 폐쇄할지 등에 내부방침을 결정하여 산업부에 보고하도록 하였다"고 진술함

9) 2018. 1. 29., 같은 해 2. 6., 같은 해 3. 2., 같은 해 3. 19. 등 4차례임

2. 업무 담당자의 부당한 업무 처리

AO는 2017. 7. 21.부터 2018. 9. 21.까지 산업부장관으로서 월성1호기 조기폐쇄 등을 포함한 에너지전환 정책과 관련된 업무 전반을 지휘·감독하였다. 그리고 AM은 2018. 4. 5.부터 2020년 7월 현재까지 한수원 사장 및 이사회 이사로서 월성1호기 조기폐쇄와 관련된 내부방침 수립, 월성1호기에 대한 경제성 평가, 이사회에 상정하는 부의안 작성 등 한수원 업무 전반을 지휘·감독하면서 2018. 6. 15. 개최된 이사회에서 월성1호기를 조기폐쇄하는 안건에 찬성하였다.

가. AO의 경우

1) 조기폐쇄 시기 방침 결정 및 한수원 선달과정에서의 업무처리 부적정

가) 사건 개요

산업부와 한수원은 2018. 3. 19. 및 같은 해 3. 29.[10] 한수원이 자체적으로 수행한 경제성 평가자료를 기초로 회의를 하면서 즉시 가동중단 시와 운영기간 별 가동중단 시나리오의 손익을 각각 비교한 결과, 월성1호기를 설계수명 시 까지 계속가동하는 방안이 가장 경제적이지만 정부 정책으로 월성1호기 조기 폐쇄 방침을 정한 점을 고려하여 원안위의 영구정지 운영변경허가 취득 시까지 2년 6개월간(2.5년) 운영하는 방안을 조기폐쇄 시기의 하나로 유력하게 검토하고 있었다.

---

10) 한수원 ◇본부가 자체적으로 작성하여 2018. 3. 29. 회의자료로 활용한 '월성1호기 경제성 평가' 보고서의 '2. 평가 결과'에 따르면, "사후처리비 및 운전유지비 상승, 에너지정책 변화에 따른 이용률 저하로 이용률 85.8% 달성은 쉽지 않을 것으로 판단되며, 4.4년 운영 시와 즉시 정지 시 총비용을 비교해 볼 때 약 2,200억원 수준으로 크지 않고, 비용에는 반영이 안 되지만 국민의 눈높이에 맞춘 심리적 안전성 강화비용 등을 고려해 볼 때 발전비용 증가가 예상되므로, 정부 정책 이행을 위해 즉시 정지하는 것도 바람직한 방법일 것으로 판단됨"이라고 되어 있는 등 한수원은 '즉시 가동중단' 역시 조기폐쇄 시기에 대해 선택 가능한 방안의 하나로 검토한 사실이 있었음

나) 관계 법령 및 판단기준

『공공기관의 운영에 관한 법률』 제17조 제1항 제4호와 한수원 이사회 규정 제5조 제1항 제6호에 따르면 기본재산(발전소 등)의 처분 등은 이사회가 심의·의결하도록 되어 있다.

산업부가 2017. 12. 29. 수립한 "제8차 전력수급기본계획"에 따르면 월성1호기는 2018년 상반기에 경제성, 지역수용성 등을 종합적으로 평가하여 폐쇄시기등을 결정하도록 되어 있고, 정부가 2017. 10. 24. 개최된 제45회 국무회의에서 심의, 의결한 "에너지전환(탈원전) 로드맵"에 따르면, 적법하고 정당하게 지출된 비용에 대해서는 정부가 기금 등 여유재원을 활용하여 보전한다고 되어 있다.

그리고 『행정절차법』 제48조 제1항에 따르면 행정지도는 그 목적 달성에 필요한 최소한도에 그쳐야 한다고 되어 있다.

한편, 한수원은 2015. 2. 27. 원안위로부터 월성1호기에 대한 계속운전 승인을 받아 2022. 11. 20.까지 계속 가동할 예정에 있었던 바, 한수원이 제8차 전력수급기본계획에 따라 경제성 평가를 실시하고 그 결과에 따라 선택할 수 있는 시나리오는 ① 설계수명 시까지 계속 가동하는 방안, ② 원안위의 영구정지 운영변경허가 시까지 가동하는 방안, ③ 즉시 가동중단하는 방안 등이 있었으며, 실제로 산업부와 한수원은 이러한 다양한 시나리오에 대하여 검토하고 있었다.

따라서 AO는 월성1호기 조기폐쇄 시기에 대한 방침을 정할 경우, ① 경제성, 지역수용성 등을 종합적으로 평가하여 폐쇄시기를 결정하도록 되어 있는 제8차 전력수급기본계획의 취지, ② 경제성 평가결과는 조기폐쇄에 따른 비용보전 시 참고사항이 될 수 있는 점 등을 고려하여, 외부기관의 경제성 평가결과 등이 나온 후 정하는 것이 적정하며, 산업부 실무자가 이를 집행하는 과정에서 한수원으로 하여금 해당 방침 외 다른 방안을 검토하지 못하게 하는 일이 없도록 주의를 기울여 관리 · 감독해야 한다.

그리고 AO는 산업부장관으로서 국정과제와 관련된 사안과 같이 중요한 정부의 방침은 이해관계자(한수원 등)의 의견을 적절히 수렴하고, 그 방침 결정의 근거와 과정이 공식적으로 기록·보존되도록 할 필요가 있으며, 즉시 가동중단 방침과 같은 중요내용을 행정지도의 형식으로 공공기관에 전달할 때에는 공문[11]의 형식으로 투명하게 실행되도록 하여야 한다.

다) 감사결과 확인된 문제점

▷과장 F는 2018. 4. 3. AO에게 '☆비서관실에서 월성1호기 조기폐쇄 추진 방안 및 향후계획을 산업부장관에게 보고한 후 이를 ☆비서관실에 보고해달라' 는 연락을 받았다고 보고하였다. 그리고 F는 위 보고 시 기존에 AO와 대통령비서실에 보고(2017. 12. 6.[12] 및 2018. 3. 15.[13])한 내용 및 한수원 '월성1호기 정부정책 이행 검토 TF'의 의사(2.5년 가동)를 고려하여 한수원 이사회가 2018년 6월 경에 월성1호기의 조기폐쇄 결정을 하되 "구체적인 조기폐쇄 시기는 원자력안전법과 고리1호기 사례를 참고로 원안위, 대통령비서실 등과 협의를 통해 추진"하겠다고 하는 한편, "한수원 이사회의 조기폐쇄 의결 이후에도 원안위의 영구정지 운영변경허가 전까지 가동하는 것이 가능하고, 한수원 이사회의 조기폐쇄 의결 이후 가동을 사실상 영구중단하는 방법은 별도의 이사회 의결이 필요 하지만 이사들의 법적 책임과 연계될 수 있는 문제가 있어 추진이 어려운 상황"이라는 내용의 "월성1호기 조기폐쇄 추진현황 및 향후계획"을 보고하였다.[14] 한편,

---

11) 우리나라의 유일한 원전 영구정지(폐쇄) 사례로 2015년 폐쇄 결정된 고리1호기의 경우, 한수원이 고리1호기의 2차 수명연장 여부를 결정하는 과정에서 산업부는 2015. 6. 12. 에너지위원회의 논의 결과를 토대로 한수원에 "중장기적인 원전사업의 발전을 위하여 고리1호기 영구정지"를 권고하였는데, 이 경우에도 공문 형식으로 투명하게 권고 내용을 전달한 바 있음

12) 대통령비서실(▶비서관실)은 2017. 12. 6. 산업부 보고 시 2018년 초에 한수원 이사회의 의결 후 월성1호기를 조기폐쇄한다면 고리1호기 선례처럼 원안위의 영구정지 운영변경허가 시까지 2년간 가동한 후 폐쇄하는 것도 문제없다고 하였음

13) E는 감사원 문답 시 ▷과장 F와 함께 2018. 3. 15. 대통령비서실 ☆비서관 L에게 "에너지전환 후속조치 추진계획"을 보고하면서 2017. 12. 6. 대통령비서실(▶비서관)에 보고한 것과 마찬가지로 즉시 가동중단하는 것보다 운영변경허가 전까지 가동하는 안으로 보고하였다고 진술

14) ☆비서관 L이 2018. 4. 2. 행정관 N에게 산업부로부터 월성1호기를 즉시 가동중단하는 것으로 산업부장관까지 보고하여 확정한 보고서를 받아보라고 지시하였고, 이에 N은 4. 2. 및 4. 3. F에게 전화하여 L의 지시

AO는 위 보고 전인 2017. 12. 6. 및 2018. 3. 15. ▽관 E로부터 "월성1호기 조기폐쇄 추진방안" 및 "에너지전환 후속조치 추진계획"을 각각 보고받으면서, 한수원은 계속가동을 원하지만 부득이 조기폐쇄를 하더라도 운영변경허가 시까지 운영하기를 원한다는 입장이고, 월성1호기를 즉시 가동중단하는 것보다 운영변경허가 기간(2년)까지 운영하는 것이 경제성이 있다고 보고받은 바 있다.[15][16]

더욱이, AO는 2018. 4. 3. F로부터 대통령비서실(♤비서관실)에 보고하기 위한 "월성1호기 조기폐쇄 추진현황 및 향후계획"을 보고받으면서도, 한수원이 조기폐쇄 결정을 하더라도 경제성, 안전성 등 여러 가지 사정을 고려하여 원안위의 영구정지 운영변경허가 시까지는 계속가동하는 방안이 가능하다는 것은 물론 제8차 전력수급기본계획에 따라 월성1호기의 폐쇄시기 등을 결정함에 있어 한수원이 선행하기로 한 외부기관의 경제성 평가가 아직 착수되지 않았다는 사실을 보고받았다.

그런데도 AO는 2018. 4. 3. F가 같은 해 4. 2. ♤비서관실 행정관 N로부터 전해 들었던 대로 ♧보좌관 U가 월성1호기를 방문하고 돌아와서 외벽에 철근이 노출되었다는 점을 청와대 내부보고망에 게시하자, 이에 대해 대통령이 월성1호기의 영구 가동중단은 언제 결정할 계획인지 질문하였다는 취지의 보고배경과 함께 보고서의 내용을 설명하자, "한수원 이사회가 경제성, 지역수용성 등을 고려하여 폐쇄를 결정한다고 하면 다시 가동

사항을 전달함

- 다만, F는 위와 같은 전화를 받고도 즉시 가동중단 외에 원안위의 영구정지 운영변경허가 시까지 계속가동하는 방안을 포함하여 장관에게 보고함

15) E는 감사원 문답 시 "AO 전 장관이 한수원이 영구정지 운영변경허가 시까지는 가동을 원한다는 것을 알고 있었음에도 한수원의 의사에 반하여 조기폐쇄와 동시에 즉시 가동중단하는 것으로 지시하였습니다. 이에 따라 저와 실무자(F 과장 등)가 한수원에 정부의 정책을 이행하라고 여러 차례 요구한 결과를 초래하였습니다"라고 진술

16) 이에 대해 산업부장관 AO는 2020. 9. 24. 개최된 감사원 직권심리 시 2017. 12. 6. 및 2018. 3. 15. E로부터 위 문서들을 보고받은 기억이 없다고 주장하였으나, E는 감사원 문답 및 2020. 9. 21. 개최된 감사원 직권심리 시 AO와 대통령비서실에 위 문서들을 보고하였다고 일관되게 진술하고 있고, 실제로 E의 출장기록에 보면 2017. 12. 6. 및 2018. 3. 15. 대통령비서실에 출장을 간 기록이 있는 바, 대통령비서실에 보고된 문서를 E로부터 보고받지 않았다는 AO의 주장은 받아들이기 어려움

하는 것이 이상하지 않느냐"라고 질책하면서[17], 한수원 이사회의 조기폐쇄 결정과 동시에 즉시 가동중단하는 것으로 재검토하도록 지시하였다.

이와 같은 AO의 지시를 받은 F는 2018. 4. 3. ▽관 E 및 □실장 B에게 AO의 지시 내용을 보고한 후 조기폐쇄와 동시에 즉시 가동을 중단하는 방안으로 보고서를 수정하였다. 그리고 F는 2018. 4. 4. 한수원 ◇본부장 O 등을 산업부로 불러 AO의 위 재검토 지시에 따라 운영변경허가 전까지 가동하는 방안은 어렵게 되었다고 하였고, 이에 대해 O 등이 원안위의 영구정지 운영변경허가 시까지 가동하는 시나리오를 검토해달라고 하였으나, 산업부는 월성1호기 조기폐쇄 추진방안을 조기폐쇄와 동시에 즉시 가동중단하는 방안으로 방침을 결정하고 이를 대통령비서실(♧비서관)에 보고할 예정이라고 하였다.

산업부가 조기폐쇄 및 즉시 가동중단을 결정한 경위 및 이를 전달받은 한수원의 입장

- 산업부장관의 2018. 4. 4. 조기폐쇄 및 즉시 가동중단 방침 결정과 관련된 진술
  - 산업부장관 AO는 감사원 문답 시 한수원 이사회가 경제성, 지역수용성 등을 고려하여 폐쇄를 결정한다고 하면 다시 가동하는 것이 이상하다고 생각하여, 조기폐쇄와 동시에 즉시 가동중단하는 것으로 결정을 하였으며, 이와 관련하여 한수원의 입장이 무엇인지는 확인해보거나 확인하도록 지시한 사실이 없다고 진술함
- 2018. 4. 4. 산업부장관의 조기폐쇄 및 즉시 가동중단 방침 결정을 전달한 경위
  - 산업부 ▽관 E는 감사원 문답 시 "장관의 즉시 가동중단 결정에 따라 F 과장이 한수원 임직원들을 세종시로 호출하여 장관의 뜻을 분명하게 전달하였습니다. (중략) 한수원의 입장이 정부의 입장과 반대편에 있기 때문에, 제가 실무자(F 과장, G)를 통해 위와 같이 적극적으로 정부정책 이행을 요구해야 월성1호기의 즉시 가동중단이 이행된다는 것은 장관 AO가 알고 있는

---

17) 산업부 ▷과장 F는 감사원 문답 시 '2018. 4. 3. 장관이 이사회의 조기폐쇄 결정 이후에도 운영변경허가 전까지 가동할 수 있다는 뜻으로 대통령비서실에 보고할 수 없다고 하면서 한수원 이사회의 조기폐쇄 결정과 동에 즉시 가동중단을 하는 방안으로 재검토하도록 지시하였다'고 진술

것이며, 제가 구두로 ▷과 업무 보고 시 추진과정을 보고하였으므로 한수원은 산하 공기업으로서 산업부의 요구에 부담을 느낄 수밖에 없다는 것을 인지하고 있었습니다. (중략) 결과적으로 AO 전 장관이 월성1호기 즉시 가동 중단을 결정하면서 한수원이 폐쇄시기 등을 결정할 수 있는 경영상의 자율성을 침해했을 수 있고, 의사결정에 부담을 준 것입니다"라고 진술

- 산업부 ▷과장 F는 감사원 문답 시 "E 국장과 상의하여 한수원 ◇본부장(O) 등 한수원 직원들도 2018. 4.
4. 산업부에 오도록 하여 장관이 즉시 가동중단으로 결정하였고, 이를 대통령비서실에도 보고할 것이라고 하였습니다. O 본부장 등 한수원 직원들은 기존의 조기폐쇄 추진방안(원안위의 영구정지 운영변경허가 시까지 가동)과 달라져서 부담스러워했으나, 장관이 단호하게 즉시 가동중단하는 것으로 결정한 상황을 전달하자, 이를 거부하지는 못하였던 것으로 기억합니다"라고 하면서 "저도 장관의 지시를 거부하기 어려웠는데, 한수원 직원들도 동일하게 느꼈을 것이라고 판단됩니다"라고 진술

● 2018. 4. 4. 산업부장관의 조기폐쇄 및 즉시 가동중단 방침 결정을 전달받은 한수원의 입장

- 한수원 ◇본부장 O는 감사원 문답 시 당초 ▷과장 F와 영구정지 운영변경허가 시까지 가동하는 방안에 공감대를 가지고 추진하고자 하였으나, F가 2018. 4. 4. 장관 보고 시 장관이 강력하게 즉시 가동중단하는 것으로 지시하였다는 것을 전해 듣고 즉시 가동중단하는 방안 외에 다른 방안은 현실적으로 추진하기 어려웠다고 진술
- 한수원 P는 감사원 문답 시 "산업부 F 과장이 2018. 4. 4. 월성1호기에 대해 재가동은 안된다고 하면서 1.4년, 2.5년 시나리오는 진행하지 못하게 하였습니다. 그런데 4.4년 운영 시나리오는 조기폐쇄라는 정부정책에 위배되므로 처음부터 산업부가 허용하지 않았습니다. 그래서 한수원은 즉시 가동중단만 선택 가능한 상태였습니다"라고 하면서 "2018. 4. 4. 회의에서 산업부 F 과장이 장관 AO의 지시로 월성 1호기는 조금이라도 재가동이 안된다고 한수원 측에 전달하였으므로 용역은 즉시 가동중단이 가장 경제성이 있다는 결과를 도출하는 방향으로 진행된 것입니다"라고 진술

그리고 AO는 2018. 4. 4. F로부터 [그림]과 같이 한수원 이사회가 2018년 6월 월성1호기 조기폐쇄 및 즉시 가동중단을 의결하면, 한수원이 이를 실행하는 등의 내용으로 수정된 "월성1호기 조기폐쇄 추진방안 및 향후계획"과 함께 이에 따른 비용보전 방안을 보고받고 이를 산업부의 방침으로 결정하고는 F에게 위 문서를 그대로 대통령비서실(♤비서관)에 보내도록 지시하였다.

[그림] 산업부의 월성1호기 조기폐쇄 추진절차 및 향후계획

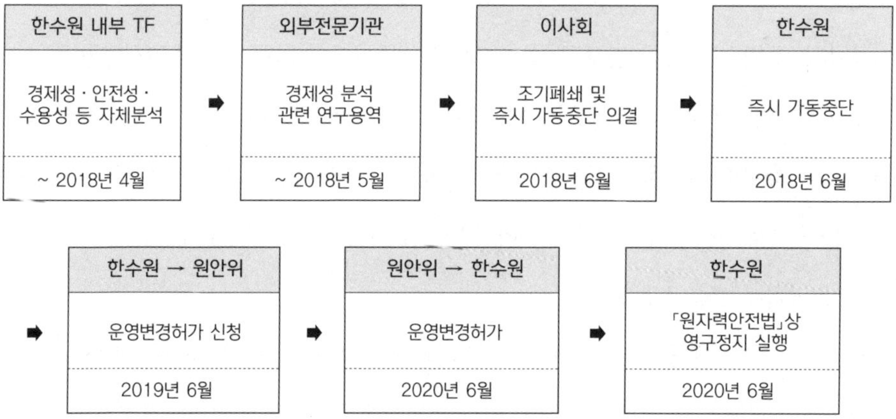

한수원 내부 TF	➡	외부전문기관	➡	이사회	➡	한수원
경제성 · 안전성 · 수용성 등 자체분석		경제성 분석 관련 연구용역		조기폐쇄 및 즉시 가동중단 의결		즉시 가동중단
~ 2018년 4월		~ 2018년 5월		2018년 6월		2018년 6월

➡	한수원 → 원안위	➡	원안위 → 한수원	➡	한수원
	운영변경허가 신청		운영변경허가		「원자력안전법」상 영구정지 실행
	2019년 6월		2020년 6월		2020년 6월

※ 자료: 산업부 제출자료 재구성

이와 같이 F가 AO의 월성1호기 조기폐쇄 및 즉시 가동중단 방침의결정 내용을 한수원에 전달하면서, 운영변경허가 전까지 가동하는 방안은 어렵게 되었다고 함에 따라, 한수원은 2018. 4. 10. ○○회계법인과 "월성1호기 운영정책 검토를 위한 경제성 평가" 용역계약(금액: 130,765,000원, 기간: 2018. 4. 10.~6. 22.)을 체결하면서 당초 용역설계서에서 제시되었던 영구정지 운영변경허가 시까지 운영하는 시나리오를 제외하도록 하고는 즉시 가동중단하는 방안과 설계 수명 시까지 계속가동하는 방안만 비교하여 경제성 평가를 실시하도록 하였다.[18] 그 결과 한수원은 월성1호기를 조기폐쇄하는 것으로 결정

18) 당초 용역설계서에는 경제성 평가 용역 시나리오에 즉시 가동중단, 영구정지 운영변경허가 시까지 가동하

하더라도 구체적인 폐쇄시기에 대해서는 영구정지 운영변경허가 시까지 가동하는 방안을 포함하여 여러 대안을 검토 중이었는데도, AO가 한수원 이사회의 조기폐쇄 결정과 동시에 즉시 가동중단하는 것으로 방침을 결정하고, 과장 F가 이를 전달하는 과정에서 즉시 가동중단이라는 특정 방안의 이행을 요구함에 따라, 영구정지 운영변경허가 시까지 가동하는 방안 등 다른 대안은 검토대상에서 제외되고 조기폐쇄 결정과 동시에 즉시 가동중단하는 방향으로 업무를 추진하게 되었다.

이와 같이 AO가 외부기관의 경제성 평가결과가 나오기 전 폐쇄시기에 대한 방침을 결정한 것은 경제성 등을 종합적으로 평가하여 폐쇄시기를 결정하기로 한 제8차 전력수급기본계획의 취지 및 경제성 평가결과가 조기폐쇄에 따른 비용 보전 시 참고사항이 될 수 있는 점 등을 고려할 때 절차적 합리성을 갖춘 것으로 보기 어렵다. 또한 AO가 즉시 가동중단 방침을 결정하는 과정에서 조기폐쇄 시기 결정의 주체인 한수원의 의견을 적절히 고려하지 않았을 뿐만 아니라 그 방침 결정의 근거와 과정을 공식적으로 기록·보존되도록 하지도 않았는 바, 절차적 정당성을 갖추지 못한 것으로 판단된다.

그리고 AO의 즉시 가동중단 방침을 이행하는 과정에서 과장 F가 한수원에 방침 내용을 공문이 아닌 구두로 전달하고, 해당 방침 외 다른 대안을 검토하지 못하도록 한 사실이 인정되는 바, AO는 즉시 가동중단 방침을 직접 결정한 산업부장관으로서 위 방침 이행과 관련된 업무가 적정하고 투명하게 처리되도록 관리·감독하지 못한 데 대한 책임이 있다.

는 시나리오 등에 대해서도 검토하도록 되어 있었으나, 산업부장관의 조기폐쇄 및 즉시 가동중단 방침 결정에 따라 운영변경허가 시까지 가동하는 시나리오는 삭제함

- ○○회계법인 Y는 감사원 문답 시 "P 부장은 착수 회의 시 산업부 방침이 즉시 가동중지이므로 운영변경허가 기간 동안의 운영 시나리오에 대해서는 할 필요가 없다고 이야기를 했습니다. 그래서 용역설계서에 있었음에도 수행하지 않았습니다"라고 진술

2) 경제성 평가업무 수행 과정에 대한 관리 · 감독 부적정

가) 사건 개요

AO의 즉시 가동중단 방침 결정에 따라, 한수원은 2018. 4. 10. ○○회계법인 과 "2-가-1)-다)항"과 같이 경제성 평가 용역계약을 체결하면서 즉시 가동중단과 계속가동에 대한 경제성 평가를 수행하도록 하였다.

이에 따라 ○○회계법인은 2018. 5. 3. 한수원으로부터 제공받은 자료와 한수원 관련 부서 인터뷰(2018. 4. 23.~4. 24.)를 통해 월성1호기의 이용률 85%, 판매단가는 2017년도 판매단가(60.76원/kWh)에 물가상승률 1.9%를 적용하여 즉시 가동중단 대비 계속가동의 경제성이 3,427억 원이고, 분기점 이용률은 20~30% 라는 경제성 평가 재무모델을 작성하였다.

나) 관련 규정 및 판단기준

『공공기관의 운영에 관한 법률』 제17조 제1항 제4호와 『한수원 이사회 규정』 제5조 제1항 제6호에 따르면 기본재산(발전소 등)의 처분 등은 이사회가 심의·의결하도록 되어 있으며, "제8차 전력수급기본계획"에 따르면 월성1호기는 2018년 상반기에 경제성, 지역수용성 등을 종합적으로 평가하여 폐쇄시기 등을 결정하도록 되어 있다.

그리고 행정절차법 제48조 제1항에 따르면 행정지도는 그 목적 달성에 필요한 최소한도에 그쳐야 한다고 되어 있다.

한편, "2-가-1)-다)항"에서 설시한 바와 같이 AO는 외부기관의 경제성 평가가 이루어지기 전에 월성1호기 조기폐쇄 및 즉시 가동중단 방침을 결정한 바 있다.

따라서 AO는 즉시 가동중단 방침을 결정한 산업부장관으로서, 산업부 공무원들이 산하기관인 한수원과 회계법인의 경제성 평가용역 과정에 관여하더라도 필요한 최소한도에 그치도록 하여야 하고 본인(AO)의 즉시 가동중단 방침이 한수원 이사회에서 부결되지 않도록 하기 위해 월성1호기 계속가동의 경제성을 낮추기 위한 목적으로 부적정한 의견을 제시함으로써 경제성 평가업무의 신뢰성을 저해하는 일이 없도록 주의를 기울여 관리 · 감독하여야 했다.

다) 감사결과 확인된 문제점

AO가 "2-가-1)-다)항"의 내용과 같이 월성1호기 폐쇄시기를 즉시 가동중단하는 것으로 방침을 결정한 이후, 산업부는 2018. 5. 2. 한수원 사장 AM과 객관적 기준으로 이용률이 검토되도록 협의하고, ▷과장 F는 ○○회계법인과 면담(2018. 5. 4.) 시 향후 경제성 저하 요인을 적극적으로 설명하겠다는 "에너지전환 후속조치 추진현황"을 작성하였다.[19]

이후 F는 2018. 5. 4. ○○회계법인과의 면담에서 판매단가와 이용률 등 입력 변수와 관련하여 월성1호기의 경제성이 낮게 나오는 방향으로 적극적으로 의견을 제시하였다.[20]

---

19) AO는 2020. 9. 24. 개최된 감사원 직권심리 시에는 2018. 5. 2. 문서에 대해 보고받지 않았다고 진술하였으며, E는 감사원 문답 시 2018. 5. 2. 작성한 "에너지전환 후속조치 추진현황" 문서와 관련하여 "G가 작성하여 F와 E가 검토하여 장관 AO의 결재를 받아 대통령비서실에 전달하였다"고 진술하였다가, 2020. 9. 21. 개최된 감사원 직권심리시에는 □실장 B가 주재하는 현안점검 회의용 자료였다고 진술을 번복

- F는 감사원 문답 시 2018. 5. 2. 작성한 "에너지전환 후속조치 추진현황" 문서를 대통령비서실(☆비서관실)에도 공직자메일을 통해 전달했을 가능성이 있으며, 문서내용을 대통령비서실에 보고했던 것으로 기억한다고 진술

- 산업부가 작성한 위 "에너지전환 후속조치 추진현황" 문서에 따르면 "월성1호기 조기폐쇄 이사회 의결을 삼척 및 영덕 예정구역 해제와 함께 지방선거 이후 6월중 일괄처리 추진(6. 13.~18.), ※ 한수원 입장: 노조반발, 이사회 구성(비상임이사 3명 교체 5월초, 의장교체 6월초) 등을 고려할 때, 월성, 영덕, 삼척 후속조치들을 일괄의결하는 것이 바람직"이라고 되어 있는 등 이사회 개최시기나 안건 상정방식 등에 대해 기재되어 있는데, 이에 대해 F는 감사원 문답 시 장관이나 대통령비서실에 보고하고 방침을 확정할 필요성이 있는 내용이라고 진술

- 참고로, 위 "에너지전환 후속조치 추진현황"에 따르면 이용률 외에도 "영구정지 허가 시까지 비용을 회계법인은 동 기간에 유지해야 하는 인력, 장비 관련 비용을 즉시정지의 추가비용으로 인식·규제에 따른 불가피한 비용이므로 비용에서 제외되어야 함을 설명"이라는 내용도 기재되어 있는데, ○○회계법인이 위 내용을 경제성 평가에 반영하지는 않았음

20) 산업부 ▷과장 F는 감사원 문답 시 "월성1호기의 경우 이용률이 높을 때는 90% 정도였고 낮을 경우는 30~40% 정도 되는 것으로 설명을 했던 것 같은데, 아마 Y는 제가 설명한 30~40%를 기억하고 그렇게 진술하는 것 같습니다"라고 하면서, 장관의 즉시 가동중단 결정을 이행하기 위해서는 경제성이 높게 나오면 부담이 되는 상황이었습니다. 이에 저와 G는 - (중략) - 실무자로서 ○○회계법인과의 인터뷰 과정에서 경제성

더욱이 AO는 2018년 5월경 E로부터 ▽관실 업무보고 시 자신(AO)이 결정한 월성1호기 즉시 가동중단 방침을 추진하기 위해 E가 한수원 사장 AM에게 경제성 평가용역 부분을 잘 살펴봐 달라고 당부한다는 사실 등에 대해서 수차례 보고받았음에도[21] E로 하여금 한수원의 입장을 고려하라는 등의 지시를 하지 아 니하였다.[22]

AO의 즉시 가동중단 방침을 이행하기 위해서는 계속가동의 경제성이 낮게 나와야 한다고 생각한 E, F, G는 월성1호기가 경제성이 없는 방향으로 평가결과가 나오도록 하기 위해[23] ○○회계법인의 경제성 평가용역 회의 등에 참여하여 적극적으로 의견을 제시하기로 하였다.

이 낮게 나오는 요인에 대해 적극적으로 설명할 수밖에 없었던 상황이었습니다. 당시 국정과제와 장관의 조기폐쇄 및 즉시 가동중단 결정을 이행할 수밖에 없었던 제 입장도 이해를 해주셨으면 합니다. 장관이 즉시 가동중단을 결정하지 않았다면 당연히 개입하지 않았을 것입니다"라고 진술

- 한수원은 2018. 5. 4. ○○회계법인으로부터 산업부의 위 입장을 전달받고 [별표 3] "○○회계법인 경제성 평가 변동 명세"와 같이 계속가동의 경제성을 낮추기 위해 판매단가는 2017년도 판매단가에서 불가상승률을 적용하지 않도록 하는 등 주요 입력변수를 변경함

21) ▽관 E는 감사원 문답 시 "AO 전 장관은 법령 등에 의해 월성1호기를 조기폐쇄 및 즉시 가동중단하기는 현실적으로 불가능하여 경제성 평가를 통해 한수원이 스스로 폐쇄를 추진한다는 것을 보고를 받아 알고 있었습니다. 그리고 제가 AO 전 장관에게 월성1호기 조기폐쇄 등 추진을 위해 한수원 K 부사장과 현황조사표 작성(월성1호기 조기폐쇄 불가피, 경제성 평가 추진 등)과 이사회 추진 방법과 일자(지방선거 직후 등)를 협의하고 있다는 것과 한수원 사장 AM에게 경제성 평가용역 부분을 잘 살펴봐 달라고 당부하는 것 등에 대해서는 ▽국 업무 보고 시 등에 몇 차례 보고하였기 때문에 인지하였다고 봅니다"라고 하면서

- "한수원의 입장이 정부의 입장과 반대편에 있기 때문에, 제가 실무자(F 과장과 G)를 통해 위와 같이 적극적으로 정부정책 이행을 요구해야 월성1호기의 즉시 가동중단이 이행된다는 것은 장관 AO가 알고 있는 것이며, 제가 구두로 ▷과 업무보고 시 추진 과정을 보고하였으므로 (AO 장관이) 한수원은 산업부의 산하 공기업으로서 산업부의 요구에 부담을 느낄 수밖에 없다는 것을 인지하고 있었습니다"라고 진술

- 반면, AO는 직권심리 시 경제성 평가과정에 대해 보고받은 사실이 없다고 진술하였고, E도 직권심리 시에는 이를 번복하여 경제성 평가과정에 산업부가 개입하는 내용을 AO에게 보고한 사실이 없다고 진술을 번복함

22) E는 AO가 월성1호기 조기폐쇄 및 즉시 가동중단 이행을 지시할 때나 그 계획, 과정, 결과에 대해 보고받고도 업무 지시를 하면서 공기업인 한수원의 입장과 의견을 들어보고 검토하라거나, 경영상 판단과 자율성을 존중하라는 등의 지시를 하거나 한수원의 월성1호기 계속가동 입장을 고려하라고 언급한 바가 없다고 진술

23) G는 감사원 문답 시 "월성1호기 조기폐쇄라는 정부정책을 이행하기 위해서는 한수원 이사회 의결이 필요한데 월성1호기의 경제성이 있다고 결과가 나오면 한수원 이사회에서 월성1호기 조기폐쇄를 통과시키기 어려울 수 있어 최대한 월성1호기의 경제성이 없는 방향으로 결과가 나와야 했습니다"라고 진술

이에 G는 2018. 5. 11. 한수원과 ○○회계법인과의 경제성 평가 용역보고서 초안에 대한 검토회의에서 한수원 전망단가의 합리성에 대해 검토한 바 없었는데도 불구하고, 한수원 전망단가를 사용할 경우 월성1호기 계속가동의 경제성이 낮아진다는 이유로, 한수원 전망단가를 경제성 평가에 적용할 필요가 있다는 한수원 P 등 의 주장에 동조하면서 이를 판매단가로 사용할 것을 ○○회계법인에 요구하였다.

이에 대해 ○○회계법인 Y는 한수원 전망단가가 실제 판매단가보다 낮아 경제성 평가에 그대로 적용하기 어려우며 보정이 필요하다는 의견을 제시하였으나, G는 P 등과 함께 한수원 전망단가를 사용할 것을 요구하여 경제성 평가에 보정하지 않고 반영되도록 하였다.[24)]

2018. 5. 11. 회의와 관련된 관련자 진술 내용

- 산업부 ▷과장 F는 G에게 "한수원이 너무 높은 이용률을 기준 이용률로 적용할 경우 현재를 반영하지 못하기 때문에 최근 낮은 이용률을 반영할 필요가 있다는 의견을 제시"하라고 지시하면서 "경제성 평가 용역 관련 회의에 G가 참석하여 장관의 조기폐쇄 및 즉시 가동중단 결정을 이행하기 위해 계속가동의 경제성이 낮게 나오는 방향으로 경제성 평가결과가 나올 수 있게 적극 의견을 개진하라고 한 것으로 기억된다"고 진술
- 산업부 ▷과 G는 감사원 문답 시 2018. 5. 11. 회의에서 객관적 근거 없이 월성1호기 이용률은 30~40% 정도밖에 나오지 않을 것이라고 하며 월성1호기의 이용률을 낮춰 잡아야 한다고 하였으며, 한수원이 판매 단가를 한수원 전망단가로 변경해야 한다고 하자 "저도 월성1호기 경제성 평가 시 판매단가를 '한수원 중장기 전망단가'로 적용하는 것은 문제가 없을 것 같다고 얘기하면서 한전 중장기 재무계획이 국회 등에 보고 되는 자료이니 한전 중장기 재무계획을 토대로 산출

24) G는 위 회의에서 이용률 전망치를 낮게 적용하여 계속가동의 경제성을 낮추기 위해 월성1호기의 향후 이용률은 40%도 나오지 않을 것이라고 주장한 사실도 있음. 이에 ○○회계법인은 이용률을 70%에서 60%로 낮추어 적용함

되는 한수원 중장기 전망단가를 사용하는 것에 대해 어느 누가 문제제기를 하겠느냐고 얘기하였습니다. 그리고 회의에서 발언하지는 않았지만 속으로는 월성1호기의 조기폐쇄가 이미 결정된 상황에서 판매단가를 이왕이면 낮은 판매단가인 한수원 전망단가를 사용하여 월성1호기의 경제성이 낮게 나오게 하는 것이 좋겠다는 생각을 하였습니다"라고 진술

- 한수원 P는 감사원 문답 시 "○○회계법인이 검토회의를 하면서 경제성 평가결과에 영향을 미치는 입력 변수들을 조정하여 4.4년 계속가동이 경제성이 낮다는 방향으로 용역이 진행된 것은 사실입니다. 산업부가 경제성이 없다는 결과를 만들기 위해 입력변수 조정을 요구하여 한수원, ○○회계법인이 이를 받아들였습니다"라고 진술하였고, 또한 "한수원 전망단가에서 약 10% 보정하면 판매단가가 높아지게 되고, 이렇게 되면 분기점 이용률이 낮아지고 계속가동의 경제성이 높아지게 됩니다. 결과적으로 산업부가 요구하는 즉시 가동중단이라는 목표를 달성할 수 없게 됩니다. 당시 ○○은 한수원 진망단가가 약 10% 이상 실제와 다르다는 것에 대해 의견을 제시하였고, 전망단가를 사용하는 것에 대해 동의하지 않았습니다"라고 진술
- 특히, P는 감사원 조사에서 2018. 5. 11. 당시 관련자들은 ○○회계법인의 Y에게 한수원 전망단가와 이용률 60%를 반영하여 경제성 평가를 다시 해달라고 하자, Y는 '최근 ??의 분식회계와 관련하여 회계법인의 공정성 및 객관성에 대한 논란이 있는 상황에서 회계기관의 중립성과 공정성에 대해 민감한 시기'라고 하면서 '2018. 5. 7. 한수원에 보내주었던 경제성 평가 보고서에 적용하였던 2017 년도 판매단가(물가상승률 미반영) 및 70%의 이용률을 변경하기 어렵다'고 하였음에도 한수원과 산업부가 판매단가, 이용률의 변경을 계속 요구하자 Y도 어쩔 수 없이 이를 반영하였다고 진술

그 후에도 G는 [별표 4] "월성1호기 경제성 평가 관련 회의내용"과 같이 2018. 5. 18.까지 총 3차례에 걸쳐 한수원 및 ○○회계법인과 회의[25]를 하였고, 이에 ○○회계법

25) 산업부 D과 G는 감사원 문답 시 "2018. 5. 14. 회의에서 ○○회계법인이 준비한 회의자료에 '2018. 5. 11.

인은 계속가동의 경제성을 1,779억여 원(2018. 5. 10. 기준)에서 164억여 원(2018. 5. 18. 기준)으로, 분기점 이용률은 39.9%(2018. 5. 10. 기준)에서 55.9%(2018. 5. 18. 기준)로 재산정하였다.

산업부가 한수원의 경제성 평가와 관련하여 작성한 문서 내용

- 산업부가 2018. 5. 30. 작성한 "한수원 사장에게 요청할 사항"에는 월성1호기 경제성 평가와 관련하여 '경제성이 없는 것으로 결론이 나올 필요'라고 하면서 그 이유로 '경제성은 있으나 정부 정책을 고려하여 폐쇄할 경우 비용 보상과 관련하여 국회, 언론 등에서 논란 소지'라고 되어 있었으며, 다만 위 문서가 실제로 한수원 사장에게 전달되지는 않음
  - 다만, 한수원 사장 AM은 감사원 문답 시 "당시(5. 30.) 공공기관장 회의에 E 국장이 왔다 갔다가 하면서 저에게 국회 및 원자력 관련 행사 등에서 통상적으로 하듯이 산업부 입장을 고려해서 정부정책 이행(월성1호기 조기폐쇄 및 신한울 3, 4호기 등)에 대해 한수원의 협조를 당부한 것으로 기억합니다.

    그러자 저는 E에게 '알았어요' 정도로 짧게 대답한 것으로 기억합니다"라고 진술

이와 같이 AO는 객관적인 경제성 평가결과가 나오기 전에 월성1호기 폐쇄 시기를 한수원 이사회의 조기폐쇄 결정과 동시에 즉시 가동중단하는 것으로 산업부의 방침을 정

산자부 미팅결과 수정'이라고 기재되어 있자 위 문구는 산자부가 다 바꾸라고 한 것처럼 보일 수 있기 때문에 '중간미팅결과 수정'이라고 문구변경을 요구하였다"고 진술

- 또한 "2018. 5. 14. 회의에서 원전과세, 추가투자비, 안전규제비, 보험료 등을 경제성에 악영향을 주는 요소라서 정성적으로라도 기술을 하면 보고서에 월성1호기의 경제성이 안좋게 보일 것이라고 생각하여 원전과세, 추가 투자비, 안전규제비, 보험료 등을 보고서에 정성적으로 기술해달라고 요구하였다"고 진술
- 그리고 G는 감사원 문답 시 2018. 5. 18. 회의에서 한수원이 준비한 참석자 명단에서 이름을 기재하지 않은 사유는 "산업부가 참석했다는 것을 남기면 마치 산업부가 경제성 평가에 개입한 것처럼 보일 수 있기 때문"이라고 하면서 "2018. 5. 18. 회의 후 과장 F에게 분기점 이용률이 55% 정도 나왔다는 것을 보고하자 F는 더 이상 회의에 참여하지 말라고 지시하였다"라고 진술

함으로써, 산업부 실무자(E, F, G 등)는 그 방침을 집행하는 과정에서 한수원 이사회가 즉시 가동중단 결정을 하는데 유리한 내용으로 경제성 평가결과가 나오도록 평가과정에 관여하여 경제성 평가업무의 신뢰성을 저해하였으며, AO는 산업부장관이자 즉시 가동중단 방침을 결정한 사람으로서 이를 알았거나 충분히 알 수 있었는데도 내버려 두었다.

나. AM의 경우

1) 조기폐쇄 시기 검토 업무처리 부적정

가) 사건 개요

한수원은 2018. 4. 10. ○○회계법인과 "2-가-1)-다)항"의 내용과 같이 "월성1호기 운영정책 검토를 위한 경제성 평가" 용역 계약을 체결하면서 즉시 가동중단 방안과 설계수명 시까지 계속가동하는 방안만 비교하여 경제성 평가를 실시하도록 하였다.

나) 관계 법령 및 판단기준

공공기관의 운영에 관한 법률 제17조 제1항 제4호, 제32조 제1항과 상법 제2조, 제382조의3, 제393조 제1항 및 한수원 이사회 규정 제5조 제1항 제6호에 따르면 기관장은 그 공기업을 대표하고 업무를 총괄하면서 임기 중 경영성과에 대하여 책임을 지고, 이사는 법령과 정관에 따라 회사를 위하여 그 직무를 충실하게 수행하여야 하며, 기본재산(발전소 등)의 처분 등 회사의 업무집행은 이사 회가 심의·의결하도록 되어 있다.

한편, 한수원이 제8차 전력수급기본계획에 따라 월성1호기 계속가동에 대한 경제성 평가를 실시하여 선택할 수 있는 시나리오는 경제성 평가결과에 따라 ① 설계수명 시까지 계속가동하는 방안, ② 원안위의 영구정지 운영변경허가 시 까지 가동하는 방안, ③ 즉시 가동중단하는 방안 등이 있다.

따라서 AM은 한수원 사장이자 이사로서 정부의 에너지 정책에 협력하여 월성1호기의 폐쇄시기 등을 결정하는 경우, 이사회가 공기업으로서의 역할(전력의 안정적이고 경제적인 공급 등)과 운영기간별 경제성 등을 종합적으로 고려하여 합리적인 의사결정을 할 수 있도록 하여야 한다.

다) 감사결과 확인된 문제점

AM은 2018. 3. 23. 한수원 사장으로 내정[26]된 이후, 같은 해 3월 말경 ◁부사장 K 및 산업부 ▽관 E, ▷과장 F로부터 월성1호기는 한수원이 계속가동에 대한 경제성 등을 평가하여 폐쇄시기를 결정하도록 되어 있고, 조기폐쇄 시기는 즉시 가동중단하는 방안과 영구정지 운영변경허가 시까지 가동하는 방안 등으로 검토하고 있다는 사실을 보고받거나 전달받는 등 한수원이 월성1호기를 조기폐쇄 하더라도 원안위의 영구정지 운영변경허가 시까지 가동하는 것이 가능하다는 것을 알고 있었다.[27]

특히 AM은 2018. 4. 4. 산업부 ▷과장 F로부터 직접 '산업부장관 AO에게 월성1호기를 원안위의 영구정지 운영변경허가 시까지 가동하는 방안으로 보고하였으나 산업부장관이 즉시 가동중단하는 것으로 지시하여 이를 대통령비서실(⚘비서관실)에도 보고할 것'이라는 사실을 전달받았으며, 그다음 날인 같은 해 4. 5. ◇본부장 O로부터도 위와 동일한 내용을 보고받았다.

그런데 AM은 2018. 4. 11. ◇본부장 O로부터 "월성1호기 정부정책 이행방안 검토"를 보고받으면서, 위 보고 내용에 월성1호기 조기폐쇄 시기에 대한 여러 방안이 검토 가능하다는 사실이 포함되어 있지 않았는데도, 원안위의 영구정지 운영변경허가 시까지 가동하는 방안 등 가동중단 시기에 대한 여러 방안을 이사회가 심의할 수 있도록 보완하라고 지시하지 않았다.

또한 한수원은 산업부장관의 월성1호기에 대한 조기폐쇄 및 즉시 가동중단 방침에 따라 "2-가-1)-다)항"의 내용과 같이 2018. 4. 10. ○○회계법인과 "월성1호기 운영정책 검토를 위한 경제성 평가" 용역 계약을 체결하면서 당초 용역설 계서에서 제시되었던 영

---

26) 한수원 사장 AM은 2018. 3. 23. 개최된 주주총회에서 사장으로 내정됨

27) AM은 2020. 4. 7. 개최된 감사원 직권심리 시 조기폐쇄를 하더라도 원안위의 영구정지 운영변경허가 시까지 가동하는 것이 현실적으로는 어려움이 있으나 '법률상, 규정상, 기술상'으로는 가능하다고 진술함

구정지 운영변경허가 시까지 운영하는 시나리오를 제외하도록 하고는 즉시 가동중단 방안과 설계수명 시까지 계속가동하는 방안만 비교하여 경제성 평가를 실시하도록 하였는데, AM은 이후 경제성 평가용역 진행 과정에서 한수원 실무자에게 원안위의 영구정지 운영변경허가 시까지 가동하는 방안 등 가동중단 시기에 대한 다른 대안에 대해서도 경제성 평가용역에 포함하도록 하지 않았다.

2) 경제성 평가업무 수행 과정에 대한 관리 · 감독 부적정

가) 사건 개요

한수원은 2018. 6. 11. ○○회계법인으로부터 중립적 시나리오(이용률 60%)에서 계속가동이 즉시 가동중단보다 224억원 만큼 경제성이 있고 분기점 이용률은 54.4%라는 경제성 평가결과를 제출받고 이를 최종 확정하였는데, ○○회계법인의 입력변수별 경제성 평가 변동내역은 [별표 3] "○○회계법인 경제성 평가 변동 명세"와 같다.

그리고 한수원은 2018. 6. 11. 산업부에 월성1호기 조기폐쇄 등과 관련하여 정부의 향후 비용보전을 요청하는 공문을 보냈으며, 산업부는 같은 해 6. 14. 한수원에 개정될 법령의 규정이 정하는 바에 따라 비용보전 조치가 이루어질 예정이라는 내용 등으로 회신하였다.[28)]

이후 한수원은 2018. 6. 15. 이사회에 "월성1호기 운영계획(안)"을 상정하여 안전성, 경제성 및 정부의 에너지전환 정책 등을 종합 검토하여 월성1호기를 조기폐쇄하는 것으로 의결하였다.

---

28) 산업부가 2018. 6. 3., 6. 12. 각각 작성한 "에너지전환 비용보전 소요 추정"에 따르면 월성1호기를 경제성이 없다는 사유로 조기폐쇄할 경우 고정자산 잔존가치 등 5개의 비용보전 항목에 대한 비용보전 금액은 모두 '0원'이라고 되어 있는 등 경제성이 없다는 사유로 폐쇄할 경우 비용보전 금액이 없다고 검토하였음
- 이에 산업부는 한수원에 비용보전 요청에 대해 회신을 하면서 2018. 6. 4.부터 같은 해 6. 11. 사이에 [별표 5] "한수원 비용보전 요청 공문 문구 수정 관련 주요 내용"과 같이 한수원으로 하여금 산업부에 보낼 비용보전 요청 공문 문구를 수정하도록 요구하였음

나) 관계 법령 및 판단기준

『공공기관의 운영에 관한 법률』 제17조 제1항 제4호, 제32조 제1항과 『상법』 제2조, 제382조의3, 제393조 제1항 및 『한수원 이사회 규정』 제5조 제1항 제6호에 따르면 기관장은 그 공기업을 대표하고 업무를 총괄하면서 임기 중 경영성과에 대하여 책임을 지고, 이사는 법령과 정관에 따라 회사를 위하여 그 직무를 충실하게 수행하여야 하며, 기본재산(발전소 등)의 처분 등 회사의 업무집행은 이사 회가 심의·의결하도록 되어 있다.

따라서 AM은 한수원 사장이자 이사로서 이사회가 정부 정책과 회사의 이익 등을 종합적으로 고려하여 합리적으로 월성1호기 폐쇄시기 등을 결정할 수 있도록 다양한 경제성 평가결과와 관련 자료를 이사회에 제공하여야 하고, 한수원 실무자가 정부 정책을 이행한다는 명목으로 이사회의 월성1호기 즉시 가동중단 결정을 용이하게 하고자 합리성에 대한 충분한 검토 없이 입력변수를 적용함으로써 경제성 평가업무의 신뢰성을 저해하는 일이 없도록 주의를 기울여 관리·감독하여야 했다.

다) 감사결과 확인된 문제점

한수원은 2018. 4. 10. ○○회계법인과 용역계약을 체결하여 월성1호기의 즉시 가동중단과 계속운전에 대한 경제성 평가를 수행(2018. 4. 10.~6. 22.)하였으며, 같은 해 5. 7. ○○회계법인으로부터 계속가동의 경제성이 1,704억 원으로, 분기점 이용률이 39.3%로 분석된 경제성 평가 용역보고서 초안을 제출받고, 다음 날(2018. 5. 8.) 분기점 이용률이 즉시 가동중단하는데 비관적으로 나왔다는 사실을 산업부에도 전달하였다.

(1) 긴급 임원회의를 통해 판매단가 등 입력변수 수정을 결정

AM은 2018. 5. 10. 산업부 ▽관 E[29]으로부터 경제성 평가용역 초안결과가 나왔다는 전화 연락을 받았다. 그리고 같은 날(2018. 5. 10.) AM은 ◁부사장 K 로부터도 판매단

29) AM은 감사원 문답 시 E 국장의 요청을 AO 전 장관의 뜻으로 받아들였다고 진술함

가 등 경제성 평가 입력변수를 수정할 필요가 있다는 보고를 받고, K로 하여금 임원들(◁부사장, ◇본부장 등)을 비롯한 처·실장이 모두 참석하는 회의를 소집하도록 지시[30] 하였다.

그리고 AM은 2018. 5. 10. 긴급 임원회의에서 ◁부사장 K가 이용률은 최근 추세를 고려하여 낮게 반영할 필요가 있고, 한수원 전망단가를 사용하여야 한다고 주장하자, 위 주장이 합리적인지에 대해 제대로 검토하지 않은 채 그대로 받아들이고는 P 등으로 하여금 이를 ○○회계법인에 전달하여 경제성 평가에 반영하도록 하였다.

(2) 2018. 5. 10. 긴급 임원회의 결정 내용을 경제성 평가에 그대로 적용

한수원 ◇본부 P 등은 2018. 5. 10. 긴급 임원회의 결과를 경제성 평가에 반영하기 위해 바로 다음 날인 같은 해 5. 11. ○○회계법인 사무실에서 산업부 G 등과 함께 ○○회계법인과의 용역보고서 초안 검토회의를 하였다.[31]

위 회의(2018. 5. 11.)에서 한수원 ◇본부 P, Q 등이 산업부 G 등과 함께 "2-나-2)-다)-(1)항"의 내용과 같이 판매단가는 전년도 실적단가보다 낮은 한수원 전망단가를 적용하도록 ○○회계법인 Y에게 제안하자, Y는 한수원 전망단가가 실제 판매단가보다 낮아[32] 경제성 평가에 그대로 적용하기 어렵고 보정이 필요하다는 의견을 제시하였다.

그런데도 P, G 등은 월성1호기 계속가동의 경제성을 낮추기 위해 과거 한수원 전망단가와 실제 판매단가가 얼마나 차이가 나는지, 한수원 전망단가 도출 과정에 구조적 문제

---

30) T가 회의를 소집하면서 직원들에게 보낸 알림 문서에도 "금일 임원회의 시 사장 지시사항 관련입니다. 월성1호기 정부정책 이행 검토와 관련하여 사장 주재의 긴급회의 개최를 알려드리니 참석해주시기 바랍니다"라고 되어 있음

31) 한수원은 경제성 평가 용역보고서에 대한 검토회의 개최를 산업부와 ○○회계법인에 제안함

32) Y는 한수원 전망단가가 실제 판매단가를 반영하고 있는지 잘 모르겠다면서, 다만 2018년 1분기는 5원(10%) 정도 높은 것으로 알았다고 진술하였고, 2018년 1분기 실제 판매단가와 '한수원 중장기 전망단가'가 차이는 있으나 용역 수행시점인 2018년 5월 기준에서는 2018년 전체 평균단가와 '한수원 중장기 전망단가'가 얼마나 차이가 있는지 알 수 없다고 진술하였으며, 2017년도 이전의 한수원 중장기 재무단가와 실제 판매단가를 비교해 볼 생각을 해보지 않았다고 진술

점은 없는지 등에 대해 제대로 검토하지 않은 채, 한수원 전망단가를 적용할 것을 요구하자, ○○회계법인은 이를 수용하였다.[33)]

용역보고서 초안 검토회의 관련 ○○회계법인의 메일 내용 및 관련자 진술

- ○○회계법인 Y는 용역보고서 초안 검토회의 후, 2018. 5. 24. 한수원 Q에게 "처음에는 정확하고 합리적인 평가를 목적으로 일했는데 어느 순간부터 한수원과 정부가 원하는 결과를 맞추기 위한 작업이 되어 버린 것 같아서 기분이 씁쓸합니다"라는 내용의 메일을 작성하여 전송
  - 이에 대해 Y는 감사원 감사 시 "이용률(70%→60%)이나 판매단가(과거 실적단가 60.76원 → 한수원 전망단가 51.52원)를 변경하여 보고서를 작성할 경우 경제성이 없어 조기폐쇄를 하기 위한 용도로 사용될 수 있다고 판단하였기 때문"이라는 확인서를 제출
  - 또한 감사원 문답 시 "제가 '한수원 중장기 전망단가'는 실제 단가와 5원(10%) 정도 차이가 있어 가격이 타당하다는 근거를 보정할 필요성이 있다고 얘기했습니다. 그리고 실제 판매단가가 한수원 전망단가 보다 높다는 것은 산자부와 한수원 모두 알고 있었습니다"라고 진술하였으며, "본 용역의 목적이 판매 단가나 이용률에 따른 시나리오별 경제성 평가를 하는 것이었고, 산업부와 한수원의 판매단가와 이용률 에 대한 요구사항을 반영하되 20%의 가변성을 반영하여 경제성 평가 시나리오를 제시하였고, 최종적으로 한수원이 시나리오 중에서 판매단가와 이용률을 선택해서 최종 결정하도록 한 것입니다"라고 진술
- 한수원 P는 감사원 문답 시 "○○회계법인이 검토회의를 하면서 경제성 평가결과에 영향을 미치는 입력 변수들을 조정하여 4.4년 계속가동이 경제성이 낮다는 방향으로 용역이 진행된 것은 사실입니다. 산업부가 경제성이 없다는 결과를 만들기 위해 입력변수 조정을 요구하여 한수원, ○○회계법인이 이를 받아들였습 니다"라고 진술하였고, 또한 "한수원 전망단가에서 약 10% 보정

---

33) Y는 한수원, 산업부가 제시하는 중장기 전망단가와 60% 이용률이 합리적인 근거가 있다고 보지 않았지만 타당성이 없다고 반론을 제시하기도 어려웠고, 자신은 원전 운영에 대한 전문적인 지식이 있는 것도 아니었다는 이유로 감독기관인 산업부와 발주처인 한수원의 요구사항을 타당성을 검토하여 반영함

하면 판매단가가 높아지게 되고, 이렇게 되면 분기점 이용률이 낮아지고 계속가동의 경제성이 높아지게 됩니다. 결과적으로 산업부가 요구하는 즉시 가동중단이라는 목표를 달성할 수 없게 됩니다. 당시 ○○은 중장기 재무 전망단가가 약 10% 이상 실제와 다르 다는 것에 대해 의견을 제시하였고, 전망단가를 사용하는 것에 대해 동의하지 않았습니다"라고 진술

그 후에도 산업부와 한수원은 [별표 4] "월성1호기 경제성 평가 관련 회의 내용"과 같이 2018. 5. 18.까지 총 3차례에 걸쳐 ○○회계법인과 회의를 하였고, 이에 ○○회계법인은 계속가동의 경제성을 1,779억여 원(2018. 5. 10. 기준)에서 164 억여 원(2018. 5. 18. 기준)으로, 분기점 이용률은 39.9%(2018. 5. 10. 기준)에서 55.9%(2018. 5. 18. 기준)로 재산정하였다.

그 과정에서 AM은 2018. 5. 15. 한수원 ♡처장 R과 P로부터 같은 해 5. 10. 긴급 임원회의에서 결정된 한수원 전망단가 등을 반영하여 경제성 평가를 다시 수행하도록 한 결과 분기점 이용률이 39.3%에서 55.8%(2018. 5. 14. 기준)로 높아졌다는 내용을 보고("월성1호기 계속가동 경제성 평가 용역진행 경과" 문서)받으면서도, '한수원 전망단가' 등 변경·적용된 입력변수의 합리성 · 타당성을 제대로 검토하였는지에 대해 점검하지는 않았다.[34)]

이후 ○○회계법인은 위 3차례 회의결과를 반영한 용역보고서(2018. 5. 19.)에 대해 외부기관의 자문·검증 과정 등을 거쳐 2018. 6. 11. 중립적인 이용률 60%에서 계속가동의 경제성이 224억원 이익이고, 분기점 이용률을 54.4%로 확정한 최종 보고서를 한수원에 제출하였다. 이에 한수원(◇본부)은 같은 날(2018. 6. 11.) 이를 사장에게 보고하

---

34) 한수원 ♡처장 R과 함께 당시 사장 AM에게 보고를 한 P는 감사원 문답에서 "저와 R이 사장실에 가서 사장 AM에게 보고를 하였습니다. 산업부, ○○과의 용역 입력변수 관련 업무회의를 통해 경제성 평가결과를 분석, 예측해 보니 손익분기점 이용률이 기존 39.3%에서 55.8%로 높아졌고, 산업부가 원하는 즉시 가동중단이라는 정책 이행 논리를 뒷받침한 결과가 만들어졌습니다. 그래서 사장 AM에게 보고를 드렸습니다"라고 하고는 위 보고를 받은 사장 AM은 "보고된 결과를 보니 산업부가 요구한 대로 즉시 가동중단을 추진하기 위해 한수원 이사회에 보고하는 데 문제가 없을 것으로 생각된다고 말씀하셨습니다"라고 진술함

고 이사회[35]에 상정하는 부의안에도 반영하였다.

이와 같이 AM은 한수원 실무자가 정부 정책을 이행한다는 명목으로 이사회의 월성1호기 즉시 가동중단 결정을 용이하게 하고자 실제 판매단가보다 낮게 추정되는 한수원 전망단가를 보정하지 않고 적용하는 등 합리성에 대한 충분한 검토 없이 입력변수를 적용함으로써 경제성 평가업무의 신뢰성을 저해한 데 대해, 한수원 사장으로서 입력변수를 수정하도록 하였을 뿐만 아니라 이를 제대로 관리 · 감독하지 않은 책임이 있다.

〈 관련자 주장 및 검토결과 〉

1) AO의 경우

AO는 ▷과장 F에게 2018. 4. 3. 보고를 받고 "한수원 이사회가 경제성, 지역수용성 등을 고려하여 폐쇄를 결정한다고 하면 다시 가동하는 것이 이상하지 않느냐? 라고 질의하면서 국장, 실장과 위 보고서의 전반적인 내용을 다시 협의해서 재보고해달라고 하였고, 즉시 가동중단 방안으로 재검토를 지시하지는 않았습니다"라고 주장한다.

그러나 ① 산업부 ▽관 E는 감사원 문답 시, 2018. 4. 3. F가 장관에게 원안위의 영구정지 운영변경허가 전까지 법적으로 가동 가능한 상태이므로 운영변경허가 기간 동안 운행이 가능하다고 보고하자 장관이 'E 국장과 B 실장과 협의하여 즉시 가동중단하는 방향으로 재검토하라'고 지시한 것으로 전해들었다고 진술한 점, ② 산업부 ▷과장 F는 감사원 문답 시 2018. 4. 3. 한수원 이사회가 조기폐쇄를 결정한 이후에도 원자력안전법

---

35) 한편, AM은 2018. 5. 31. ◇본부로부터 '산업부는 한수원이 생각하는 만큼 비용보전이 어렵다는 입장'이라는 내용을 보고받았음에도, 같은 해 6. 15. 이사회에서 이를 언급하지 않음
- 산업부는 2018. 4. 4., 4. 12., 5. 11. 한수원에 월성1호기를 경제성이 없다는 사유로 조기폐쇄하면 비용보전이 어렵다고 하였음. 또한 E는 2018. 7. 13. 한수원에 '월성1호기 조기폐쇄는 경영상 의사결정으로 정부정책과 무관하므로 비용보전(5,652억 원)이 불가능하다'고 하였고, AM은 이를 같은 해 7. 16. 보고받음
- 다만, 한수원은 2018. 6. 15. 월성1호기 조기폐쇄 의결 이후 비용보전 TF를 운영하였고, 산업부는 2020년 7월 「전기사업법 시행령」의 '전력산업기반기금 사용 사업'에 국무회의에서 심의·의결된 에너지전환 정책 이행과 관련하여 산업부장관이 인정하는 전기사업자의 비용보전을 위한 사업을 신설하겠다고 입법예고함

에 따라 원안위의 영구정지 운영변경허가 시까지는 가동이 가능하다고 보고하자, 장관이 강하게 즉시 가동중단하는 것으로 재검토하도록 지시하였다고 진술한 점, ③ 실제로 F가 산업부장관에게 2018. 4. 3. 보고한 문서 상단에도 자필로 "장관이 즉시 가동중단 방안으로 재검토 지시"라고 기재되어 있는 점, ④ F가 2018. 4. 3. AO에게 보고한 문서에는 조기폐쇄 시기가 "원자력안전법과 고리1호기 사례를 참고로 원안위, BH 등과 협의를 통해 결정 추진"이라고 되어 있었으나, 2018. 4. 4. AO에게 보고한 문서에는 위 문구가 삭제되고 "한수원 이사회의 조기폐쇄 및 즉시 가동중단 결정"으로 되어 있는 점, ⑤ F가 ▽관 E, □실장 B와 논의한 후 2018. 4. 4. 조기폐쇄 및 즉시 가동중단으로 보고서를 수정하여 AO에게 보고하자 이를 그대로 확정한 점 등을 비춰볼 때 AO의 주장은 받아들이기 어렵다.

2) AM의 경우

가. 조기폐쇄 시기 검토 업무처리 부적정

(1) AM은 월성1호기 조기폐쇄가 곧 즉시 가동중단이라고 생각하였기 때문에 산업부장관 AO의 즉시 가동중단 방침 결정으로 상황이 달라진 것은 없다고 진술하고 있다.

그러나 AM은 ① "2-나-1)-다)항"의 내용과 같이 산업부 ▽관 E와 한수원 ◇본부장 O 등으로부터 월성1호기 조기폐쇄 시기가 즉시 가동중단 외에 영구정지 운영변경허가 시까지 가동하는 방안 등이 있다는 사실을 전달받거나 보고받아 알고 있었던 점, ② 제8차 전력수급기본계획에는 경제성 등을 종합평가하여 폐쇄시기 등을 결정하도록 되어 있는 점, ③ 실제로 산업부와 한수원은 2018. 4. 4. 산업부장관 AO의 즉시 가동중단 방침 결정 이전에는 조기폐쇄를 하더라도 영구정지 운영변경허가 시까지 가동하는 방안으로 추진하려고 했던 점 등을 종합할 때 AM의 주장은 받아들이기 어렵다.

(2) AM은 감사원 문답 시 외부 경제성 평가가 나오기도 전에 월성1호기를 조기폐쇄 하되 정부에 비용보전을 요청하는 것으로 내부방침을 수립한 사유가 무엇인지 묻자, "제8

차 전력수급기본계획에 2018년부터 공급제외라고 되어 있었기 때문에 폐쇄시기는 즉시 가동중단과 동일하게 받아들였습니다. 폐쇄시기를 다르게 생각해 본 적은 없습니다"라고 진술하였다.

그러나 ① 제8차 전력수급기본계획에는 "2018년 상반기 중 경제성, 지역수용성 등 계속가동에 대한 타당성을 종합적으로 평가하여 폐쇄시기 등 결정"이라고 명시되어 있는 등 폐쇄시기가 즉시 가동중단하는 것으로 특정되어 있지 않은 점, ② 제8차 전력수급기본계획에 "수급기여 불확실성으로 확정설비 용량에서 제외된 설비의 경우, 추후 불확실성 해소 시에는 차기 계획 등에서 확정설비로 반영 가능"하다고 기재되어 있어 월성1호기도 수급 기여의 불확실성이 해소되면 계속가동할 수 있는 점, ③ 산업부와 한국전력거래소는 제8차 전력수급기본계획에서 공급제외되었다고 하더라도 해당 발전소를 폐지하기 전까지는 별도의 절차 없이 거래가 가능하다고 하고 있으므로 AM의 위 주장은 받아들이기 어렵다.

(3) AM은 감사원 직권심리 시 월성1호기는 법적으로는 원안위의 영구정지 운영변경허가 시까지 가동이 가능하지만 원안위가 계획예방정비 기간이 끝나더라도 재가동을 승인해 주지 않을 것이기 때문에 현실적으로 가동하기가 어려웠다고 주장하였다.

그러나 ① 원안위 ☆국장(W)은 감사원 감사 시 원안위가 계획예방정비기간 연장의 사유로 요청한 월성1호기 수소감시기 설치와 원자로 건물 부벽 보수 공사 이외에 제25차 계획예방정비 기간을 더 연장할 추가 요구사항이나 계획은 없었다고 진술하고 있는 점, ② 원안위 ▧과장(X)도 감사원 문답 시 "원안위는 정기검사 기간 동안 저희가 요구한 사항에 대해 보수가 완료되었기 때문에 한수원이 임계승인(재가동)을 요청하였다면 이를 승인할 수밖에 없습니다"라고 하면 서 "만약 원안위가 한수원에 합리적 근거 없이 불필요한 항목에 대해 보완을 요구하면서 계속가동을 승인하지 않는다면, 한수원이 가만히 있겠습니까? 한수원 입장에서는 계속가동할 경우 하루에 약 10~15억 원 가량의 전력판매 매출이 발생하는데 원안위가 합리적인 사유 없이 계속가동을 승인하지 않는다면 가

만히 있지 않았을 것입니다"라고 진술하고 있는 점, ③ 실제로 한수원은 2018. 4. 10. ○○회계법인과 경제성 평가 용역 계약을 체결하면서 2018. 7. 1. 부터 가동할 수 있는 것을 전제로 경제성을 평가한 점, ④ AM도 감사원 문답 시 원안위에 월성1호기 재가동을 승인해 주지 않을 것인지에 대해 직접 확인해보지는 않았다고 진술하는 점 등을 종합해 볼 때 AM의 위 주장은 받아들이기 어렵다.

나. 경제성 평가업무 수행 과정에 대한 관리 · 감독 부적정

AM은 2018. 5. 10. 긴급 임원회의에서 판매단가 등 입력변수를 변경하는 것으로 결정한 사실을 부인하면서, 다만 "K 부사장이 회의에서 한수원 전망단가를 사용하고, 이용률을 낮추는 것이 맞다는 의견을 여러 차례 주장한 것은 사실이고, 제가 사장으로서 고개를 끄덕이며 K 부사장의 의견을 청취한 것도 사실입니다. 따라서 회사의 ◁부사장의 직에 있는 K가 의견을 제시하고 사장인 제가 고개를 끄덕이는 등의 모습이 있었으므로 R 등의 직원들이 저(AM) 또는 ◁부사장(K)의 뜻으로 느꼈을 가능성은 있다고 봅니다"라고 진술하였다.

그러나 ① 위 긴급 임원회의 기록인 "월성1호기 정부정책 이행검토 TF 중간 점검 회의록"에 따르면 경제성 평가를 위한 입력변수 중 이용률, 판매단가 등을 수정할 필요가 있다고 되어 있는 점, ② 한수원 처장 R은 감사원 문답 시 "사장 AM이 고개만 끄덕인 것이 아니라 K 부사장이 말한 판매단가를 한수원 전망단가로 사용하도록 하고, 이용률을 최근 실적(3년)으로 수정할 필요가 있다는 의견에 동의하면서 이를 경제성 평가에 반영하도록 하였다"라고 진술한 점 ③ 한수원 P 는 감사원 문답 시 "사장 AM이 한수원 전망단가와 최근 실적기준 이용률을 사용하는 것으로 결정하고 이를 업체에 전달하라고 지시하였다"라고 진술한 점, ④ 한수원 T는 감사원 문답 시 사장이 판매단가는 한수원 전망단가를, 이용률은 최근 이용률을 반영하여 재검토하는 것으로 결정하였다고 하면서 "사장이 단순히 고개만 끄덕인 것이 아니라 판매단가는 한수원 전망단가를 사용하자는 것과 이용률도 최근 실적을 기준으로 수정하자는 K 부사장의 의견에 동의하시면서 이

런 의견이 용역업체(○○)에 제시되어야 한다는 말씀을 하였습니다”라고 진술한 점, ⑤ 2018. 5. 15. ♡처장 R 등으로부터 판매단가 등 입력변수를 수정한 결과에 대해 보고받고도 이를 승인한 점 등을 종합해 볼 때 AM이 2018. 5. 10. 회의 시 판매단가와 이용률 등을 수정하는 것으로 결정하지 않았다는 주장은 받아들이기 어렵다.

〈 조치할 사항 〉

산업통상자원부장관은

① AO의 비위행위는 국가공무원법 제56조에 위배된 것으로 엄중한 인사조치가 필요하다고 판단되나 AO는 2018. 9. 22. 퇴직한 바 있어 그 비위내용을 통보 하오니 재취업, 포상 등을 위한 인사자료로 활용하고, 인사혁신처에 통보하여 공직후보자 등의 관리에 활용될 수 있도록 하며[통보(인사자료)]

② 월성1호기 계속가동에 대한 경제성 평가를 실시하면서 운영변경허가 시까지 가동하는 방안 등 다양한 대안을 검토하도록 지시하지 않거나, 한수원 직원들이 외부기관의 경제성 평가과정에 부적정한 의견을 제시하여 경제성 평가의 신뢰성을 저해하는 것을 제대로 관리·감독하지 못한 한국수력원자력주식회사 사장 AM에게 엄중 주의를 촉구하시기 바랍니다.(주의)

별표 목차

[별표 1]

산업부의 요청에 따른 현황조사표 문구 수정 내용

구분	당초 산업부가 요구한 안 (2017년 11월 초)	임원회의 후 산업부에 전달한 안 (2017. 11. 14.)	산업부와 최종 합의 후 이사회에 보고한 안 (2017. 11. 16.)
월성 1호기	• 2017. 10. 24. 국무회의에서 의결된 에너지전환 로드맵 이행을 위해서는 조기폐쇄가 불가피하나 원안위의 승인이 필요하므로 정확한 폐쇄시기를 확정하기 곤란함 • 운영변경 허가에 대한 소송 진행 중으로 결과를 예단하기 어렵고 계속 운전의 경제성, 전력수급 상황 등에 대한 검토가 필요하여 폐쇄시기까지 수급 기여 정도가 불확실함 • 에너지전환 로드맵 이행에 따라 발생한 정당한 비용에 대한 정부의 보전 필요	• 2017. 10. 24. 국무회의에서 의결된 에너지전환 로드맵 이행을 위해서는 조기폐쇄가 불가피하나 원안위의 승인이 필요하므로 정확한 폐쇄시기를 확정하기 곤란함 • 운영변경 허가에 대한 소송 진행 중으로 결과를 예단하기 어렵고 계속 운전의 경제성, 전력수급 상황 등에 대한 검토가 필요하여 폐쇄시기까지 수급 기여 정도가 불확실함	• 2017. 10. 24. 국무회의에서 의결된 에너지전환 로드맵 이행을 위해서는 조기폐쇄가 불가피하나 원안위의 승인이 필요하므로 정확한 폐쇄시기를 확정하기 곤란함 • 운영변경 허가에 대한 소송 진행 중으로 결과를 예단하기 어렵고 계속 운전의 경제성, 전력수급 상황 등에 대한 검토가 필요하여 폐쇄시기까지 수급 기여 정도가 불확실함
신규 원전 6호기 (신한울 3, 4호기 등)	• 2017. 10. 24. 국무회의에서 의결된 에너지전환 로드맵 이행을 위해서는 건설공사 중단 불가피 • 에너지전환 로드맵 이행에 따라 발생한 정당한 비용에 대한 정부의 보전 필요	• (1안) 국무회의에서 의결된 에너지전환 로드맵 상 신규원전 건설 계획은 백지화하기로 되어 있음 • (2안) 국무회의에서 의결된 에너지전환 로드맵 상 신규원전 건설 계획에 따르면 정상적인 사업추진이 어려울 것으로 예상 • (3안) 2017. 10. 24. 국무회의에서 의결된 에너지전환 로드맵 이행을 위해서는 건설공사 중단 불가피	• 국무회의에서 의결된 에너지전환 로드맵 상 신규원전 건설 계획은 백지화하기로 되어 있어 정상적인 사업 추진이 어려울 것으로 예상 ⇒ 산업부가 2안으로 결정

※ 자료: 한수원 제출자료 재구성

[별표 2]

월성1호기 관련 회의 내용

연번	일시 및 장소	참석자	회의내용
1	2018. 1. 29. ▲▲센터	• 산업부: ▽관 E, ▷과장 F 등 • 한수원: 사장 직무대행 K, ◇본부장 O 등	• 월성1호기 정책 이행 관련 한수원 내부방침을 2018년 3월 말까지 수립해달라고 하는 등 주요 업무 현안 협의
2	2018. 2. 6. 산업부	• 산업부: ▷과장 F, G • 한수원: ♡처장 R, 팀장 BR, P 등	• ▷과장 F 주요 발언 요지 - 이용률에 따른 시나리오별 현금 유입·유출을 고려해서 정지시점을 잡는 것이 필요 - 정부도 법적인 근거가 없으므로 공기업인 한수원이 정부정책에 협조하는 차원에서 검토를 요청드리는 것임 - 실무자가 불필요한 손해를 보지 않고 리스크를 분담하는 차원에서 TF 등을 활용할 것을 권고 드림
3	2018. 3. 2. 여의도 국회 인근 (■■)	• 산업부: ▷과장 F, G • 한수원: ♡처장 R	• ▷과장 F 주요 의견 및 당부사항 - 고리1호기 폐로기념 1주년(2018. 6. 19.) 이전까지 의사결정 필요 - 한수원은 공기업으로 정부정책을 이행해야만 하는 역할과 위치에 있음 - 산업부 관계직원들도 관심이 많은 점을 이해해주시기 바라며, 한수원 관계직원들이 인사상 피해가 없기를 바람 - 일정상 용역은 4~5개월 걸리더라도 내부방침은 신임 사장이 취임하는 3월 말 시점까지 수립 요망함
4	2018. 3. 19. 산업부	• 산업부: ▷과장 F, G • 한수원: ♡처장 R, 팀장 BR, T 등	• ▷과장 F 주요 의견 및 당부사항 - 제8차 전력수급기본계획과 배치되는 이야기가 나오지 않도록 각별히 주의 요함 - 월성1호기 조기폐쇄 관련 결정을 항소심 이후(하반기 이후)로 결정을 미루자는 의견이 한수원 내부에서 신임 사장에게 전달되었다는 얘기를 들었음 - 대통령비서실에서 6. 19. 1주년 행사 관련 민감하게 지켜보고 있음 - 3월 말까지 태스크포스(TF)를 통한 내부방침을 결정하여 보고 요함

※ 자료: 한수원 제출자료 재구성

[별표 3]

○○회계법인 경제성 평가 변동 명세

재무모델 작성일		'18. 5. 3.	'18. 5. 4.	'18. 5. 5.	'18. 5. 6.	'18. 5. 10.
보고서 반영 일자				'18. 5. 7.	'18. 5. 7.	'18. 5. 10.
판매 단가	판매단가 (원/kWh) 적용기준	'17년 판매단가 60.76 (연간상승률 1.9% 적용)	'17년 판매단가 60.76	'17년 판매단가 60.76	'17년 판매단가 60.76	'17년 판매단가 60.76
이용률	이용률 (%)	84.98	60.04	70.00	70.00	70.00
	추가 정지일수 (일)	10	110	70	70	70
인건비	월성1발전소 인원 감소율(%)	40	40	40	40	20
	월성본부 인원 감소율(%)			16.7(77명)	16.7(77명)	16.7(77명)
	월성1호기 감소 인원(명)	182	182	182	182	128
	월성1호기 발전팀 감소인원(명)	60	60	60	60	60
수선비	경상 비중(%)	40	40	40	40	40
	경상 수선비 감소율(%)	0	100	50	50	50
	월성본부 수선비 감소율(%)	0	82	82	41	29
	월성본부 수선비 감소기준	비관련	월성1호기 인원 감소율	월성1호기 인원 감소율	월성1발전소 인원 감소율	월성1발전소 인원 감소율
본사 판매관리비 (억 원)		미반영	194	194	194	194
NPV (억 원)	계속가동(A)	2,772	543	1,095	1,225	1,380
	즉시정지(B)	-654	-459	-588	-479	-399
	차이(A-B)	3,427	1,002	1,683	1,704	1,779
분기점 이용률 (%)		20~30 범위	41.90	39.60	39.28	39.9
비고		산업부, 한수원 회의자료 (재무모델)	산업부, 한수원 회의 후 작성		최초 경제성 평가 보고서 초안	'18. 5. 9. 한수원과의 중간보고 회의 후 자료

재무모델 작성일		'18. 5. 14	'18. 5. 15.	'18. 5. 19.	'18. 5. 28.	'18. 6. 7.
보고서 반영 일자		'18. 5. 16.	'18. 5. 16.	'18. 5. 19.	'18. 5. 28.	'18. 6. 11.
판매 단가	판매단가 (원/kWh) 적용기준	한수원 전망 단가51.52 (5년 평균)	한수원 전망단가51.52(5년 평균)	한수원 전망단가51.52(5년 평균)	한수원 전망단가51.52(5년 평균)	한수원 전망단가51.52(5년 평균)
이용률	이용률 (%)	60.04	60.04	60.04	60.04	60.04(낙관 80, 비관 40)
	추가 정지 일수 (일)	110	110	110	110	110
인건비	1발전소 인원 감소율(%)	20	20	20	20	20
	월성본부 인원 감소율(%)	16.7(77명)	16.7(77명)	16.7(77명)	16.7(77명)	16.7(77명)
	월성1호기 감소 인원(명)	128	103	103	103	103
	월성1호기 발전팀 감소인원(명)	60	30	30	30	30
수선비	경상 비중(%)	40	40	40	40	40
	경상 수선비 감소율(%)	50	50	50	50	50
	월성본부 수선비 감소율(%)	29	29	29	29	46
	월성본부 수선비 감소기준	월성1발전소 인원 감소율	월성1발전소 인원 감소율	월성1발전소 인원 감소율	월성1발전소 인원 감소율	월성1호기 인원 감소율
본사 판매관리비 (억 원)		194	194	194	194	194
NPV (억 원)	계속가동(A)	-61	-189	-185	-237	-91
	즉시정지(B)	-277	-357	-348	-368	-315
	차이(A-B)	216	168	164	131	224 (낙관 1,010, 비관 △563)
분기점 이용률 (%)		54.58	55.9	55.9	56.7	54.4
비고		'18. 5. 11. 산업부 및 한수원과의 회의결과 반영	'18. 5. 14. 산업부 및 한수원과의 회의결과 반영	'18. 5. 18. 산업부 및 한수원과의 회의결과 반영	○○회계법인 자체 최종안	◑◑회계법인 및 △△대 교수의 자문결과 반영 후 최종안

※ 자료: ○○회계법인 제출자료 재구성

[별표 4]

월성1호기 경제성 평가 관련 회의 내용

연번	일시 및 장소	관련자	주요 내용	경제성 평가결과
1	2018. 5. 11. ○○회계법인	• 산업부: G, J • 한수원: ♡처 P, Q 등 • ○○회계법인: Y	• 경제성 평가 입력변수 보완 - 이용률: 70 → 60% - 판매단가: 전년도 판매단가 → 한수원 전망단가 - 운영변경 허가기간: 2.5년 → 2년	※ 참고사항 • 5. 10. 용역보고서 초안 - 계속가동 시 경제성이 177,860백만 원 이상 - 분기점 이용률: 39.9%
2	2018. 5. 14. 서울역 회의실	• 산업부: G • 한수원: 처장 R, P 등 • ○○회계법인: Y	• 경제성 평가 입력변수 보완 - 즉시정지 시 연료인출 시점: 2018년 → 2020년 - 안전규제비, 원자력보험료 등 반영	• 계속가동 시 경제성이 16,762백만 원 이상 • 분기점 이용률: 55.8%
3	2018. 5. 18. ◍◍ 빌딩 회의실 (서울)	• 산업부: G, J • 한수원: P, Q 등 • ○○회계법인: Y	• 이용률 시나리오 추가 - 낙관 80%, 중립 60%, 비관 40% • 정부 보전방안 추가	• 계속가동 시 경제성이 16,355백만 원 이상 • 분기점 이용률: 55.9%

※ 자료: 한수원 제출자료 및 문답서 등 재구성

[별표 5]

한수원 비용보전 요청 공문 문구 수정 관련 주요 내용

구분	한수원 공문 초안	비고
2018. 5. 31.	• 우리 회사는 월성1호기 조기폐쇄 시 아래와 같은 항목을 비용보전 요청 항목으로 고려하고 있는 바, 이에 대한 정부의 보전 방안을 수립하여 알려주시기 바랍니다. □ 비용보전 요청 후보 항목 가. 월성1호기 설비 잔존가치 나. 월성1호기 계속운전 투자비용 잔존가치 다. 구매 진행 중 자재 계약 잔액 라. 지역지원금 미지급금 및 계속운전 가산금 마. 운영변경허가 승인 시까지 운전유지비 바. 월성1호기 해체충당금 미적립 잔액 사. 계속운전시 즉시정지 대비 기대수익 등	• 구체적인 비용 항목 삭제 • 사유: 한수원이 '가~사'와 같은 구체적인 비용보전 항목을 열거한 공문을 송부하면 한수원이 경제성이 없어 월성1호기를 조기폐쇄하는 상황에서 산업부는 열거된 상당 부분에 대하여 비용보전은 어렵다고 회신하여야 하는데, 산업부에서 비용 보전이 어렵다는 공문을 보내면 한수원 이사회에서 월성1호기 조기폐쇄 등이 어려울테니 구체적인 비용보전 항목은 제외
2018. 6. 5.	• 우리 회사는 월성1호기 조기폐쇄 및 신규원전 사업종결과 관련하여 투입비용 보전 요청을 검토하고 있는 바, 이에 대한 정부의 보전 방안을 알려주시기 바랍니다.	• '투입비용' 삭제 • 사유: 한수원이 산업부에 투입비용에 대해서 비용 보전을 문의하더라도 산업부로서는 월성1호기는 경제성이 없어 조기폐쇄하기 때문에 법적 근거가 없던 당시로서는 잔존가치(투입비용) 등에 대해 보전해줄 수 없다고 회신해야 하는데, 산업부가 비용보전이 안 된다는 공문을 보내면 한수원 이사회에서 월성1호기를 조기폐쇄하는 것으로 결정하기 어려워지므로 '투입비용' 문구는 삭제
2018. 6. 11.	• 우리 회사는 에너지전환정책 이행을 위한 월성 1호기 조기폐쇄 및 신규원전 사업종결과 관련하여 정부의 에너지전환 로드맵(2017. 10. 24., 국무 회의)에 의거 비용 보전을 요청하고자 하오니, 이에 대한 정부의 보전방안을 알려주시기 바랍니다.	• "비용 보전을 요청하고자 하오니"를 "향후 비용 보전을 요청하고자 하오니"로 수정
2018. 6. 11.	• 우리 회사는 에너지전환정책 이행을 위한 월성1호기 조기폐쇄 및 신규원전 사업종결과 관련하여 정부의 에너지전환 로드맵(2017. 10. 24., 국무 회의)에 의거 향후 비용 보전을 요청하고자 하오니, 이에 대한 정부의 보전방안을 알려주시기 바랍니다.	• "월성1호기 조기폐쇄 및 신규원전 사업종결과 관련하여"를 "월성1호기 조기폐쇄 및 신규원전 사업종결 등과 관련하여"로 수정
2018. 6. 11.	• 우리 회사는 에너지전환정책 이행을 위한 월성1호기 조기폐쇄 및 신규원전 사업종결 등과 관련하여 정부의 에너지전환 로드맵(2017. 10. 24., 국무 회의)에 의거 향후 비용 보전을 요청하고자 하오니, 이에 대한 정부의 보전방안을 알려주시기 바랍니다.	• 한수원이 2018. 6. 11. 산업부로 보낸 공문의 최종 문구

※ 자료: 한수원 제출자료 재구성

감 사 원

징계요구

제목	감사자료 무단 삭제 등 감사방해
소관기관	산업통상자원부
조치기관	산업통상자원부
내용	

1. 사건 개요

국회(산업통상자원중소벤처기업위원회)는 2019. 10. 1. 국회법 제127조의2에 따라 감사원에 "한수원의 월성1호기 조기폐쇄 결정의 타당성 및 한수원 이사회 이사들의 배임행위에 대한 감사"를 요구하였다.

이에 따라 감사원은 2019. 10. 14.부터 자료수집에 착수하는 등 국회감사 요구사항을 확인하기 위해 산업부 등을 대상으로 감사를 실시하였다.

2. 관계 법령 및 판단기준

『감사원법』 제27조 제1항 제2호와 제32조 제1항 및 제51조 제1항에 따르면 감사원은 감사에 필요하면 증명서, 변명서, 그 밖의 관계 문서 등의 제출을 요구할 수 있고, 정당한 사유 없이 자료의 제출을 게을리한 공무원에 대하여 그 소속 장관에게 징계를 요구할 수 있으며, 감사원의 자료제출 요구에 따르지 않는 공무원과 이 법에 따른 감사를 방해한 자의 경우에는 1년 이하의 징역 또는 1천만 원 이하의 벌금에 처한다고 되어 있다.

따라서 산업부는 감사원으로부터 월성1호기 조기폐쇄와 관련해 자료제출 요구가 있으면 해당 자료의 제출을 게을리하지 말아야 하고, 자신들이 생산한 문서 중 장관에게 보고되는 등 공공기록물[36]로서 중요성이 높은 전자문서 등을 무단으로 삭제·파기하거나 은닉·유출함으로써 감사원 감사를 지연시키는 등의 방해행위를 하여서는 아니 된다.

3. 감사결과 확인된 문제점

가. G의 경우

산업부 G는 2015. 12. 15.부터 2018. 7. 1.까지 ▽관실 ▷과에서 ☎직급(2018. 4. 7.까지) 및 ☏직급(2018. 4. 8.부터 2018. 7. 1.)으로 근무하면서 월성1호기 조기폐 쇄 업무 등을 담당하였다.

G는 2019년 11월경 감사원으로부터 월성1호기와 관련된 확인서 작성을 요구받고 E에게 연락하자, E는 같은 달(날짜 모름) F, G를 ▲▲센터 내 회의실로 불러 G에게 과거 G가 사용했던 업무용 컴퓨터와 이메일·휴대전화 등에 저장된 월성1호기 조기폐쇄를 포함한 '에너지전환' 관련 자료를 모두 삭제하라고 지시하였다. 그리고 G는 감사원의 자료제출이 2019. 12. 2.(월)로 예상되자[37] 같은 해 12. 1.(일) 19시경 I에게 연락하여 컴퓨터

---

36) 「공공기록물 관리에 관한 법률」 제3조 제1호·제2호에 따르면 이 법에 따르는 '기록물'에는 국가기관 등이 업무와 관련하여 생산·접수한 전자문서 등 모든 형태의 기록정보 자료가 포함됨

37) G는 감사원 문답 시 "제가 2019. 12. 1.(일) 밤 10시가 넘어서 산업부 ▷과 사무실에 들어가 I의 컴퓨터에서 월성1호기 감사 관련 폴더를 비롯한 각종 업무용 폴더를 삭제한 사유는, 다음 날인 2019. 12. 2.(월) 오전(시간은 모름) 감사원 감사관과 면담이 약속되어 있었기 때문입니다. 감사관과 면담 시 월성1호기 관련 자료 제출을 그 자리에서 요구할 수도 있고, 아니면 관련 자료가 있냐고 물어볼 수도 있을 것인데, 감사 관련 자료가 있는데도 없다고 말씀드리면 마음에 켕길 수 있을 것(양심에 가책을 느낄 것)이라 생각했고, 자료 요구를 하면 제출을 안해야겠다는 생각도 있었습니다. 그래서 저는 감사관에게 이건 감사 관련 자료를 제출하

에 있는 월성1호기 관련 자료를 삭제하겠다는 말을 하고, 컴퓨터 접속 비밀번호를 받은 후 23시경 ▷과 사무실에 들어가 I 컴퓨터의 자료를 삭제하였다.

G는 월성1호기 조기폐쇄 등 에너지전환과 관련된 자료 중 산업부의 월성1호 기 즉시 가동중단 방침 등이 정리된 "에너지전환 후속조치 추진계획"(2018. 3. 15., 장관 및 대통령비서실 보고)[38] 등 중요하고 민감한 문서를 우선적으로 삭제하였는데, G의 구체적인 자료 삭제 과정은 다음과 같다.

지 않기 위해, 그리고 관련 자료가 없다고 이야기하기 위해 월성1호기 관련 업무용 폴더들을 삭제한 것입니다"라고 진술함

- 그리고 G는 "2019. 11. 15. E 국장님과 F 과장님과 회의를 하기 전에 이미 감사원에서 확인서(자료) 제출 요구가 있어서 회의를 한 것이었고, 11. 15.부터 12. 1. 사이에 I 컴퓨터에 보관된 자료를 삭제하려고 몇 번이나 마음을 먹었지만, 평일 낮에는 I가 업무 중이라 안 되고, 평일 밤에도 야근하는 사람들이 많아서 부담이 되었습니다. 그리고 11. 15. 회의할 때 F 과장이 저에게 자료 삭제하는 것은 주말에 하는 것이 좋겠다고 말씀하셔서 주말에 삭제를 하려고 했는데 기회가 잘 나지 않았습니다. 그러던 중 12. 2. 오전에 감사원 감사관과 면담이 잡히는 바람에 이제는 진짜 삭제해야겠다는 마음을 먹고 12. 1. 밤늦게 급한 마음으로 ▷과 사무실로 들어가서 삭제를 한 것이었습니다. 12. 1. 낮이나 그 전날에 감사원에서 컴퓨터 제출 요구가 올 것이라고 누군가 알려준 사실은 없습니다"라고 진술

38) G는 "한수원 사장에게 요청할 사항" 문서가 디지털 포렌식 결과 "4234"파일의 백업파일("4234.BAK")에서 확인 되자 감사원 문답 시 "보통 저는 파일 작성일자와 문서 내용의 제목을 파일명으로 사용합니다. 따라서 '4324' 파일명은 '파일작성일자_한수원 사장에게 요청할 사항'으로 되어 있었을 것으로 생각합니다. 정리하면 저는 '파일 작성일자_한수원 사장에게 요청할 사항'으로 되어 있었던 파일명을 '4234'로 수정하여 삭제하였습니다"라고 하면서 "파일이 복구되었을 때 파일명으로는 어떤 문서인지를 확인하지 못하게 하기 위함이었습니다"라고 진술

G의 자료 삭제 과정 [39]

① 산업부에 중요하고 민감하다고 판단되는 문서는 우선적으로 삭제

② 처음에는 삭제 후 복구가 되어도 원래 내용을 알아볼 수 없도록 파일명 등을 수정하여 다시 저장 후 삭제

③ 그러다 삭제할 자료가 너무 많다고 판단하여 단순 삭제(shift+delete 키 사용) 방법 사용

④ 이후에는 폴더 자체를 삭제

G는 위와 같은 순서 및 방법으로 2019. 12. 1. 23시 24분 36초부터 다음 날 01시 16분 30초까지 약 2시간 동안 122개의 폴더를 삭제하였는 바, 감사원이 이번 감사기간 중 G가 산업부 ▷과 근무 당시 사용하던 업무용 컴퓨터를 제출받아 디지털 포렌식을 한 결과 위 122개[40] 폴더에는 [별표] "산업부 G가 삭제한 주요 문서파일 복구 내역 중 주요 파일 내역"과 같이 "에너지전환 후속조치 추진계획"(2018. 3. 15., 장관 및 대통령비서실 보고) 등 총 444개(중복 파일 10개 포 함)의 문서가 있었던 것으로 확인되었는데 그중 324개는 문서의 내용까지 복구가 되었고 나머지 120개의 경우 내용은 복구되지 아니하

---

39) G는 감사원 문답 시 "전에 산업부에서 '자원개발' 관련하여 검찰 수사를 받은 적이 있어서 산업부 내에서 자료를 지울 때는 그냥 지워서(단순 delete 키 사용)는 전부 복구되니 지울 거면 제대로 지워야 된다는 말이 있었습니다. 그래서 처음에는 문서를 열어서 다른 내용을 적고 저장한 후 삭제하여 복구하여도 원래 문서의 내용을 알 수 없게 하였으나, 워낙 문서의 양이 많아 이렇게 삭제하면 시간이 오래 걸릴 것 같아서 이후에는 그냥 지웠(shift+delete 키 사용)습니다"라고 하면서,

- "2019. 12. 1. 파일을 삭제하면서 처음에는 월성1호기 조기폐쇄 등 에너지전환과 관련된 중요한 파일의 경우 나중에 복구되어도 파일명과 파일내용을 알 수 없도록 파일명과 파일 내용을 모두 수정한 후 삭제하였습니다.

그런데 시간이 지나면서 파일명과 파일 내용을 모두 수정하여 삭제할 수 없어서 이후에는 파일 제목은 그대로 둔 채 나중에 복구되어도 파일내용을 알 수 없도록 파일 내용만을 수정하여 삭제하였습니다. 그러나 삭제하는데 시간이 너무 오래 걸려 이후 삭제한 파일은 파일명 또는 파일내용의 수정 없이 그냥 폴더째로 삭제하였습니다"라고 진술

40) 디지털 포렌식 결과 122개의 폴더 중 8개의 폴더가 중복되나, 중복되는 동일 폴더라도 폴더별 삭제시점과 폴더에서 복원된 파일은 각기 다른 것으로 나타남

였다. 그 뒤에도 G는 E의 지시대로 자신의 이메일과 스마트워크센터 클라우드 등에 저장된 월성1호기 관련 자료도 모두 삭제하였다.

나. E의 경우

산업부 ▨국장 E는 2017. 8. 25.부터 2018. 12. 7.까지 산업부 ▽관으로서 에너지전환 로드맵, 제8차 전력수급기본계획 등에 따라 월성1호기 조기폐쇄 업무 등을 총괄하였다.

E[41]은 2019년 11월경(날짜 모름) 과거 ▽관실에서 같이 근무하였던 G[42]로 부터 '월성1호기 조기폐쇄'에 대한 감사원 감사가 진행되고 있다는 사실을 보고받았다.[43] 그리고 E는 2019년 11월경(날짜 모름[44]) 월성1호기 조기폐쇄와 관련된 대부분의 보고서 작성을 담당했던 G에게 지시하여 당시 사용했던 컴퓨터에 어떤 자료들이 저장되어 있는지 알아보도록 한 후 G와 F를 ▲▲센터 내 회의실로 불러 감사원 감사에 대한 대책을 논의하였다.

E는 그 자리에서 G가 ▷과 I가 사용하는 컴퓨터(G가 ▷과 근무 당시 사용했던 컴퓨터) 등에서 출력해 온 '에너지 전환 후속조치' 관련 자료 등을 확인한 후, G와 F에게 가장 민감한 자료가 무엇인지를 물어본 다음 월성1호기 조기폐쇄를 포함해 '에너지전환' 관련 모든 자료를 삭제하기로 하였다.

그리고 E는 G에게 지시하여 I의 컴퓨터에 저장된 월성1호기 관련 문서는 물론 G의 이

---

41) E는 2019. 2. 1.부터 2019. 12. 15.까지 국립외교원으로 국내훈련 파견가 있다가, 2019. 12. 16.부터 산업부 ▨국장으로 근무 중

42) G는 2019. 8. 3.부터 2020. 7. 26.까지 산업부 ♨실 ▤관 ▥과에서 근무하다가 2020. 7. 27.부터 현재까지 국가균형발전위원회에 파견 중임

43) G는 감사원 자료수집이 진행되던 2019년 11월경 확인서 작성을 요구받고 그 내용과 관련하여 E에게 전화로 연락함

44) G는 2020. 6. 8. 감사원 문답 시에는 2019. 11. 29.에 E 국장 등과 ▲▲센터에서 만났다고 진술하다가 2020. 6. 18. 문답 시에는 2019. 11. 15.로 변경하여 진술하는 등 E 국장 등을 ▲▲센터에서 만난 날짜는 정확하게 특정하지 못함

메일·휴대전화 등 모든 매체에 저장된 월성1호기 조기폐쇄 관련 자료를 삭제하도록 하였다. 그 결과 "가"항과 같은 결과를 가져왔다.

〈 관련자 주장 및 검토결과 〉

1. G의 경우

G는 감사원 문답 시 E 등의 지시에 따라 감사원 감사를 방해하기 위한 목적으로 자료를 삭제한 행위를 인정하고 반성하면서, 앞으로는 이러한 잘못을 하지 않겠다고 진술하였다.

2. E의 경우

E는 감사원 문답 시에는 감사원의 실지감사 진행 중 자료제출 요구가 있자,

① 월성1호기 조기폐쇄를 추진하면서 대통령비서실과 산업부장관 AO에게 보고된 자료 등이 제출되면 비록 위 AO가 결정하여 실무자들이 추진했더라도 산업부가 월성1호기 조기폐쇄 추진과 관련하여 잘못했거나 한수원에 과도하게 요구한 내용 등이 밝혀질 것을 우려하여, 월성1호기 조기폐쇄와 관련하여 대부분의 자료를 보유하고 있던 G에게 자료를 삭제하도록 지시하였으며, ② 최근 감사를 받으면서 문서를 삭제하도록 한 것은 정말 짧은 생각이었다고 진술하였다.

그러나 E는 2020. 9. 21. 개최된 감사원 직권심리 시에는 감사원 문답 시 진술한 내용을 번복하면서, 2019년 11월 초에 F에게 '불필요한 오해를 불러일으킬 수 있는 자료는 각자 정리하는 것이 좋겠다'고 전화로만 얘기하였을 뿐 본인(E) 이 2019. 11. 15. ??센터에서 F, G를 불러 회의를 하면서 감사자료 삭제를 지시한 사실이 없다고 주장하였다.

이에 대해 살펴보면, F와 G는 E가 감사자료 삭제를 지시한 상황을 상세하게 진술하였고, G는 E의 자료삭제 지시가 없었다면 문제되는 행동을 하지 않았을 것이라고 진술하고 있으므로 위 주장은 받아들이기 어렵다.

징계요구 양정 G와 E의 행위는 국가공무원법 제56조에 위배된 것으로 같은 법 제78조의 징계사유에 해당한다.

조치할 사항 산업통상자원부장관은 월성1호기 관련 자료를 무단 삭제하도록 지시하거나 삭제함으로써 감사를 방해한 E와 G를 국가공무원법 제82조에 따라 징계처분(경징계 이상)하시기 바랍니다.(징계)

[별표]

산업부 G가 삭제한 주요 문서파일 복구 내역 중 주요 파일 내역

연번	폴더명	폴더 내 파일	삭제 일시
1	Q&A	170723_탈원전 주요 쟁점(장관 보고).BAK	2019. 12. 2. 01:11:01
2	40 실장님 현안점검 회의	180628 에너지전환 관련 지역 및 이해관계자 동향-과수 최종.BAK	2019. 12. 2. 00:55:46
		180628 □실 주요현안 회의 - 장님주재(참고자료양식)_▽국_안건추가_참고삭제_환경과 삭제.BAK	
3	34 국장님 귀국후보고	180327 주요현안 및 향후계획.BAK	2019. 12. 2. 00:54:49
		180327 주요현안 및 향후계획-▽국 취합.BAK	
4	Q&A	장관님 보고 문자안.BAK	2019. 12. 2. 00:53:41
		장관님 보고 문자안_과수.BAK	
5	02 Q&A	171127 장관님 지시사항 조치계획(안).hwp	2019. 12. 2. 00:50:08
6	참고자료	180523 전기사업법 시행령 등 개정관련 검토의견rev1.3.BAK	2019. 12. 2. 00:40:46
		전기사업법 시행령 개정안 법률자문 의뢰.BAK	
7	11 한수원	영업외비용 손실처리 예상규모.BAK	2019. 12. 2. 00:26:42
8	07 에너지 전환 논리	180210_에너지전환(탈원전)의 필요성(본보고서)_v1.BAK 등 2개	2019. 12. 2. 00:26:12
		180210_에너지전환의 논리(요약본)_v1.BAK	
9	01 ♩과	171204 전기사업법 개정 방향.BAK	2019. 12. 2. 00:23:12
		171017 전기사업법 개정 방향- 과장님 수정.BAK	
10	법률자문	180205_법률자문.BAK	2019. 12. 2. 00:20:30
11	참고자료	180117_에너지전환 로드맵 후속조치 및 지역 산업 보완대책 추진계획_v1.1.BAK	2019. 12. 2. 00:20:13
		180124_에너지전환 로드맵 후속조치 및 지역산업 보완대책 추진계획(요약본)_v1.2.BAK	
12	참고자료	자료 송부.BAK	2019. 12. 2. 00:19:41
13	참고자료	180313_에너지전환 후속조치 추진계획_v1.BAK	2019. 12. 2. 00:19:26
14	참고자료	180502_에너지전환 후속조치 추진현황.BAK	2019. 12. 2. 00:18:50
15	참고자료	180315_에너지전환 후속조치 추진계획_v1	2019. 12. 2. 00:18:16

16	참고자료	180417_에너지전환 후속조치 추진 방안_v0.3.BAK	2019. 12. 2. 00:17:48
17	171124_ 정부업무 평가	171127 60. 탈원전정책으로 안전하고 깨끗한 에너지로 전환(기본양식)-최종.BAK	2019. 12. 2. 00:13:02
		161127 60.탈원전정책으로 안전하고 깨끗한 에너지로 전환(추진실적보고서, 정책효과)-좌종.BAK	
18	요청사항	4234.BAK("한수원 사장에게 요청할 사항" 문서)	2019. 12. 1. 23:59:32
		180524_한수원 사장에게 요청할 사항(과수).BAK	
		180530_한수원 사장 면담 참고자료.BAK	
		참고.BAK	
19	기재부 협의	180603_비용보전 소요_v2.1.BAK	2019. 12. 1. 23:58:23
		180612_비용보전 소요_v2.2.BAK	
20	234	180523_에너지전환 보완대책 추진현황 및 향후 추진일정(BH송부).BAK	2019. 12. 1. 23:55:55
계	**폴더 총 122개(파일 총 444개 중 내용 복구파일 324개, 미복구파일 120개)**		

※ 자료: 산업부 제출자료 재구성